Passados presentes

Rodrigo Patto Sá Motta

Passados presentes

O golpe de 1964 e a ditadura militar

Copyright © 2021 by Rodrigo Patto Sá Motta

Grafia atualizada segundo o Acordo Ortográfico da Língua Portuguesa de 1990, que entrou em vigor no Brasil em 2009.

Capa
Celso Longo + Daniel Trench

Preparação
Diogo Henriques

Checagem
Marcella Ramos

Revisão
Clara Diament
Julian F. Guimarães

Dados Internacionais de Catalogação na Publicação (CIP)
(Câmara Brasileira do Livro, SP, Brasil)

Motta, Rodrigo Patto Sá
    Passados presentes : O golpe de 1964 e a ditadura militar / Rodrigo Patto Sá Motta. — 1ª ed. — Rio de Janeiro : Zahar, 2021.

    ISBN 978-65-5979-032-6

    1. Brasil – História – Revolução de 1964 2. Brasil – Política e governo – 1964 3. Ditadura – Brasil – História 4. Golpes de Estado – Brasil I. Título.

21-76601   CDD: 320.98108

Índice para catálogo sistemático:
1. Brasil : Ditadura militar : História política   320.98108

Cibele Maria Dias – Bibliotecária – CRB-8/9427

[2021]
Todos os direitos desta edição reservados à
EDITORA SCHWARCZ S.A.
Praça Floriano, 19, sala 3001 — Cinelândia
20031-050 — Rio de Janeiro — RJ
Telefone: (21) 3993-7510
www.companhiadasletras.com.br
www.blogdacompanhia.com.br
facebook.com/editorazahar
instagram.com/editorazahar
twitter.com/editorazahar

Para Irineu de Sá Motta
In memoriam

Sumário

Introdução 9

1. O golpe de 1964 e o "perigo vermelho" 19
2. Sobre as razões e motivações dos golpistas 49
3. O papel dos Estados Unidos e de outras forças estrangeiras no golpe e na ditadura 73
4. A máquina política da ditadura 97
5. Uma análise do apoio social à ditadura 122
6. Aderir, resistir ou acomodar-se? 150
7. Sobre a violência repressiva estatal: uma resposta proporcional à violência da esquerda? 174
8. A "luta" contra a corrupção: muitos discursos, poucas realizações 199
9. O "milagre" econômico e a sua problemática herança 222
10. A distensão política e o projeto de estabilização da ditadura 246
11. A abertura, o "fim" da ditadura e a precária democratização 274

Epílogo 305
Notas 311
Referências bibliográficas 327

Introdução

"Deixa os historiadores para lá!" A frase foi proferida pelo então candidato presidencial Jair Bolsonaro na campanha eleitoral de 2018, durante entrevista ao *Jornal Nacional* da Rede Globo. Foi a maneira que ele escolheu para iniciar a resposta a um questionamento do jornalista William Bonner a propósito dos eventos de 1964. Reagindo à afirmação do jornalista de que os historiadores sérios se referem a 1964 como um golpe, Bolsonaro desqualificou a história acadêmica, como se não merecesse consideração quando está em pauta o passado recente. Em seguida, em jogada estratégica para constranger Bonner e encerrar o assunto, o candidato citou e reiterou uma fala de Roberto Marinho, em que o fundador das Organizações Globo se referiu a 1964 como uma "revolução" feita para preservar as "instituições democráticas".[1]

O episódio mostra a centralidade dos eventos de 1964 no debate público recente, assim como revela algumas das principais questões em disputa quanto à história do regime autoritário. A sombra do golpe e da subsequente ditadura militar tem ocupado lugar significativo no cenário político brasileiro desde a redemocratização. A democracia que se tentou construir nos anos 1980, cujo marco principal é a Constituição de 1988, em teoria deveria ter buscado a superação da ditadura militar. No entanto, os grupos que dirigiram a transição democrática evitaram enfrentar o passado autoritário. Muito pelo contrário, tentaram esquecê-lo. E essa política de esquecimento contribuiu para deixar o tema em segundo plano no debate público, o que não favoreceu a consolidação de valores democráticos na sociedade.

Devido ao formato adotado para a transição política, o país "saiu" da ditadura sem ter acertado as devidas contas com o passado autoritário, e tampouco com os responsáveis pela violência e pelos crimes praticados contra os direitos humanos. Na ocasião, movidos pela intenção de evitar conflitos ou escamotear o próprio envolvimento com a ditadura, os líderes da transição preferiram deixar a conta pendente para o futuro, como se acreditassem na máxima de que o tempo cura tudo. Nem sempre. A conta não saldada veio a ser cobrada recentemente, com o surgimento de nova ameaça autoritária.

Nos primeiros anos após a ditadura, enquanto as elites governantes atuaram para apagar o passado autoritário, os movimentos sociais democráticos não conseguiram mudar esse quadro, até porque privilegiaram outras pautas, como a luta por conquistas materiais. No entanto, a partir do contexto de polarização política iniciado em 2013-4, a história do golpe de 1964 e da ditadura se tornou mais presente — e quente — no cenário nacional. Isso porque a história recente passou a ocupar lugar de destaque nos discursos dos diferentes agentes em disputa pelo poder. Para setores da direita, especialmente a ala mais radical e autoritária, 1964 é um episódio a ser valorizado e comemorado, pois marcou a derrota da esquerda e o início de um regime político orientado para a "ordem e o progresso" ou para o "desenvolvimento com segurança". Para a esquerda, e para alguns segmentos da direita liberal, 1964 representa o início de uma era de ditadura, de violência política e de desrespeito grave aos direitos humanos, cujo legado deve ser enfrentado e superado para a construção de uma verdadeira democracia.

Significativamente, as tentativas de lideranças democráticas de enfrentar o legado da ditadura, por exemplo com a criação da Comissão Nacional da Verdade (2012), serviram de estímulo à mobilização de setores mais radicais da direita. Para estes segmentos, os militares "salvaram" o Brasil em 1964, por isso não é admissível que sejam investigados e menos ainda julgados por suas ações. Setores majoritários da corporação militar consideraram a comissão uma afronta, pois indicaria a disposição "revanchista" da esquerda e o fim das políticas de esquecimento do passado autoritário. É importante destacar que esse quadro contribuiu para despertar um sentimento de aversão aos governos petistas entre os militares, o que teve peso importante nas pressões pelo impeachment de Dilma Rousseff e pela prisão de Lula.[2]

Assim, os eventos relacionados ao golpe e à ditadura se tornaram moeda corrente no debate público recente, servindo de baliza para orientar os projetos políticos em conflito, e não apenas no campo eleitoral. Por isso, também, tornaram-se frequentes manifestações de personalidades públicas sobre tais questões, inevitavelmente gerando muita polêmica. Um exemplo notável foi o ministro do Supremo Tribunal Federal (STF) Dias Toffoli, que, às vésperas do primeiro turno das eleições de 2018, quando presidia a Suprema Corte brasileira, afirmou que 1964 deveria ser visto como um movimento e não como um golpe ou uma revolução.[3] A declaração provocou grande celeuma, pois foi entendida como tentativa de minimizar o caráter autoritário da derrubada do presidente João Goulart.

Significativamente, pela mesma época Toffoli contratou um general para assessorar a presidência do STF, um ato inusitado e polêmico, mas revelador do regresso dos militares aos centros decisórios da República. De fato, e sobretudo após as eleições de 2018, os militares voltaram a ocupar posições-chave no governo. Pela primeira vez desde o fim da ditadura — e talvez em maior número agora —, oficiais das Forças Armadas voltaram a ocupar funções civis e assessorias relevantes, o que traz a sensação preocupante de retorno ao passado autoritário. Só que desta vez quem comanda é um ex-capitão, no lugar dos generais do regime militar. Além disso, o poder foi conquistado nas urnas e não pelas armas, embora as eleições de 2018 tenham sido atípicas devido ao cataclismo político gerado pelo processo que levou ao impeachment de Dilma Rousseff em 2016 e à prisão de Lula. O quadro atual tem outras diferenças em relação à ditadura, além das mencionadas. De qualquer modo, a volta dos militares ao centro da política brasileira é um ingrediente a mais na politização da história da ditadura.

O projeto político construído em torno de Jair Bolsonaro tem como um de seus pontos centrais a tentativa de impor uma visão politicamente distorcida e maniqueísta sobre a história do golpe de 1964 e da ditadura militar. Por aí se entende a declaração de um general membro da equipe de campanha do então candidato prometendo eliminar livros de história "que não tragam a verdade sobre 64".[4] Na mesma linha, o primeiro ministro da Educação do governo Bolsonaro, Ricardo Vélez Rodríguez, anunciou a disposição de revisar os livros didáticos para adequá-los à visão de que 1964 não originou uma ditadura.[5]

Depois de assumir a presidência, Bolsonaro manteve o tom da campanha, e em diferentes ocasiões se manifestou sobre

1964. Em março de 2019, por exemplo, ele se declarou a favor de comemorações dedicadas à "revolução" de 31 de março de 1964. Na ocasião, a Presidência da República divulgou um pequeno vídeo corroborando sua visão sobre o significado daquele evento histórico, com destaque para a narrativa anticomunista, ou seja, o discurso de que o Brasil foi salvo do "perigo vermelho".[6] No 31 de março seguinte, em 2020, o presidente voltou à carga. Em suas redes sociais, ele comemorou o evento como um dia de liberdade. Como se não bastasse, alegou ainda que a escolha de Castelo Branco pelo Congresso evidenciava que em 1964 não ocorreu um golpe: "A verdade: o marechal foi eleito de acordo com a Constituição e não houve golpe em 31 de março".[7] Tal afirmação, corriqueira em tempos de fake news e de "pós-verdade", não corresponde à verdade dos fatos.

Além de lideranças políticas, a história dos eventos de 1964 e da ditadura tem mobilizado pessoas comuns, principalmente nas redes sociais. Chama a atenção o empenho de certos grupos ideológicos em divulgar suas versões sobre o tema, com destaque para argumentos anticomunistas e antiesquerdistas viscerais. A estratégia de popularização de tais discursos passa pela exploração eficiente das redes sociais, com a disseminação de produtos em forma de texto, mas também em formato audiovisual, o mais adequado para atrair os jovens. Alguns desses relatos são acompanhados de evidências históricas, como documentos sigilosos localizados em arquivos, inclusive em países estrangeiros. Porém, esses indícios são interpretados de maneira distorcida, na tentativa de conferir credibilidade às versões apresentadas pela extrema direita.

Os discursos nostálgicos e elogiosos em relação à ditadura tiveram outros efeitos importantes, para além de seu impacto na campanha eleitoral e de movimentarem as frenéticas redes sociais. No início de 2020, fazendo eco aos valores autoritários de seus líderes políticos e intelectuais, grupos de militantes da direita radical foram às ruas para demandar o fechamento do STF e ameaçar outras instituições da República. De maneira significativa — e assustadora para quem preza a democracia —, algumas pessoas presentes a tais manifestações públicas portavam cartazes pedindo um "novo AI-5".

Nessa presença marcante do golpe e da ditadura militar nas falas da elite política, em discursos de youtubers e em manifestações de rua, percebem-se uma politização e uma manipulação ideologicamente orientada da história, com o objetivo de construir versões moldadas para justificar a ditadura e, eventualmente, dar fundamento a novos projetos autoritários, inclusive do governo Bolsonaro. Tais discursos não apenas negam o caráter golpista de 1964 e a construção de uma ditadura na sua sequência, como minimizam a violência e escamoteiam outros aspectos da história que não interessam a seus projetos políticos, ao mesmo tempo que demonizam os adversários de esquerda.

Portanto, a história está no centro da chamada guerra cultural, ou seja, ela é alvo de grupos que entendem ser necessário dominá-la a fim de alcançar o controle da opinião política dos brasileiros. O conhecimento da história encontra-se no olho do furacão, disputado palmo a palmo por grupos hostis ao universo acadêmico. Nessa batalha, os gurus e *influencers* da direita autoritária pretendem anular a história acadêmica, objetivando tomar o lugar dela como fonte de educação do público, para o que estimulam sua audiência a desconfiar dos historiadores (tanto os professores como os pesquisadores). Em meio a esse quadro conflituoso, muitos cidadãos têm interesse em conhecer melhor a história do país, mas ficam confusos diante de versões conflitantes e passionais.

O propósito deste livro é mostrar por que os historiadores não devem ser "deixados para lá" e, ao contrário, merecem ser lidos. Ele foi concebido para oferecer ao público uma abordagem mais equilibrada e bem fundamentada sobre a história da ditadura militar. Historiadores são profissionais dedicados à produção de conhecimento sobre as ações humanas no tempo, com base em pesquisas, coleta de evidências documentais e análise lógico-racional dos resultados. Devem também estar atentos ao conhecimento acumulado sobre o tema em estudo, dialogando produtivamente com a historiografia preexistente e com os colegas pesquisadores. Os historiadores não emitem meras opiniões, já que seguem padrões e métodos científicos, e devem respeitar limites éticos. Ainda que não seja infalível, o conhecimento acadêmico é o que oferece os melhores e mais confiáveis instrumentos para se tentar alcançar a verdade histórica. Se nem sempre isso é possível, ao menos somos capazes de apontar as versões equivocadas ou falsas. É por isso que certos grupos buscam desacreditar os pesquisadores acadêmicos, vistos como um obstáculo às tentativas de fazer prevalecer versões farsescas ou falseadoras da história. Como os negacionistas e outras correntes anticientíficas, os nostálgicos da ditadura pretendem substituir o saber acadêmico por suas opiniões, paixões e preconceitos.

No entanto, não se pretende oferecer aqui uma história "fria" da ditadura. Primeiro, porque é ingenuidade supor que o pesquisador consegue se distanciar totalmente do seu tema de estudo. Segundo, especialmente no caso em foco, porque uma história sem compromisso político seria desinteressante, insossa e pouco relevante. O desafio do profissional acadêmico é lidar com o fator subjetivo e integrá-lo de maneira produtiva a seu trabalho, sem comprometer a sua validade. Com efeito, notadamente nas ciências humanas e sociais, o conhecimento é produzido a partir de um jogo de aproximação e de distanciamento entre o pesquisador e seu objeto de estudo. Em outras palavras, para compreender as ações humanas é preciso se aproximar dos valores e sentimentos dos agentes históricos, o que pode gerar empatia ou repulsa. Simultaneamente, em especial no momento de produzir a análise, é indispensável se afastar do tema, adotando um olhar frio, crítico e que leve em consideração todas as evidências e os diferentes pontos de vista.

Este livro foi produzido com tal disposição, ou seja, é uma história quente e fria ao mesmo tempo. Explicando a metáfora: o autor tem opinião política, como não poderia deixar de ser, que é de rejeição ao golpe de 1964 e à ditadura. E o texto é engajado pela democracia e a defesa dos direitos humanos, por isso assume uma posição política. No entanto, não defende posições partidarizadas e rejeita maniqueísmos e discursos de demonização, qualquer que seja sua origem ideológica. Trata-se aqui de analisar e entender as ações humanas no tempo — ações movidas por interesses econômicos e políticos, mas também por convicções ideológicas, religiosas e pela força da tradição. Para a produção do conhecimento em bases científicas é necessário levar em conta as diferentes visões e interesses envolvidos nas disputas, assim como as análises de diversos pesquisadores, inclusive aquelas de que discordamos.

Embora parte dos capítulos do livro resulte de uma síntese de conhecimento já produzido, há também bastante conteúdo original, com reflexões baseadas em pesquisas em andamento. As análises mais originais são as que enfocam as motivações para o golpe de 1964, as atitudes sociais frente à ditadura, as instituições políticas do regime militar, a distensão política e a transição democrática. Como se trata de temas pouco ou insuficientemente pesquisados, o livro oferece contribuições inovadoras ao conhecimento da história da ditadura e ajudará o leitor a compreender os principais aspectos e fases desse período.

Os capítulos foram organizados em torno do exame dos temas e questões mais polêmicos do debate atual, sem deixar, naturalmente, de narrar os principais eventos relacionados. Dessa forma, como nos estudos de história mais interessantes, combinam narrativa e análise.

A expectativa é difundir conhecimento produzido em bases acadêmicas, contribuindo para evitar que os falsificadores e negacionistas conquistem o público com sua leitura autoritária da história. Não que eles defendam pura e simplesmente uma ditadura ao estilo dos anos 1960, mas sem dúvida almejam algum tipo de autoritarismo que seria igualmente danoso para a democracia e os direitos humanos.

Assim, este é um livro comprometido com a democracia. Esse compromisso cívico-político, explícito, como deve ser, não implicou, porém, nenhum desrespeito às regras do conhecimento acadêmico. Afinal, um de seus principais objetivos é justamente mostrar o valor do conhecimento e dos métodos científicos, que os inimigos da democracia procuram destruir para facilitar seu projeto autoritário. Trabalhemos para que não tenham sucesso.

Uma observação importante: além de "ditadura", neste livro são utilizadas as expressões "regime autoritário" e "regime militar". A definição mais precisa é ditadura, mas usamos também os outros dois termos para preservar a fluência do texto e o estilo. Fazemos isso, no entanto, por entender que os termos são de fato compatíveis, uma vez que os conceitos regime autoritário e regime militar implicam a existência de uma ditadura. Há quem sustente que regime militar e regime autoritário são formas mais suaves de expressar a realidade da ditadura. Em todo caso, não é com essa intenção que usamos tais expressões, pois não duvidamos nem minimizamos o caráter ditatorial daquele regime político. Vale esclarecer, também, que usamos ditadura no singular mesmo sabendo que os governos militares do período 1964-85 possuíram algumas diferenças e divergências — que, aliás, são analisadas ao longo do livro. Ainda assim, esses governos estiveram unidos pelos mesmos propósitos (a defesa dos objetivos da "revolução", como diziam) e pelo controle político exercido pela corporação militar, o que confere unidade e consistência àquele regime ditatorial de duas décadas de duração.

1. O golpe de 1964 e o "perigo vermelho"

Quase seis décadas após os eventos de 1964, defensores nostálgicos do golpe militar que derrubou o governo de João Goulart seguem insistindo — a despeito das evidências históricas — que havia uma grave ameaça comunista pairando sobre o Brasil, o que tornaria justificável a intervenção militar. Em alguns discursos, como os propagados em vídeo divulgado pelo Palácio do Planalto para comemorar o 31 de março em 2019, opera-se o falseamento da história, atribuindo-se à esquerda, em 1964, atos violentos que na verdade seriam praticados pela ditadura contra seus oponentes ("Era, sim, um tempo de medo... daquilo que os comunistas faziam... Prendiam e matavam seus compatriotas... O Exército nos salvou").[1]

O argumento anticomunista a respeito das origens do golpe de 1964 tem servido também para fazer conexão com o presente, alimentando o sentimento de que as esquerdas são forças negativas a serem removidas do cenário público atual, na medida em que são indistintamente associadas à imagem de um nefasto perigo vermelho. Mesmo nas fases agudas da pandemia de covid-19, quando autoridades sanitárias recomendavam respeitar o isolamento social, militantes de extrema direita saíram às ruas com demandas do tipo "Por uma nova Constituição que criminalize o comunismo", pedindo ao Exército para "deter os inimigos da Nação".[2]

A brasa dormida do anticomunismo foi atiçada para gerar mais uma campanha antiesquerdista. Os seus alvos são amplos e diversificados (às vezes vagos), como os defensores do meio ambiente, a "ideologia de gênero" ou o "politicamente correto", assim como incluem diferentes partidos políticos. No entanto, a recente onda antiesquerdista atingiu especialmente os governos e líderes do Partido dos Trabalhadores (PT), considerados pela direita radical os principais responsáveis pelo fortalecimento das pautas que ela repele. Assim, as polêmicas sobre o papel dos "comunistas" em 1964 têm como pano de fundo as lutas políticas recentes, o que contribui para manter presente a memória dos eventos ocorridos nos anos 1960-70.

Qual a validade do argumento sobre uma ameaça comunista no Brasil em 1964? Em linguagem menos maniqueísta, a pergunta seria: naquela ocasião, os comunistas tinham mesmo a possibilidade de tomar o poder e fazer uma revolução? Quais eram os planos dos grupos de esquerda e qual a sua força real? Durante o seu governo, João Goulart mostrou-se mesmo disposto a permitir uma revolução socialista? Antes de analisar essas questões fundamentais, o que vai exigir uma síntese dos principais eventos de 1964, vejamos alguns trechos de discursos de lideranças favoráveis ao golpe que removeu Jango do poder e iniciou a ditadura, para perceber como mobilizaram a retórica anticomunista. Observando algumas falas emitidas no momento da deflagração do golpe e, em seguida, nos discursos de vitória, fica claro que o anticomunismo se constituiu no argumento central dos golpistas:

> Agora é a Nação toda de pé, para defender as suas Forças Armadas, a fim de que estas continuem a defendê-la dos ataques e das

insídias comunistas. Neste grave momento da história, quando os brasileiros, patriotas e democratas, veem que não é mais possível contemporizar com a subversão, pois a subversão partindo do governo fatalmente conduziria ao "Putsch" e à entrega do país aos vermelhos, elevemos a Deus o nosso pensamento, pedindo-lhe que proteja esta pátria cristã, que a salve da guerra fratricida e que a livre da escravidão comuno-fidelista.[3]

A virilidade do movimento cívico que reinstalou o império da lei e da liberdade no país, que demonstrou a aversão do povo brasileiro à comunização, que repudiou a agitação e a opressão, repercutiu de modo intenso em todo o mundo.[4]

O II Exército [...] acaba de assumir atitude de grave responsabilidade com o objetivo de salvar a pátria em perigo, livrando-a do jugo vermelho.

É que se tornou por demais evidente a atuação acelerada do Partido Comunista para a posse do poder, partido agora mais do que nunca apoiado por brasileiros mal avisados que nem mesmo têm consciência do mal que se está gerando.[5]

Atendendo à geral e angustiosa expectativa do povo brasileiro, que via a marcha acelerada do comunismo para a conquista do poder, as Forças Armadas acudiram em tempo, e evitaram que se consumasse a implantação do regime bolchevista em nossa terra. [...] Ao rendermos graças a Deus, que atendeu às orações de milhões de brasileiros e nos livrou do perigo comunista, agradecemos aos militares que se levantaram em nome dos supremos interesses da nação [...].[6]

Os militares foram festejados como salvadores da pátria pelos defensores da derrubada de Goulart, sendo que houve quem interpretasse o golpe como notável vitória do "mundo livre" sobre o comunismo. Para os mais exagerados e ufanistas, a deposição de Goulart representou a maior derrota soviética em muitos anos ("a revolução brasileira derrotou fragorosamente uma das mais bem preparadas e arquitetadas ofensivas da guerra fria"),[7] com a vantagem adicional, diziam os entusiastas, de tê-lo conseguido sem que ocorresse uma guerra civil. Significativamente, alguns meses após o golpe a prestigiada revista *Seleções do Reader's Digest* publicou um artigo especial comemorando a queda de Goulart, sob o título "A nação que se salvou a si mesma" (de acordo com o autor, o Brasil teria se salvado do comunismo).

É importante destacar que os discursos anticomunistas se apropriam de uma tradição presente no Brasil desde o início do século xx. O anticomunismo se consolidou no país na década de 1930, na sequência da insurreição revolucionária de novembro de 1935, que a memória oficial nomeou "Intentona Comunista". Essa tentativa fracassada da esquerda (liderada por comunistas, mas com participação de pessoas sem militância também) provocou resposta violenta do Estado e dos setores sociais dominantes, que capricharam na repressão e na propaganda. Naquele contexto, foram criados (ou ampliados) aparatos legislativos e policiais que serviram para reprimir não apenas os militantes de esquerda, mas todo tipo de movimento social e liderança progressista. Além disso, construiu-se um aparato de propaganda que solidificou um imaginário anticomunista, ou seja, um conjunto de imagens e ideias socialmente enraizadas. Os "vermelhos" foram representados por seus inimigos sempre na qualidade de personagens nefastos: violentos, ateus, imorais (ou amorais), estrangeiros, traidores, tirânicos etc. Nas versões mais extremas, foram apresentados como parceiros do próprio diabo.

Em 1964 ocorreu nova mobilização contra o "perigo vermelho", que se apropriou da tradição preexistente e, de modo semelhante aos anos 1930, levou à implantação de uma ditadura. Assim, tanto a ditadura do Estado Novo (1937) quanto a ditadura liderada pelos militares em 1964 utilizaram a ameaça comunista como justificativa e fonte de legitimação. Os brasileiros precisavam ser protegidos do perigo de uma ditadura comunista, argumentava-se, mesmo ao custo de viver sob uma ditadura de direita. Esses sentimentos (e obsessões) anticomunistas fincaram raízes fundas em vários segmentos sociais, principalmente entre os militares e grupos religiosos, que foram esteios das campanhas contra as esquerdas.[8]

Importante também perceber que tais movimentos representavam uma mistura complexa de sinceridade e oportunismo. Muitos líderes realmente acreditavam na existência de forte ameaça comunista no Brasil; seus temores eram exagerados, mas não insinceros. Porém, outros manipulavam a boa-fé e os sentimentos conservadores de uma parte da população de maneira oportunista, para ganhar dinheiro e/ou poder. Em outras palavras, havia uma industrialização do anticomunismo, ou seja, a sua exploração como negócio. Outra forma de uso oportunista, igualmente atual, é aproveitar o medo ao "vermelho" para combater todo tipo de movimento social que demanda direitos ou reformas. No decorrer da nossa história, a repressão anticomunista foi dirigida não apenas contra os comunistas propriamente, sempre minoritários, mas contra todos os movimentos progressistas.

O governo Goulart e a crise que provocou sua queda

A manipulação do anticomunismo se aplica especialmente ao contexto do governo de João Goulart. A imagem negativa de Jango entre os grupos de direita deveu-se a suas boas relações com o movimento sindical, inclusive as lideranças comunistas. O político gaúcho entrou no cenário nacional quando Getúlio Vargas, então presidente, o nomeou ministro do Trabalho, em junho de 1953. Poucos meses depois, Goulart foi afastado do cargo, após a sua proposta de aumento de 100% no salário mínimo ter gerado reações contrárias entre militares. A principal delas foi o manifesto ou memorial dos coronéis, que, entre outras coisas, reclamava que os salários dos trabalhadores se aproximariam dos vencimentos dos graduados, trazendo desestímulo à carreira militar.[9] Mesmo assim, ou exatamente por isso, a liderança de Jango no Partido Trabalhista Brasileiro (PTB) e entre os trabalhadores se fortaleceu, abrindo caminho para sua eleição a vice-presidente da República por duas vezes seguidas, em 1955 e em 1960. Na segunda ocasião, ele foi eleito vice de Jânio Quadros, que vinha de uma fulminante carreira como prefeito e governador de São Paulo, com estilo populista de direita. O sistema eleitoral permitia a eleição de titular e vice de chapas diferentes, portanto com projetos políticos distintos, o que contribuiu para a grave crise que eclodiu após a renúncia de Quadros, em agosto de 1961. Para impedir a posse de Goulart, que era o sucessor legítimo, lideranças de direita ameaçaram uma guerra civil. Os ministros militares do governo Quadros ficaram especialmente irritados e preocupados, como explicitaram em manifesto contra a posse de Jango:

O sr. João Goulart constituir-se-á, sem dúvida alguma, no mais evidente incentivo a todos aqueles que desejam ver o país mergulhado no caos, na anarquia, na luta civil. As próprias Forças Armadas, infiltradas e domesticadas, transformar-se-iam, como tem acontecido noutros países, em simples milícias comunistas.[10]

Após muita tensão ante a possibilidade de conflito armado, já que os defensores da posse de Goulart criaram a "campanha da legalidade", que atraiu expressivo apoio popular e mesmo de parte dos militares, os conflitos foram negociados e surgiu uma fórmula de acomodação. Assim, Goulart assumiu a presidência no início de setembro de 1961, mas após concordar com uma emenda constitucional que criou o parlamentarismo, uma forma de diminuir o poder presidencial e reduzir o medo de seus adversários. Ele aceitou porque a mesma emenda estabelecia um futuro plebiscito popular em que se confirmaria ou não a manutenção do novo sistema de governo. Haveria a chance de retomar plenos poderes presidenciais se ele conseguisse antecipar a data do plebiscito, previsto inicialmente para meados de 1965. Goulart trabalhou para conseguir apoio parlamentar à antecipação do plebiscito, que acabou sendo realizado em janeiro de 1963.

Durante os primeiros meses de governo, ainda sob o regime parlamentarista, Jango manteve postura ambígua, conservando canais abertos tanto à esquerda como à direita. Por isso, alguns grupos de direita adotaram uma atitude de expectativa, desconfiados, mas aguardando uma definição de Goulart. Já a direita radical nunca deu trégua, e desde o início acusou o novo governo de estar implicado em alguma trama comunista. Por exemplo em novembro de 1961, quando o governo Goulart reatou relações diplomáticas com a União Soviética, rompidas desde 1947, no governo de Eurico Gaspar Dutra. A iniciativa seguia uma linha diplomática em desenvolvimento desde o fim do governo de Juscelino Kubitschek e ampliada pelo próprio Jânio Quadros, a chamada Política Externa Independente, cujo objetivo era diminuir a dependência dos Estados Unidos e ampliar o número de parceiros comerciais e diplomáticos. Mesmo assim, Goulart foi acusado de trazer o "cavalo de Troia" para o Brasil ao permitir a instalação de uma embaixada soviética.

Porém, a maior mobilização anticomunista nos primeiros meses de seu governo se daria nas eleições de 1962, quando as forças de direita investiram pesadamente para evitar a vitória das esquerdas na disputa pelo Congresso e nos governos estaduais que seriam renovados naquele pleito.* Para tanto, fizeram largo uso de financiamento ilegal de candidatos antiesquerdistas, sobretudo por meio do Instituto Brasileiro de Ação Democrática (Ibad), ligado à CIA.[11] A intervenção milionária do Ibad nas eleições gerou denúncias à época, que foram investigadas por uma Comissão Parlamentar de Inquérito (CPI).

Uma das motivações era conter o crescente ativismo dos movimentos sociais, que demandavam reformas para redução das desigualdades, com destaque para movimentos camponeses, operários, estudantis e das populações que viviam em habitações precárias ("favelados"). A proposta das "reformas de base" se instalou no debate público dos anos 1960, notadamente as reformas agrária, urbana, universitária e política, que buscavam melhorias sociais e ampliação da cidadania.

---

* As eleições estaduais não eram realizadas simultaneamente, porque alguns governadores tinham mandato de quatro anos e outros, de cinco anos.

A demanda por distribuição de terras tinha grande apoio da população em geral, mas gerava conflitos violentos entre proprietários e camponeses. A reforma política pretendia instituir o voto dos analfabetos, excluídos da cidadania ativa desde a reforma eleitoral de 1881, uma demanda que assustava os grupos conservadores, temerosos de que os novos eleitores votassem na esquerda. Outro segmento social a se organizar nesse período foram os praças e militares subalternos, ou seja, soldados, marinheiros, cabos e sargentos, cujas demandas (direito ao voto e a serem eleitos para cargos parlamentares) seriam incorporadas também à reforma política. Esses movimentos tensionaram a tradicional hierarquia militar e geraram ansiedade entre os oficiais, pois os praças queriam também o direito de possuir associações profissionais, o que era vedado pelas normas das Forças Armadas.

Em suma, esse conjunto de demandas e de movimentos sociais assustava os grupos dominantes acostumados a uma sociedade desigual e elitista, cujo discurso de cordialidade em grande medida servia para tentar suavizar conflitos e negar relevância às diferenças sociais e raciais, a exemplo do argumento de que no Brasil existiria uma democracia racial. Chamar de comunistas os movimentos sociais reivindicativos era simultaneamente uma maneira de expressar o medo em relação a mudanças sociais e uma estratégia de manipulação do perigo vermelho.

O fato de Goulart não enquadrar nem conter (com repressão, se preciso) as demandas sociais distributivistas aumentava a insegurança entre as elites e as suspeitas contra ele. As desconfianças aumentaram ainda mais depois que o plebiscito de janeiro de 1963 definiu o retorno ao presidencialismo. Durante aquele ano foi se formando uma polarização direita × esquerda que era visível tanto em ações políticas concretas quanto, e principalmente, nos discursos. O ambiente era tenso também devido à situação internacional e ao contexto da Guerra Fria, que nesta parte do mundo se expressava sobretudo nas ameaças de intervenção norte-americana em Cuba. A propósito, o governo Goulart irritou a direita local e internacional ao negar apoio ao projeto dos Estados Unidos de intervir na ilha.[12]

A progressiva deterioração do quadro político e econômico, ao longo de 1963, colocou Goulart numa posição muito difícil. O presidente não conseguia contornar os problemas econômicos, cada vez mais graves (em especial a falta de reservas cambiais e a inflação crescente), e via o sistema político fugir-lhe ao controle conforme a oposição se fortalecia. Por sua vez, a crise política amplificava os problemas econômicos, pois os capitalistas se sentiam inseguros para investir no Brasil. A polarização política inviabilizava as negociações para a aprovação das "reformas de base" no Congresso, especialmente a agrária, o que incrementava a sensação de impasse.[13]

A desconfiança dos setores conservadores e liberais em relação a Jango aumentava paulatinamente, ao mesmo passo que alguns grupos de esquerda desafiavam sua política conciliadora, confrontando o governo com discursos radicais, que, por sua vez, instigavam o ativismo de direita. Diante dessa situação, Goulart tomou uma medida infeliz, que contribuiu para enfraquecer ainda mais sua posição. Em 4 de outubro de 1963, ele enviou ao Congresso um pedido de autorização para decretar estado de sítio, medida que lhe outorgaria, por prazo limitado, poderes excepcionais como, entre outros, a possibilidade de censurar correspondências e suspender o direito à livre reunião. A iniciativa deixou tanto a direita como a esquerda atônitas, sem entender o objetivo do governo, cada lado achando que a medida excepcional representaria um golpe perpetrado pelo grupo oposto. Vendo-se isolado, o governo não teve alternativa senão recuar e retirar o pedido, perdendo prestígio e respeitabilidade.[14]

O medo e a ansiedade nos campos centrista e conservador resultaram em aproximação com as posições da direita radical. Apelos por uma frente que reunisse todas as forças e grupos contrários à "comunização" do país desdobraram-se na constituição da "Rede da Democracia", que apesar do nome viria a abrir caminho para o golpe de 1964. Ela representava um acordo de cooperação entre alguns dos maiores conglomerados de comunicação do país, os grupos Globo, Diários Associados e Jornal do Brasil, que encetaram uma poderosa ofensiva de propaganda contra a esquerda.[15]

Entre o fim de 1963 e o início de 1964, ao indicar que optara finalmente pelo campo das reformas sociais apoiadas pela esquerda, Goulart selou o seu destino. Na verdade, ele não abandonou totalmente a estratégia de dialogar com diferentes forças políticas, pois continuou dando mostras de que ainda apostava em algum tipo de acomodação entre setores da esquerda e da direita moderada. Porém alguns de seus atos nos três meses que antecederam o golpe levaram as lideranças de direita a se convencerem de que ele era caso perdido.

No tradicional discurso de fim de ano, em dezembro de 1963, o presidente fez um aceno para a esquerda enfatizando seu compromisso com as reformas e lançando críticas ásperas às estruturas arcaicas da sociedade brasileira. No mês de janeiro do ano seguinte, mais duas ações importantes: o apoio oficial à eleição da chapa de esquerda na disputa pelo controle da poderosa Confederação Nacional dos Trabalhadores da Indústria (CNTI) — que provocou o rompimento da cúpula empresarial com o governo — e a assinatura da lei que limitava as remessas de lucros das empresas estrangeiras. Pela mesma época, fontes do governo informavam que o problema da reforma agrária seria enfrentado por meio de decreto presidencial. Os boatos geraram ansiedade e muitas especulações sobre o teor das medidas em preparação, com a grande imprensa acusando o governo de querer entregar áreas vitais aos comunistas.[16]

Enquanto a direita preparava suas armas (literalmente, pois fazendeiros e ligas anticomunistas começaram a adquirir equipamento bélico), líderes de esquerda responderam intensificando ações, já que parte deles considerou imperioso aumentar a mobilização para enfrentar a ofensiva conservadora. É interessante observar que os dois lados tinham percepções diversas da luta em curso: para a esquerda, tratava-se de um embate opondo nacionalistas e defensores do progresso social aos reacionários, anticomunistas fanáticos e "entreguistas" (os que pretendiam entregar as riquezas nacionais ao estrangeiro); na ótica dos antiesquerdistas, a luta era entre os democratas, comprometidos com a salvaguarda da liberdade e da pátria, e os comunistas e seus aliados demagogos e caudilhos.

Um dos episódios mais marcantes no contexto anterior ao golpe foi o comício da Central do Brasil, no dia 13 de março de 1964, no Rio de Janeiro. O governo e seus aliados prepararam um grande ato para lançar uma ofensiva pública a favor das reformas de base. Goulart demonstraria, assim, sua disposição de afinar-se com as esquerdas e com o programa reformista, ao mesmo tempo que fazia pressão contra a mobilização conservadora. A ideia era arregimentar os grupos populares simpáticos à causa nacional-reformista, dando uma demonstração de força aos conservadores e aos setores majoritários do Congresso opostos às mudanças constitucionais.[17] Estima-se que entre 200 mil e 300 mil pessoas compareceram ao "comício das reformas", um indicador de sua grande repercussão política. No palco do evento falaram líderes de todas as tendências de esquerda e também as lideranças moderadas que apoiavam o governo. O presidente anunciou o início da reforma agrária, com a desapropriação de terras situadas às margens de rodovias e ferrovias federais, o que era constitucionalmente possível.

No entanto, essas medidas tinham mais efeito simbólico que prático, pois uma reforma agrária de caráter amplo demandava mudanças na Constituição. Uma das questões mais polêmicas era a existência de uma cláusula constitucional que permitia a desapropriação de bens apenas com indenização em dinheiro, enquanto o governo pretendia pagá-la com títulos públicos. A direita parlamentar não estava disposta a aceitar a ideia, alegando o temor de que, uma vez aceito o princípio de alterar a Constituição, se abririam as portas para mudanças profundas nas instituições.

Na sequência do comício de 13 de março, Goulart enviou mensagem ao Congresso solicitando que a Constituição fosse emendada para viabilizar as reformas de base. Previsivelmente, pedia a alteração do artigo 141, que estabelecia a exigência da indenização em dinheiro para desapropriações. Porém, pediu também a supressão do preceito constitucional (contido no artigo 36) sobre a proibição da delegação de poderes, com o argumento de que se tratava de premissa liberal ultrapassada.

O progresso e as reformas demandavam mais agilidade do Estado, dizia o texto presidencial, com isso sugerindo a intenção do Poder Executivo de se imiscuir na produção de leis.[18] O texto da presidência era vago quanto a seus objetivos ao solicitar o fim da norma constitucional que vedava aos Poderes da República delegar atribuições, mas de qualquer forma a proposta foi denunciada como uma tentativa de conferir perfil ditatorial a Goulart, que, teoricamente, poderia assumir algumas prerrogativas dos outros dois Poderes (Judiciário e Legislativo). No entanto, a permissão para a delegação de poderes precisava ser autorizada antes pelo próprio Congresso, o que torna problemática a acusação de que o governo tinha intenções golpistas.

Se até então alguns grupos de direita atacavam apenas o comunismo e poupavam o presidente, agora todos passaram a acusar Goulart de estar implicado em uma trama com os "vermelhos". Setores sociais importantes, que se mantinham em expectativa, alguns inclusive simpáticos à pregação reformista, alinharam-se à direita radical, sob a bandeira do anticomunismo. O processo de formação da "união sagrada" contra o comunismo se consumou, reunindo as elites empresariais, militares, políticas, religiosas e as classes médias.

A principal resposta dos setores de direita ao comício da Central do Brasil foi a Marcha da Família com Deus pela Liberdade, realizada em São Paulo no dia 19 de março de 1964, que segundo seus organizadores reuniu mais de 500 mil pessoas. Os slogans e cartazes utilizados na mobilização são suficientes para indicar a mensagem política predominante no evento: "Verde e amarelo, sem foice e sem martelo"; "Democracia tudo, comunismo nada"; "Abaixo os entreguistas vermelhos";

"Abaixo os pelegos e os comunistas"; "Reformas pelo povo, não pelo Kremlin"; "O Brasil não será uma nova Cuba".[19]

Às vésperas da Semana Santa, nem o feriado religioso ajudou a baixar a fervura política, como pensaram alguns observadores, logo surpreendidos por um evento inesperado que sacudiria mais uma vez o cenário político (e militar), gerando a fagulha necessária para a explosão do golpe. Entre os dias 25 e 27 de março teve lugar a Revolta dos Marinheiros, o que convenceu diferentes setores da direita, principalmente a oficialidade militar, da existência de um processo revolucionário. O episódio foi provocado por um ato de indisciplina dos líderes da Associação de Marinheiros e Fuzileiros Navais, grupo afinado com a esquerda, que realizou uma assembleia na sede do Sindicato dos Metalúrgicos do Rio de Janeiro, com o objetivo de comemorar seu segundo aniversário e protestar contra a prisão de alguns companheiros por motivos políticos.[20]

Sob o argumento de que haviam cometido indisciplina, o ministro da Marinha, Sílvio Mota, ordenou a detenção dos chefes do movimento, enviando uma tropa de fuzileiros navais para cumprir a determinação. Os marinheiros, no entanto, desafiaram a autoridade e se recusaram a sair do prédio, recebendo a adesão de parte dos fuzileiros enviados para detê-los. Instalou-se crise grave, e soldados do Exército e da Polícia Militar foram mobilizados para cercar o local, ameaçando invadi-lo. O impasse foi quebrado por negociações conduzidas por políticos e sindicalistas de esquerda, resultando em aparente vitória dos marinheiros: o ministro da Marinha foi afastado do cargo, substituído por um almirante mais simpático à esquerda, e os rebeldes foram conduzidos a um quartel do Exército e libertados em seguida. A cena final do drama aumentou a ira dos antiesquerdistas: os rebeldes comemoraram a vitória nas ruas do centro do Rio de Janeiro, carregando nos ombros o comandante dos fuzileiros, o almirante Cândido Aragão, oficial simpático à causa.[21]

O impacto desses acontecimentos dificilmente poderia ser exagerado. No clima de tensão e mobilização anticomunista reinante, a rebelião dos marinheiros foi interpretada como prenúncio de uma revolução e toscamente comparada com a Revolta do Encouraçado *Potemkin*, um dos episódios da Revolução de 1905 na Rússia. A atitude do governo de ceder aos rebeldes e demitir o ministro que pretendia punir a indisciplina convenceu muitos do envolvimento do presidente em uma trama subversiva. No interior das Forças Armadas, o efeito da crise foi devastador, já que o princípio do respeito à hierarquia e à disciplina é um valor básico da corporação (sobretudo quando se trata de manter a obediência dos subalternos). Os oficiais simpáticos ao governo e às reformas sociais ficaram em posição difícil diante dos defensores do golpe, pois o discurso de que os vermelhos pretendiam minar as Forças Armadas por dentro ganhou ares de verdade incontestável. Dizia-se que a intenção da esquerda seria transformá-las em milícias populares, como havia sido feito em Cuba.[22]

Alguns dias depois, na noite de 30 de março de 1964, Goulart reforçou os temores dos grupos conservadores ao comparecer a um evento da Associação de Sargentos da Polícia, no Automóvel Clube do Rio de Janeiro. Ele havia sido aconselhado a não ir por assessores e aliados, que imaginavam o efeito do gesto sobre a opinião conservadora e a já apreensiva oficialidade militar. Por volta do amanhecer do dia seguinte, 31 de março de 1964, tropas do Exército sediadas em Minas Gerais começaram a marchar contra o governo Goulart, que em poucas horas se desmanchou, à medida que lideranças militares antes fiéis foram aderindo aos rebeldes.

Recusando propostas de tentar uma resistência armada, Goulart acabou por se exilar no Uruguai. Mas, antes mesmo de ele deixar o território nacional, o Congresso empossou provisoriamente o presidente da Câmara, Ranieri Mazzilli, na madrugada do dia 2 de abril, em ato ilegal. Dias depois, a 11 de abril, o Congresso elegeu, obviamente de maneira indireta, o general Humberto Castelo Branco para ocupar definitivamente o cargo de João Goulart, desrespeitando mais uma vez a Constituição.

A propósito de datas, existe uma polêmica sobre o dia adequado para marcar o início do golpe. A oposição sempre preferiu dizer que o golpe se deu em 1º de abril, uma forma de ridicularizar o evento e recusar a data de 31 de março, a preferida pelos golpistas. Mas não existem razões plausíveis para aceitar essa opção, pois, de fato, a movimentação de tropas começou no dia 31. No 1º de abril o presidente Goulart saiu do Rio para Brasília, e dali para o Rio Grande do Sul, mas ainda estava formalmente no governo. Apenas no dia 2 pela madrugada o Congresso decretou que ele tinha abandonado o cargo e o país (o que não era verdade, pois Jango partiria para o exílio somente dois dias depois),[23] e nomeou o presidente da Câmara como substituto provisório.

O golpe salvou o Brasil do comunismo?

A narrativa sobre os episódios principais da crise que abriu caminho ao golpe é indispensável para analisar a questão central deste capítulo: o levante militar (e civil) de 1964 foi necessário para salvar o Brasil do comunismo? Aliás, "salvar" é um termo inadequado, pois expressa exclusivamente o ponto de vista antiesquerdista. Melhor seria perguntar: o golpe de 1964 interrompeu um processo de iminente tomada do poder pelos comunistas? A resposta (simples, porém a mais adequada) é não. Os comunistas não estavam em vias de controlar o país nem tinham recursos para tanto.

Segundo uma fonte "insuspeita" — os órgãos de inteligência norte-americanos —, em 1963 o Partido Comunista Brasileiro (PCB) reunia entre 25 mil e 40 mil militantes, em um país com 75 milhões de habitantes. As mesmas fontes calculavam que o partido tinha então entre oito e onze deputados federais (eleitos por outras legendas, já que o PCB era ilegal à época), sendo que a Câmara tinha pouco mais de quatrocentos deputados. Outros grupos comunistas eram bem menores, como o Partido Comunista do Brasil (PCdoB), cuja militância não chegava a 10% do número do PCB. A Ação Popular (AP), entidade formada basicamente por estudantes, teria cerca de 2 mil militantes às vésperas do golpe de 1964, mas era uma organização de cristãos socialistas, e não uma organização comunista.[24] Outro grupo estudantil de esquerda que despontou na época foi a Polop (Organização Revolucionária Marxista – Política Operária), mas tinha expressão numérica ainda menor. Pode-se supor que a pequena militância comunista tinha influência superior a seu tamanho real, mas, mesmo assim, os anticomunistas imaginavam um inimigo bem mais forte do que era de fato.

Os comunistas eram influentes em alguns movimentos sociais, como os sindicatos operários, e entre líderes camponeses e estudantis. Porém esses núcleos também eram disputados, principalmente pelos setores do PTB ligados à liderança de Jango ou de Leonel Brizola e pelos católicos progressistas (com os quais os comunistas por vezes se aliavam). Por exemplo, na União Nacional dos Estudantes (UNE) a direção quase sempre foi encabeçada por alguém da AP, com os comunistas participando na posição de vice. Nos sindicatos, eles geralmente se aliavam aos trabalhistas de esquerda, mas havia tensões e disputas entre os dois grupos, que sofriam também a concorrência de lideranças sindicais de direita. O Comando Geral dos Trabalhadores, entidade criada em agosto de 1962 que congregava parte importante do sindicalismo, possuía perfil progressista, tendo entre seus líderes principais tanto comunistas como trabalhistas. No campo, a liderança dos movimentos de camponeses e de trabalhadores rurais (assalariados) era disputada por vários grupos, sobretudo militantes católicos (progressistas e conservadores), comunistas e seguidores de Francisco Julião, um militante pernambucano de tendência marxista, mas independente (e concorrente) do PCB. Líder das Ligas Camponesas, Julião defendia, ao menos retoricamente, algumas posturas mais radicais quanto à reforma agrária, tendo ficado associado ao lema "reformas na lei, ou na marra".

No caso de Leonel Brizola, líder do PTB gaúcho e cunhado de Goulart, ele passou por um processo de radicalização nos anos 1960 e disputou com os comunistas a hegemonia sobre a esquerda. Considerado por alguns observadores como possível "Fidel Castro brasileiro", Brizola chegou a esboçar uma organização revolucionária, os Grupos de 11, que serviriam como base de reação ao esperado golpe de direita contra o governo Goulart. Mas eles pouco agiram no momento em que o golpe veio. As bases radicais brizolistas seriam reativadas durante a ditadura, para dar vida às primeiras tentativas de derrotar o regime militar com base na resistência armada.[25] Entretanto, apesar da retórica radical, o brizolismo nunca se afastou do nacionalismo, o que significa dizer que não era comunista.

Em suma, embora aliados de Goulart, os comunistas eram grupo minoritário. Se os somarmos a outras forças, especialmente aos trabalhistas, aos cristãos e aos nacionalistas de esquerda, ainda assim o campo progressista era minoritário no cenário nacional. Mas a pergunta é sobre os comunistas e não sobre a esquerda em geral. Não vamos cair na armadilha do anticomunismo oportunista, que chama toda a esquerda de comunista para aumentar o medo em relação às mudanças sociais. Além de serem aliados minoritários no governo Goulart, os comunistas não tinham perspectiva insurrecional. Sua estratégia era apostar nas reformas sociais em uma frente nacionalista e democrática junto às chamadas forças burguesas. No médio prazo, a proposta era chegar ao socialismo por uma espécie de revolução processual, o que significava superar o capitalismo e criar um regime econômico baseado na propriedade social. Mas tratava-se de objetivo distante. A curto prazo a ideia era fortalecer um governo nacionalista capaz de realizar as reformas de base.[26]

Além disso, a aliança era incerta e havia desconfianças de lado a lado. Os comunistas criticaram as oscilações do presidente em diferentes ocasiões, e ele, por sua vez, nunca ofereceu ao partido cargos de primeira linha no governo. A oposição de direita acreditava que auxiliares próximos ao presidente, como Darcy Ribeiro (chefe da Casa Civil) e Raul Ryff (secretário de Imprensa), eram quadros do partido, mas, na verdade, tratava-se de ex-comunistas.

O "dispositivo" militar da esquerda e a "infiltração comunista" nas Forças Armadas foram muito alardeados na época, aumentando os temores e a tensão política. Afirmava-se que o chefe do Gabinete Militar a partir de outubro de 1963, general Argemiro Assis Brasil, seria marxista. Mas, embora de fato houvesse alguns militares comunistas, também nesse campo ocorreu largo exagero. A maior parte dos apoiadores de Jango nas Forças Armadas, em minoria dentro da corporação, era composta de nacionalistas ou apenas de aliados pessoais do presidente. No fim das contas, o único militar comunista em posição importante era o comandante da 3ª Zona Aérea, brigadeiro Francisco Teixeira, o que não impediu a adesão em massa da Força Aérea Brasileira ao golpe.[27]

A desconfiança de Goulart em relação aos comunistas e a sua atitude diante do golpe mostram a fragilidade do argumento de que ele conspirava com os "vermelhos". Analisar essa questão é importante, pois os temores direitistas em 1964 foram insuflados devido à crença de que Jango estava disposto a apoiar uma ação revolucionária, o que a tornaria um desafio muito mais sério devido aos recursos à disposição do presidente. No entanto, Goulart evidenciou sua falta de disposição radical ao aceitar o golpe sem qualquer resistência armada, com o argumento de que não desejava ver derramado o sangue brasileiro.

Jango certamente temia os riscos políticos de uma guerra civil. Um conflito desse porte poderia gerar uma radicalização à esquerda que, no fundo, ele não desejava. Se houvesse mesmo um acordo sólido entre Jango e os comunistas, a ação mais lógica seria apostar na guerra civil e armar os setores populares, uma sugestão que ele recusou. As chances de vitória eram incertas, tanto mais diante de uma provável intervenção dos Estados Unidos, mas seria uma atitude coerente para alguém com planos revolucionários, além de mais honroso do que abandonar o país sem luta. Porém Jango não queria trilhar o caminho revolucionário. Para efeito de argumentação, poderíamos inverter a tese que associa Jango ao perigo comunista: evitando a guerra civil, o presidente bloqueou a possibilidade de radicalização à esquerda que, em caso de (improvável) vitória, poderia ter levado a algum tipo de revolução socialista.

Podemos aproveitar o mote para comentar afirmações recentes de defensores do golpe de 1964 que acusam Goulart de permitir a infiltração soviética no Brasil. Um dos temas preferidos é a "descoberta" da existência de uma rede de espionagem operada por agentes tchecos antes de 1964. Na verdade, nada há de espetacular na revelação, pois as potências espionavam (e espionam) muito. Entretanto, não há dúvida de que a rede de espionagem e de propaganda norte-americana era mais ampla e mais bem equipada, além de contar com militares e policiais treinados nos Estados Unidos, embora alguns intelectuais públicos da direita minimizem, e às vezes neguem, a atuação da CIA no Brasil. De qualquer forma, o ponto não é discutir qual das potências, União Soviética ou Estados Unidos, tinha mais espiões, e sim refletir sobre as atitudes do governo Goulart e a contribuição da espionagem soviética para o "perigo comunista".

Em primeiro lugar, é importante registrar que agências estatais mantinham um sistema de vigilância sobre as embaixadas dos países socialistas, evidência de que as autoridades brasileiras estavam "de olho" nos comunistas estrangeiros. Há um episódio, já posterior à deposição de Jango, que vale a pena mencionar, para refletir sobre o real alcance da espionagem e da ameaça comunista em seu governo. Segundo registros de diplomatas norte-americanos, pouco após o golpe, em maio de 1964, foi preso no Rio de Janeiro um diplomata da Tchecoslováquia, Zdeněk Kvita, que ocupava o posto de segundo-secretário da embaixada do seu país. Ele foi detido por agentes da polícia política carioca quando tentava obter documentos secretos de um informante, que o entregou à polícia. O agente prometera vender a Kvita informações secretas, como a planta da Refinaria Duque de Caxias, os planos brasileiros de monitoramento das embaixadas dos países socialistas e passaportes em branco.

Os diplomatas norte-americanos que acompanharam o caso ironizaram a situação de Kvita, a quem conheciam de encontros em recepções diplomáticas. Ele não gostava de morar no Brasil, país que considerava atrasado e primitivo. Segundo o relatório norte-americano enviado a Washington, ironicamente o espião foi descoberto e exposto pela primitiva polícia brasileira, sem dúvida um vexame para ele.[28] Após a detenção e um rápido interrogatório, Kvita foi convidado a abandonar o país, sendo declarado persona non grata pelo governo brasileiro. Chefiado por Carlos Lacerda, o governo estadual da Guanabara[29] buscou publicidade, aproveitando-se do fato de que a prisão fora realizada por sua polícia. Porém o governo do general Castelo Branco optou por não fazer grande alarde do caso, que por isso mesmo é pouco conhecido até hoje. O espião não foi julgado, o que reduziu bastante a repercussão pública.

Desse episódio podem-se tirar algumas conclusões e perguntas. Se a rede soviética no Brasil era operada pelos tchecos, a prisão de Kvita mostra que a ameaça não era grande coisa. Eles se ocupavam de obter informações sobre a situação política e fazer propaganda contra os Estados Unidos, mas não exerciam influência efetiva no governo de Jango. Além do mais, chama a atenção a forma discreta como o governo do general Castelo Branco agiu no caso. Será que ele também estava implicado na conspiração comunista, ou foi leniente com ela? Claro que estamos fazendo galhofa com o anticomunismo obsessivo, mas a brincadeira serve também para colocar em perspectiva as atitudes de Goulart em relação aos países do bloco soviético. A ação do governo Castelo Branco no caso Zdeněk Kvita indica que os militares brasileiros não consideravam a espionagem comunista um problema grave.

O caso de Kvita contrasta com o da missão chinesa. Alguns dias após o golpe, autoridades policiais detiveram nove agentes comerciais e jornalistas da China comunista que estavam no Brasil a convite do governo Goulart. Depois de presos, eles foram acusados de espionagem e condenados por um tribunal, que não acolheu a defesa conduzida pelo célebre advogado Sobral Pinto. Nesse caso ocorreu maior repercussão pública, que o governo estimulou ao promover o julgamento, embora as evidências contra os chineses fossem mais frágeis em comparação com as que pesavam contra o espião tcheco.[30] Por que a diferença de tratamento, sendo que o caso de Kvita era mais sério? Porque o governo Castelo Branco não queria arriscar um rompimento de relações com o bloco soviético (Kvita tinha imunidade diplomática), por razões econômicas e diplomáticas, enquanto a China comunista não era parceira diplomática do Brasil.

O caso dos chineses prestava-se bem, portanto, às necessidades da propaganda anticomunista, ou seja, para mostrar que a ditadura estava vigilante contra a infiltração do comunismo internacional. Pela mesma razão, Castelo Branco rompeu relações diplomáticas com Cuba, o que também servia para agradar ao governo dos Estados Unidos. Fora isso, a ditadura manteve relações diplomáticas, culturais e comerciais regulares com o bloco soviético, tratando a espionagem comunista mais como questão diplomática e recurso de propaganda do que como ameaça séria. Significativamente, dez anos depois, no meio da ditadura, o governo do general Geisel fez o que Goulart provavelmente estava planejando quando o derrubaram: estabeleceu relações diplomáticas com a China comunista.

Outra variante nos discursos anticomunistas recentes que justificam o golpe de 1964 é a suposta ameaça guerrilheira durante o governo Goulart, a quem se acusa de tê-la acobertado. Na tentativa de fundamentar o argumento, cita-se a prisão de um grupo conectado às Ligas Camponesas que tentava montar uma base de treinamento guerrilheiro no interior de Goiás, no fim de 1962.[31] As autoridades identificaram o local e apreenderam armamentos em quantidade suficiente para equipar uma pequena unidade (uma metralhadora, três submetralhadoras e quatro fuzis), além de documentos que mostravam ligações com o governo cubano. Ainda que a operação de repressão tenha sido realizada durante o governo Goulart, o caso vem sendo citado tanto para sustentar que o golpe militar era necessário para derrotar as guerrilhas como para indicar que Goulart estava comprometido com os comunistas, tendo supostamente escondido evidências de que o governo cubano estava envolvido com o grupo desbaratado.[32] Mas, na verdade, ele evitou criar celeuma pública com Cuba por razões diplomáticas e por seu estilo conciliador.

Podemos comparar a decisão de Jango com a atitude tomada no caso Kvita por Castelo Branco, que poderia ter usado o episódio para endurecer as relações com os soviéticos, mas evitou fazê-lo. Além disso, não faz sentido imaginar que um grande proprietário de terras como Goulart apoiasse guerrilheiros comunistas.

Depois do caso do fiasco guerrilheiro de Goiás não ocorreram episódios importantes de mesmo perfil antes do golpe de 1964. É certo que alguns pequenos grupos da esquerda radical planejavam e sonhavam implantar guerrilhas, que depois da Revolução Cubana tornaram-se um mito e uma utopia. Mas nenhum deles tinha recursos ou apoio social suficiente. Durante o governo Jango, os grupos civis que mais se armaram foram os fazendeiros, que temiam a reforma agrária e as organizações camponesas. Eles criaram inúmeras ligas anticomunistas pelo interior do Brasil, munidas de fuzis e submetralhadoras.

Em 1964, o tema da ameaça guerrilheira não era a questão principal na perspectiva dos líderes do golpe. O seu medo maior era a aliança de Jango com as esquerdas e a "infiltração" nas Forças Armadas. Às vésperas de 31 de março, alguns políticos e militares começaram a falar na "guerra revolucionária", um conceito desenvolvido por teóricos militares para entender e responder às estratégias comunistas.[33] Dizia-se que a guerra já estava em curso no Brasil, mas segundo a conceituação militar havia várias etapas nesse processo, sendo que a última era a luta armada, que de fato não tinha começado. Na verdade, a ditadura militar facilitou o caminho para a implantação de guerrilhas no Brasil, pois a repressão aos movimentos sociais reivindicativos e às lideranças de esquerda que apostavam na ampliação da democracia estimulou uma resposta violenta. Diante do regime político instalado em 1964, que prendia e cassava os direitos políticos de seus adversários, muitas lideranças de esquerda aceitaram a tese de que a luta armada era o melhor caminho de ação.

Enfim, podemos até afirmar que, no contexto de 1964, alguns segmentos da esquerda faziam uma aposta mais radical, principalmente se observarmos seus discursos. Mas, na prática, pouco realizaram, o que fica evidente na fraca reação ao golpe, que, com algumas exceções, não encontrou resistência relevante. Aliás, após os eventos, alguns golpistas se mostraram surpresos diante da fragilidade da esquerda, o que lançava dúvidas sobre a existência de uma real ameaça comunista. Podemos sintetizar esse ponto de vista citando a fala, no início de 1965, de um dos líderes civis do golpe, o deputado e empresário da área de comunicações João Calmon: "Hoje, ninguém mais duvida de que existia, antes da vitória, muito mais corrupção do que comunismo. Nestes doze meses de depuração a ameaça vermelha se tornou ainda mais insignificante".[34]

COMPREENDE-SE QUE MUITOS CONTEMPORÂNEOS do golpe tenham achado verossímil o tema da ameaça comunista diante do quadro internacional, da polarização interna, das falas radicais de alguns líderes de esquerda, da forte barragem discursiva da imprensa martelando a presença do perigo comunista, da tentativa de Jango de implantar o estado de sítio e da rebelião dos marinheiros. No entanto, olhando o contexto por outro prisma, mais distanciado, o que de mais significativo ocorreu em 1961-4 foi o crescimento de movimentos sociais demandando reformas para reduzir as desigualdades; eles queriam principalmente distribuição de terras, melhores condições de trabalho e de moradia e a sua aceitação como agentes políticos. Em outras palavras, queriam mais democracia. Demandas perfeitamente compatíveis com o sistema capitalista, tal como vemos em outros países.

Havia de fato lideranças de esquerda à frente de tais demandas. O que aconteceria se elas fossem atendidas? Certamente emergiria uma sociedade mais democrática e menos desigual. Se tivessem sido implantadas, as reformas resultariam no fortalecimento dos grupos e dos líderes políticos que as defendiam, tornando-os mais exigentes? Ou, ao contrário, os movimentos sociais iriam perder força frente à consolidação de uma sociedade capitalista com melhor distribuição de renda, tal como se passou na Europa Ocidental? A propósito, alguns líderes defendiam que a melhor maneira de evitar o comunismo era fazendo reformas sociais, inclusive a agrária, para esvaziar as reivindicações da esquerda. Entretanto, a estratégia reformista não foi capaz de unir as elites brasileiras, muito presas a seus privilégios. Assim, parte do impulso conservador que levou ao golpe não se deveu à avaliação de que a esquerda era muito forte e precisava ser reprimida, mas ao medo de perder privilégios e à reação contra o protagonismo político das classes populares. O discurso do perigo vermelho representava tanto o medo (exagerado) do comunismo como uma reação conservadora contra movimentos sociais em ascensão.

A revolução comunista não estava no horizonte, nem mesmo para a maioria dos (poucos) comunistas efetivos, que apostavam no programa de reformas de base em aliança com políticos "burgueses" e lideranças nacionalistas. Outra razão para ceticismo em relação à gravidade do "perigo comunista" é o resultado de pesquisas de opinião nos anos anteriores ao golpe de 1964. Questionada sobre esses temas em enquetes realizadas por agências de pesquisa nacionais e norte-americanas, a população brasileira mostrava-se arredia às pautas comunistas e ao modelo social soviético. Nas eleições de 1945, auge da sua influência, o PCB recebeu cerca de 9% dos votos para seu candidato presidencial e 5% dos votos para a Câmara dos Deputados, sendo o último número mais adequado como indicador de sua popularidade. Algumas pesquisas de opinião dos anos 1950 mostravam que a faixa de apoio ao comunismo diminuíra para aproximadamente 2% da população.[35]

Ou seja, as chances de os comunistas ganharem o poder por vias eleitorais eram mínimas, assim como não teriam apoio social relevante caso pretendessem chegar lá por outros meios. A rejeição ao comunismo era tão forte que os movimentos anticomunistas tinham largas possibilidades de construir apoio a movimentos golpistas e autoritários com base na mobilização do medo aos "vermelhos".

É importante esclarecer um ponto. Afirmar que na época muitas pessoas acreditavam na ameaça vermelha é uma coisa; trata-se de argumento de análise relevante para compreender decisões tomadas por alguns líderes e a recepção social que encontraram. Entretanto, algo bem diferente é continuar pensando assim *hoje*, diante do que sabemos sobre a história. Após 1964 e as intensas devassas realizadas por forças policiais e militares, alguns líderes golpistas declararam ter havido exagero nas avaliações anteriores, ou seja, o perigo comunista havia sido superestimado. Aliás, não foi sem motivo que logo começaram a investir no tema da caça aos corruptos, pois os alvos "comunistas" não sustentariam por muito tempo a campanha de legitimação do novo regime.

Cabe um comentário provocativo, pensando no diálogo com quem aceita a versão favorável ao golpe. Consideremos por um momento, apenas para construir um raciocínio hipotético, que havia uma séria ameaça comunista e que a intervenção militar visava defender a democracia contra o totalitarismo de esquerda. Se assim fosse, qual a justificativa, então, para terem instalado uma ditadura e se aboletarem no poder durante duas décadas? Por que não entregaram o poder aos civis depois de derrotada a "ameaça"? Não vale dizer que era para continuar defendendo o Brasil do comunismo, porque os poucos comunistas existentes estavam presos, exilados ou escondidos.

Alguém talvez poderia questionar: e a luta armada do fim dos anos 1960? Não era necessária uma ditadura para responder a esse desafio? Em primeiro lugar, as ações armadas foram em grande medida uma resposta da esquerda derrotada em 1964 à ditadura — quer dizer, a derrubada de Goulart e a construção de uma ditadura de direita estimularam a radicalização da esquerda. Em segundo lugar, nem todos os guerrilheiros eram comunistas; muitos eram na verdade nacionalistas radicais. Terceiro, e mais importante: não eram necessárias uma ditadura e toda aquela violência extralegal (tortura, assassinatos, desaparecimentos) para derrotar a luta armada. Outros países enfrentaram situações semelhantes sem descambar para o autoritarismo.

Mesmo que o tema do "perigo vermelho" tenha sido exagerado, de qualquer forma serviu para cimentar a aliança que sustentou o golpe de 1964. Ele foi a linguagem comum utilizada para aproximar os diferentes grupos e interesses sociais que se uniram para derrubar o governo de João Goulart.

2. Sobre as razões e motivações dos golpistas

PARA OS DEFENSORES DE 1964, que negam o caráter golpista do evento ("Não houve golpe em 31 de março", diz o atual presidente, Jair Bolsonaro, em suas redes sociais) e repetem a mesma fala dos líderes da ditadura em seu tempo, a derrubada de João Goulart teria sido uma "Revolução". A expressão (com maiúscula) foi oficializada pelo regime político instalado após o golpe, sendo utilizada em carimbos dos órgãos de informação e de repressão e adotada de maneira corrente também pela imprensa e outros setores sociais. Outra forma de escamotear o caráter golpista do evento de 1964 é chamá-lo de movimento, tal como na já mencionada fala recente do ministro do STF Dias Toffoli.

Os defensores de 1964 rejeitam o termo "golpe" por implicar sentido negativo, enquanto "revolução" e "movimento" têm conotações mais simpáticas, sugerindo a imagem de que teria sido um período de mudanças positivas. Paradoxalmente, "revolução" é um termo mais típico das culturas de esquerda, por isso seu uso por um movimento antiesquerdista soa estranho, ao ponto de alguns líderes da ditadura afirmarem que 1964 teve perfil mais próximo de uma contrarrevolução.[1] Apesar das polêmicas com a terminologia, a ditadura manteve "revolução" como sua designação oficial, em grande parte por razões de propaganda e de estratégia de legitimação, já que a memória dominante registra em sentido positivo "revoluções" anteriores, a exemplo dos episódios de 1922 e 1930.

Outro argumento para a rejeição ao termo "golpe" é o fato de que ele teve apoio social, o que leva os defensores de 1964 a insistir que não se tratou de uma simples "quartelada", ou seja, um levante militar sem sustentação fora dos quartéis. Efetivamente, a derrubada de Goulart teve apoio de parte da sociedade, embora seja improvável que tenha sido majoritário. Por agora, basta dizer que os dados disponíveis não são conclusivos e indicam que o respaldo à queda de Jango tendeu a se concentrar nas classes médias e superiores.

De qualquer modo, a existência de apoio de uma parte da sociedade não altera o fato de que se tratou de um golpe de Estado contra um presidente que chegou ao poder por meios legítimos e respeitava as instituições. A derrubada de Goulart foi um ato de subversão da ordem institucional, a qual foi golpeada, portanto. Não fosse pela atitude golpista de parte dos militares, que com seus tanques e canhões ameaçaram as instituições e abriram caminho a um período de intensa repressão política, o presidente constitucional não teria abandonado o país em busca de exílio. Diferentemente do que ocorre nas revoluções, que surgem de fora e contra o Estado vigente, no caso dos golpes os agentes principais pertencem ao próprio aparelho do Estado.[2] Esse foi precisamente o caso em 1964, já que as corporações militares são um elemento essencial da estrutura estatal. Ou seja, foi sem dúvida um golpe.

Se os defensores do golpe o apresentavam como a salvação contra uma suposta ditadura esquerdista/comunista entranhada no governo Goulart, o tema do apoio social foi a pedra de toque de seu discurso legitimador. O argumento de que o apoio da população (na verdade, apenas parte dela) legitimava a ruptura institucional — que marcava o início de uma nova era — foi registrado no texto do Ato Institucional de 9 de abril de 1964: "Os chefes da revolução vitoriosa, graças à ação das Forças Armadas e ao apoio inequívoco da nação, representam o povo e em seu nome exercem o poder constituinte, de que o povo é o único titular".[3] Mas, se era assim e de fato se tratava de uma ação em defesa da democracia, por que não se convocaram eleições para a escolha popular de um novo governo após a derrubada de Goulart? E por que instituíram eleições indiretas para presidente e governadores, retirando do povo o seu direito político mais básico?

E quanto às motivações das lideranças golpistas, tema central deste capítulo? Se, como vimos, o perigo vermelho não é suficiente para explicar a movimentação das peças do tabuleiro político, então como podemos compreender o golpe de 1964? Por que, afinal, o governo de João Goulart foi interrompido bruscamente?

Como estratégia de análise, enfocaremos primeiro as justificativas e as diferentes motivações apresentadas pelos golpistas. Em seguida, nos voltaremos às reflexões dos pesquisadores,[4] para, ao final do capítulo, propor algumas conclusões.

Uma síntese das justificativas e motivações dos golpistas

O argumento dominante dos atores que lideraram ou apoiaram a derrubada de Goulart foi a necessidade de derrotar a "ameaça" comunista. O anticomunismo operou como cimento da frente golpista, reunindo grupos díspares que não tinham propostas coesas sobre o que fazer após a conquista do poder, apenas a crença na necessidade de "limpar" o país — e o sistema político — de inimigos reais e imaginários.

Os grupos que deram sustentação ao golpe de 1964 compunham frente heterogênea, representando diferenças tanto sociais quanto ideológicas, o que tornava improvável reunir coalizão tão ampla em torno de programa afirmativo. Do ponto de vista social, o bloco golpista era composto por empresários urbanos e do campo, profissionais liberais, a elite do serviço público, do Judiciário e do Legislativo, as corporações militares, a imprensa, o setor majoritário do clero e as chamadas classes médias. Quanto ao aspecto ideológico, liberais, conservadores, reacionários, nacionalistas autoritários e até alguns reformistas moderados receberam com alívio o golpe. O único consenso era negativo: tirar do poder um governo acusado de conduzir o país para o precipício. Esses grupos se juntaram não em favor de um programa positivo, mas contra algo.[5]

Para termos um quadro mais completo das tensões e da polarização política da época, e das motivações que levaram os grupos sociais à ação, é preciso ressaltar o ambiente de Guerra Fria. Havia a sensação de que os soviéticos fomentavam revoluções por toda parte, de maneira que o gesto do governo Goulart de reatar relações diplomáticas com o "Império vermelho", em novembro de 1961, causava apreensão. Além disso, pouco antes surgira um Estado socialista na América Latina, pois a Revolução Cubana, que inicialmente parecia apenas nacionalista, derivou na direção do socialismo soviético. Assim, na visão dos grupos de direita, o exemplo cubano estava muito próximo, como a mostrar que a progressão do comunismo na direção do Brasil estava adiantada. E, de fato, o regime socialista cubano inspirou e deu ânimo a diferentes grupos de esquerda brasileiros. Nessas condições, fica mais fácil entender por que a grande onda anticomunista de 1964 emergiu. O golpe de 31 de março, não há dúvida, foi um dos episódios mais importantes da Guerra Fria na América Latina. Nesse sentido, há que ressaltar a influência dos norte-americanos no desenrolar da crise.

Inquestionavelmente, os Estados Unidos tiveram papel de destaque na campanha anticomunista, fazendo pressões políticas e estimulando os grupos locais com suporte material e ideológico, o que foi decisivo para que estes aceitassem o risco de promover um golpe de Estado. Os representantes norte-americanos no Brasil apoiaram a derrubada de Goulart; prepararam-se, inclusive, para suprir os golpistas com combustíveis e armas no caso de uma guerra civil.[6] Em suma, o desfecho em 1964 poderia ter sido outro sem a presença dos Estados Unidos no cenário. Entretanto, as fontes disponíveis até o momento tornam exagerada a suposição de que o golpe foi inteiramente comandado por Washington. Voltaremos ao tema no capítulo em que serão discutidas as conexões internacionais que ligavam o Brasil ao mundo nos anos 1960-70, e seu impacto sobre as decisões dos atores políticos locais.

Além de acusações sobre a ligação do governo Goulart com as esquerdas nacionais e internacionais, outros temas mobilizaram os defensores do golpe. Em primeiro lugar, é importante reiterar que a situação econômica era complexa e agravou a crise política. A tensão em torno das disputas direita × esquerda, por seu lado, complicou ainda mais a situação econômica, pois os grandes capitalistas reduziram os investimentos e aumentaram preços de mercadorias diante das incertezas. E os desafios econômicos se tornaram mais complicados devido a ações visando intensificar os problemas para Goulart. Um exemplo foi a dificuldade que ele encontrou para obter créditos no exterior, numa tentativa de aliviar a falta de divisas cambiais. Missões diplomáticas enviadas aos Estados Unidos para negociar ajuda econômica trouxeram poucos resultados, devido à desconfiança do governo estadunidense em relação às posturas nacionalistas de Jango.[7] As ações visando limitar a remessa de lucros das empresas estrangeiras no Brasil para suas matrizes (de modo a evitar a saída de dólares) incomodavam os norte-americanos, assim como a nacionalização de empresas estrangeiras. A diplomacia independente de Goulart era igualmente incômoda, pois significava na prática uma aproximação com o bloco socialista e os países não alinhados.

Além da falta de reservas em dólar para compensar a saída de moeda forte para pagamento das importações e remessa de lucros, outro grande problema era a inflação, que vinha crescendo continuamente desde o final do governo de Juscelino Kubitschek. O grande salto industrial da segunda metade dos anos 1950 pressionou o câmbio, devido ao aumento da importação de insumos industriais e de tecnologia, mas também a inflação, graças à expansão do consumo e da atividade econômica em geral.[8] Jânio Quadros e depois João Goulart herdaram esses problemas e tiveram grande dificuldade para equacioná-los, inclusive porque os conflitos políticos do momento tornaram mais complicado encontrar soluções para a economia. As dificuldades econômicas, porém, foram mais o pano de fundo que o motivo central para a queda de Goulart. Afinal, durante a ditadura, a partir da segunda metade dos anos 1970, e também no período pós-autoritário dos anos 1980, o Brasil viveu momentos de inflação e de crise cambial mais graves, e nem por isso os governos foram derrubados.

O mesmo raciocínio pode ser aplicado ao tema das acusações sobre corrupção, que, de acordo com seus opositores, seria prática corriqueira na gestão Goulart. Parte da indisposição contra o governo devia-se às acusações de que o presidente era tolerante com a corrupção, característica que seria uma herança do varguismo. Os críticos liberais acreditavam que o problema decorria da ampliação do aparato estatal durante os anos Vargas, que teria ampliado as oportunidades de desviar recursos públicos. O foco de tais críticas eram as organizações sindicais e previdenciárias, ambas conectadas ao Estado, e algumas empresas estatais, sobretudo a Petrobras.[9] Curiosamente, os caçadores de corruptos tinham olhos para enxergar problemas apenas em algumas áreas, enquanto situações suspeitas envolvendo empresas privadas não chamavam sua atenção. Vale a pena referir que muitos ataques contra a corrupção nos anos 1960 vinculavam tal prática à "trama" comunista. Segundo discursos de líderes conservadores, os vermelhos estimulavam a corrupção para atraírem para o seu lado os políticos desonestos.

Fazendo um balanço dos principais argumentos e razões que levaram à mobilização contra o governo Goulart, a conclusão é que a motivação política predominava, ou seja, o principal objetivo era retirar do poder um presidente considerado inconveniente na visão dos grupos sociais dominantes. No entanto, cálculos políticos e econômicos em certos casos se mesclavam, já que a queda de Goulart contribuiria para preservar empresas privadas nacionais e internacionais da intervenção estatal. Mais precisamente, a ascensão de um governo direitista livraria o capital privado de desapropriações, de estatizações/nacionalizações, de medidas para limitar a remessa de lucros ao exterior e de políticas salariais generosas para os trabalhadores.

Há mais um ponto importante a destacar quanto à rejeição política a Jango: ele foi criticado também por supostamente possuir inclinações autoritárias. Aqui entrou em jogo, novamente, o tema da herança varguista, que os adversários manipulavam para atacá-lo. Como Vargas tinha sido um ditador na sua primeira passagem pela presidência, notadamente entre 1937 e 1945, o seu principal herdeiro poderia seguir o mesmo caminho, alegavam os inimigos.[10] Havia também uma teorização segundo a qual o autoritarismo seria algo intrínseco aos gaúchos do interior, acusados de caudilhismo. A julgar por alguns discursos da oposição, era como se Goulart tivesse o "DNA" do líder autoritário.

Considerando tais críticas, não podemos evitar um comentário irônico. Os militares e seus aliados civis responsáveis pela queda de Goulart levaram ao poder três ditadores de origem gaúcha: os generais Artur da Costa e Silva (1967-9), Emílio Garrastazu Médici (1969-74) e Ernesto Geisel (1974-9)... Entretanto, a constatação irônica não implica acusar a oposição de direita de agir incoerentemente. Na verdade, as críticas ao "caudilhismo" de Jango e sua suposta pretensão a governar de forma autoritária não representavam recusa ao autoritarismo em si. Para algumas lideranças, esse perigo era considerado grave devido à aliança de Jango com as esquerdas, que poderiam aproveitar-se da situação em benefício dos planos revolucionários. Para setores majoritários da direita, o autoritarismo devotado à defesa da propriedade e da ordem social tradicional era outra coisa, bem mais tolerável. Por isso, muitas lideranças que achavam insuportável o "autoritarismo" de Jango ou das esquerdas consideraram a ditadura de direita instaurada em 1964 um doce colírio...

As acusações sobre supostos planos autoritários do presidente implicavam mais uma vez o tema do comunismo. Se Goulart criasse uma ditadura nacionalista e esquerdista, especulava-se, o risco de uma progressão ao socialismo seria grande ("Esse caos, se acabar de se formar, vai ser plasmado por outras mãos, as mãos dos comunistas").[11] A oposição de direita não descartava a hipótese de que Jango usava o apoio comunista de maneira conjuntural, pois nenhum observador bem informado acreditava que o presidente esposasse as ideias marxistas. A intenção de Goulart poderia ser aproveitar-se dos comunistas para levar a cabo algum projeto continuísta, descartando-os quando não fossem mais necessários. Havia também o argumento de que Goulart fomentava o comunismo no intuito de justificar um golpe. Mas, mesmo nessa hipótese, as manobras do presidente continuariam perigosas, pois poderia acontecer o contrário, ou seja, Jango ser eliminado pelos comunistas após um golpe conjunto.[12]

O que dizer das acusações sobre supostos planos autoritários de Jango? Elas tinham fundamento? O exame das ações efetivas de Goulart, inclusive em resposta ao golpe, revela que tais temores deviam-se mais a especulações que à realidade. Não se pode descartar que Jango considerasse a hipótese de uma saída autoritária, tendo em vista as tensões do momento e o risco de que fosse derrubado, ou mesmo por simples ambição política. Mas não há provas de que ele realmente estivesse articulando um golpe continuísta. Ao contrário, na análise de seus discursos nota-se a insistência de que as reformas seriam implantadas por via de acordo e conciliação, de maneira pacífica e sem ruptura institucional.[13] Reiterando algo que já foi dito, se Jango tivesse em vista um processo de ruptura política, seria de esperar que adotasse ações mais contundentes em resposta ao golpe e não aceitasse passivamente sua derrubada.

As evidências disponíveis indicam que Goulart aceitou a estratégia de pressionar o Congresso via manifestações de rua para conseguir a reforma constitucional. Além do comício de 13 de março no Rio de Janeiro, outros eventos de igual perfil estavam programados para as semanas seguintes, em diferentes regiões do país. Porém, isso não significa que Goulart planejava intervenção golpista. Nos seus discursos, ele convidava o Congresso a aceitar o que considerava demandas populares, especialmente a reforma constitucional, mas sem fazer ameaças autoritárias. Aliás, se comparássemos os discursos de Goulart a respeito do Parlamento com posicionamentos de Jair Bolsonaro, o contraste seria chocante. Tal comparação revelaria um Goulart democrático e respeitador das instituições republicanas, em dissonância com o atual mandatário, que se posiciona como candidato a ditador.

Voltando a 1964, alguns líderes da esquerda foram mais agressivos com o Congresso, em especial o deputado Leonel Brizola.[14] Mas, significativamente, Goulart e Brizola tinham muitas divergências; o estilo do presidente era mais conciliador. Os aliados comunistas também elevaram a tensão com falas controversas, destacando-se Luiz Carlos Prestes, que declarou às vésperas do golpe que o governo não deveria ficar preso à legalidade.[15] Mas, de novo, não há indícios de que Goulart apoiaria um golpe perpetrado pela esquerda.

Na ótica dos adversários de direita, pressionar o Congresso com mobilizações populares era ação grave. De uma perspectiva menos passional, porém, podemos considerar que essa estratégia fazia parte do jogo democrático. Tanto como eram parte do jogo os ataques políticos agudos das forças de oposição contra Goulart, que, a propósito, tiveram liberdade para agir com desenvoltura durante seu governo. No fim das contas, Goulart não foi derrubado porque representava uma ameaça autoritária, mas por ter uma aliança — ainda que frágil — com as esquerdas, por permitir a expansão de movimentos sociais reivindicativos e por evitar reprimi-los.

As interpretações acadêmicas sobre as origens de 1964

Após analisar aspectos políticos e econômicos da crise que antecedeu 1964 atentos aos argumentos e interesses dos setores que promoveram a ruptura institucional, examinemos agora, mais de perto, as principais linhas interpretativas sobre as origens e motivações do golpe, que foram formuladas principalmente por pesquisadores acadêmicos, mas também por jornalistas e líderes políticos.

Quanto às análises que privilegiam argumentos de natureza econômica, já comentamos que a rejeição a Goulart sem dúvida estava ligada à defesa de interesses materiais das classes dominantes, especialmente a manutenção do sistema de propriedade privada. Nesse sentido, é correto — e óbvio — afirmar que o golpe de 1964 teve caráter burguês. Porém, conforme ressaltamos, isso não significa dizer que os apoiadores do golpe tinham visão idêntica sobre a política econômica a ser adotada após a remoção de Goulart. O consenso entre eles era negativo.

Sem dúvida, alguns grupos tinham projetos econômicos para o país e atuaram para que o novo governo os implementasse. Dentre os grupos de pressão influentes na fase inicial da ditadura destacam-se o Instituto de Pesquisas e Estudos Sociais (Ipes) e a Escola Superior de Guerra (ESG). O primeiro, ligado aos empresários, propôs reformas econômicas liberais e o segundo, comandado pelos militares, por razões de segurança defendeu políticas autoritárias voltadas ao crescimento econômico. Mas tais agendas não seriam capazes de unir e levar à ação o heterogêneo bloco social que derrubou Goulart, e tampouco conseguiriam conduzir todas as peças do xadrez político. Além disso, algumas dessas demandas econômicas não implicavam necessariamente uma ditadura, embora logo tenha ficado claro que tal regime político poderia alavancar projetos modernizadores autoritários.

Uma das hipóteses em destaque nas análises acadêmicas de viés econômico é que a disputa principal em 1964 era entre os defensores de uma política mais nacionalista e os grupos favoráveis a perspectivas internacionalistas, ou seja, mais abertos à participação do capital estrangeiro no Brasil. Para alguns autores, Goulart foi removido porque havia um projeto de aprofundamento ou de reestruturação da inserção do Brasil no sistema capitalista global, projeto para o qual ele seria um obstáculo.[16] Uma tese parecida sustenta que 1964 representou o embate entre o modelo varguista de Estado e de desenvolvimento econômico, baseado no corporativismo e na intervenção estatal, e uma visão liberal que implicaria redução do papel econômico das instituições públicas.

Pois bem, quando examinamos o perfil das forças sociais e políticas que apoiaram o golpe, assim como as estratégias econômicas aplicadas pela ditadura nos anos seguintes, fica claro que essas teses são simplificadoras. Não se trata de negar a existência de embates baseados em diferentes projetos econômicos, mas de questionar a suposição de que eles constituem a explicação principal para 1964. Afinal, lideranças de origem varguista e defensores do papel econômico ativo do Estado apoiaram 1964, e também militares favoráveis a políticas nacionalistas. É verdade que o primeiro governo militar, comandado por Castelo Branco, seguiu pauta econômica mais liberal. Ele fez ajustes para facilitar a participação do capital estrangeiro na economia brasileira, cortou direitos trabalhistas e implantou uma política recessiva para reduzir a inflação. No entanto, também adotou ações que não se encaixavam no perfil liberal, como a unificação do sistema público previdenciário (INPS, criado em 1966) e a ampliação do sindicalismo corporativista nas zonas rurais. De qualquer forma, o governo de Castelo Branco foi de longe o mais liberal da ditadura, ao passo que os seus sucessores se reaproximariam da tradição estatista e nacionalista.

Entre os apoiadores do golpe, em especial nos meios militares, nem todos gostaram da agenda liberal de Castelo Branco, notadamente por dar origem a uma recessão industrial e a uma estratégia diplomática totalmente subordinada aos interesses dos Estados Unidos.[17] A partir do seu sucessor, Costa e Silva, a ditadura retomou as linhas básicas do desenvolvimentismo varguista, o que significava investir na atuação do Estado como agente econômico, planejando ou financiando projetos de crescimento, ou ainda atuando diretamente por meio de empresas e fundações públicas. A estratégia diplomática dos sucessores de Costa e Silva acompanhou o mesmo tom, ao buscar pragmaticamente parceiros comerciais fora do círculo de influência dos Estados Unidos. É importante esclarecer que o "nacionalismo" em questão era perfeitamente compatível com a presença do capital estrangeiro — assim como no governo de Vargas. Tratou-se de um arranjo de divisão de esferas, em que o capital estrangeiro encontrava condições favoráveis para atuar e lucrar em certos setores, ao passo que a ditadura desenvolvia projetos nacionais e buscava mercados no exterior para estimular os negócios de algumas empresas brasileiras.[18] Em outras palavras, a ditadura manteve e aprofundou o sistema capitalista, mas com uma importante participação estatal, o que incomodou e gerou críticas dos defensores do liberalismo econômico na segunda metade dos anos 1970.

Quanto aos interesses do capital estrangeiro, os dados disponíveis não confirmam que a derrubada de Goulart decorreu de um plano voltado a nova etapa de investimentos e de reestruturação econômica. Certamente, as grandes empresas estrangeiras, junto a seus associados brasileiros, apoiaram o golpe com ardor, inclusive com financiamento generoso à campanha de desestabilização de Goulart.[19] Mas não necessariamente havia planos de aprofundar de imediato os negócios no Brasil, até porque a instabilidade política aumentava os riscos. Mais urgente era a ânsia de remover do governo um grupo disposto a enfrentar os interesses econômicos estrangeiros e simpático a propostas de esquerda. Assim, logo após a derrubada de Goulart não ocorreu uma avalanche de investimentos privados; o capital externo a entrar no Brasil veio principalmente de empréstimos do governo norte-americano, interessado em fortalecer a gestão de Castelo Branco, e de entidades multilaterais como o Banco Mundial e o Banco Interamericano de Desenvolvimento (BID).[20] O investimento do capital privado internacional no Brasil aumentou significativamente apenas nos anos do "milagre econômico", quando as oportunidades de lucro se ampliaram.

A ditadura não representou uma ruptura no perfil da participação do capital estrangeiro. Em linhas gerais, ela seguiu o modelo econômico preexistente, ancorado em três setores básicos, que por vezes se combinavam: capital privado nacional, capital estatal e capital estrangeiro. É certo que a presença do capital estrangeiro aumentou, notadamente durante o "milagre", mas cresceu também o investimento econômico do setor público através das empresas estatais.[21]

Vejamos agora outra tese acadêmica influente nas análises sobre os fatores que motivaram o golpe de 1964, segundo a qual ele teria sido basicamente uma reação antipopulista ou resultado do colapso do populismo.[22] Esse argumento foi desenvolvido entre os anos 1960 e 1970, por estudiosos que viam no populismo um efeito da urbanização e da rápida industrialização de uma sociedade agrária. De acordo com tal perspectiva, as lideranças populistas atenderiam a algumas demandas dos trabalhadores, mas basicamente os manipulavam visando fins políticos. Apresentando-se como líderes preocupados com a sorte dos trabalhadores e dos pobres, e dirigindo-se a eles independentemente das instituições político-partidárias, tais figuras estariam, no fundo, preocupadas em evitar que os setores populares trilhassem caminhos políticos autônomos. Nessa linha, Getúlio Vargas e João Goulart seriam líderes populistas, e, portanto, o golpe de 1964 teria um caráter antipopulista. De acordo com uma das propostas interpretativas derivadas dessa linha, o que houve em 1964 foi uma ruptura do pacto populista, provocada pela radicalização das demandas populares e a sensação de que os trabalhadores não se comportariam mais de acordo com o esperado.[23]

As teses sobre o populismo têm sido questionadas, entre outras razões, por sugerirem que os trabalhadores seriam meros joguetes nas mãos de líderes manipuladores, como se não tivessem capacidade de perceber os próprios interesses.[24] Para nossos propósitos, o mais importante é que não é convincente imaginar Goulart sendo derrubado por ser um líder populista. É questionável classificá-lo como populista, entre outras razões porque era militante de um partido (o PTB) e não se colocava acima das instituições. De qualquer modo, se o papel do populismo é conter o radicalismo das massas populares, por que razão as classes dominantes atacariam os líderes dedicados a esse trabalho? Ademais, nos discursos golpistas de 1964 encontramos raras menções a populismo, e mais frequentemente críticas a ações demagógicas dos líderes populares. De novo: para quem defendia a ordem social tradicional, não haveria problema na demagogia se ela servisse à manutenção do statu quo.

O problema de fato era outro, a sensação — e o medo — de que o governo Goulart estava acolhendo reivindicações sociais crescentes, de maneira potencialmente ameaçadora para a manutenção da ordem social. Se a acusação a Goulart como populista era rara, mais frequentes eram os ataques a uma suposta "república sindicalista" em torno dele, ou seja, Goulart era criticado por dialogar com os sindicatos e preocupar-se com seus problemas. Em suma, a questão não era ele ser populista, mas ser um líder popular e atender a demandas populares. (A propósito, não deveria ser considerado absurdo, ou intolerável, que um líder acolha algumas demandas populares e ao mesmo tempo espere o reconhecimento social por fazê-lo.)

Examinemos agora o argumento de que o objetivo principal da oposição de direita a Jango seria instaurar um regime autoritário. Nessa linha, toda a retórica construída para fundamentar e legitimar o golpe contra o governo Goulart visaria escamotear tal projeto. Porém, a hipótese de que os grupos conservadores tinham no golpe sua opção primordial possui alguns pontos fracos. Se assim fosse, qual o sentido da grande mobilização em torno das eleições de 1962? Para que gastar tempo e dinheiro no jogo eleitoral se o objetivo final era subverter as instituições? Por outro lado, o comportamento de alguns segmentos conservadores em relação a Goulart não foi todo o tempo de oposição sistemática. Durante a primeira fase do governo, e inclusive no início do período presidencialista, João Goulart contou com a simpatia de parcelas importantes do campo direitista. Antes da opção definitiva pelo golpe houve tentativas de afastar o presidente dos aliados à esquerda, numa demonstração de que a solução golpista não era o único horizonte.[25]

Foi somente no início de 1964 que a coalizão direitista se inclinou majoritariamente pela ruptura institucional. Até então a direita radical encontrava-se em posição isolada em relação à opinião liberal e conservadora. Deve ser lembrado, além disso, que para figuras expressivas da elite o cenário ideal era manter a normalidade institucional, não o contrário. Apoiar um golpe gerava o risco de interromper o processo eleitoral, mecanismo considerado por muitos líderes como canal privilegiado de ascensão ao poder. Isso para não falar das convicções ideológicas liberais de muitos personagens, um elemento secundário porém não desprezível.

Existe também o argumento de que os golpistas, especialmente os militares, se moviam em busca de uma utopia autoritária.[26] Podemos questioná-lo lembrando que o autoritarismo no Brasil não é uma utopia, mas um fenômeno bem entranhado na realidade. Além disso, seria necessária uma caracterização mais precisa, pois projetos autoritários podem vir de diferentes quadrantes ideológicos. Como, no presente caso, a essência da motivação autoritária era golpear o campo progressista, no fundo trata-se de antiesquerdismo visceral. É verdade que certos atores golpistas, especialmente entre os militares e a extrema direita, não se importavam com as instituições liberal-democráticas e encaravam positivamente um regime autoritário. Entretanto, eles não tinham o consenso da maioria da frente de direita, que aceitou a intervenção autoritária como meio para derrotar seus adversários e retirá-los do poder, e não como objetivo principal, sendo que para alguns o ideal seria apenas uma "limpeza" rápida seguida do retorno à institucionalidade liberal. Porém, se o plano inicial do bloco golpista não era necessariamente implantar uma ditadura, logo ficou claro que ela poderia ser útil a projetos econômicos modernizadores, o que tornou o empresariado um dos setores mais empolgados com o regime militar.

Outra hipótese interpretativa relevante é que o golpe de 1964 foi essencialmente um movimento antirreformista, ou seja, uma ação política cujo objetivo central era impedir a implantação das reformas de base encampadas pelo governo Goulart. A limitação desse argumento é que o posicionamento das elites políticas e sociais frente ao tema das reformas não era consensual. Segmentos sociais expressivos, efetivamente, reagiam de forma irada contra qualquer proposta de mudança social, em particular os grupos ligados à propriedade rural. No entanto, havia setores direitistas favoráveis a certas reformas, inclusive a agrária. Alguns, como visto, chegavam a considerá-las estratégicas para isolar e esvaziar o discurso revolucionário, pois, se o comunismo se alimentava da miséria e das desigualdades sociais extremas, a melhor forma de combatê-lo seria fazendo reformas sociais.

Tal estratégia era defendida por um dos agentes mais influentes no contexto: o governo dos Estados Unidos. A reforma social para diminuir as desigualdades constituía um dos eixos da política norte-americana de luta contra o comunismo na América Latina, ao lado do investimento na preparação das forças repressivas (policiais e militares). O tema das reformas sociais aparecia no programa da Aliança para o Progresso, o carro-chefe da estratégia diplomática do governo de John Kennedy para a América Latina. Esperava-se que os países beneficiados pelos financiamentos do programa realizassem a reforma agrária.[27] Embora algumas ações concretas tenham surgido daí, como a reforma agrária feita no Chile durante o governo do democrata-cristão Eduardo Frei, certamente havia nesse programa objetivos retóricos e propagandísticos, ou seja, mostrar que os Estados Unidos e o capitalismo tinham propostas para reduzir a desigualdade social extrema vigente na região.

No Brasil, tais discursos foram replicados por agências norte-americanas e por setores do empresariado, sempre usando o tom de que as reformas sociais necessárias eram aquelas compatíveis com a manutenção da propriedade privada. Afinal, distribuir terras entre camponeses poderia fortalecer o estatuto da propriedade privada, por via do aumento no número de proprietários. O modelo em vista seria o da reforma realizada no Japão ocupado pelos Estados Unidos depois da Segunda Guerra, e não o de estilo socialista e coletivista soviético. De maneira significativa, a opinião pública nas grandes cidades brasileiras era majoritariamente favorável à reforma agrária (cerca de 70%), como mostraram pesquisas de opinião realizadas às vésperas do golpe de 1964.[28] Nas zonas rurais e entre os fazendeiros o quadro era diferente; os últimos, em especial, não admitiam a ideia, e associavam qualquer reforma agrária ao "comunismo". Mas não tinham como impor seu ponto de vista a todos os grupos de direita, inclusive porque parte deles não desejava que a derrubada de Goulart fosse vista como uma ação reacionária. Por isso, o tom dominante nos discursos golpistas foi de oposição a reformas "comunizantes" mas de aceitação de reformas compatíveis com os valores "democráticos e cristãos", ou seja, com o sistema capitalista e a ordem social tradicional.

Assim, a derrubada de Jango não foi provocada por uma oposição intransigente a reformas. Os setores moderados da direita tiveram suas preocupações incrementadas quando passaram a acreditar que o ativismo reformista era conduzido pela esquerda revolucionária e que Goulart poderia perder o controle da situação. Geraram medo ações dos movimentos sociais, como as invasões de terras por organizações de camponeses, que demandavam reforma agrária "na lei, ou na marra", ou a espiral de greves de trabalhadores urbanos sob a liderança de sindicalistas de esquerda. A estrutura sindical ligada ao Estado, criada nas décadas de 1930 e 1940 para controlar os trabalhadores, passou a servir aos grupos defensores de transformações sociais. Tal quadro parecia desbordar o projeto de reformas "dentro da ordem" e sugeria o risco de radicalização de alguns setores populares, um processo que, do ponto de vista da direita, fatalmente fortaleceria os planos revolucionários.

Portanto, o golpe de 1964 foi menos antirreformista do que antiesquerdista. Alguns setores da frente de direita eram contra qualquer mudança social, especialmente no âmbito agrário, no caso dos fazendeiros, que se armaram para evitar o processo a bala, se fosse preciso. Porém, uma parte dos apoiadores do golpe não se opunha a todas as reformas. Daí se compreendem algumas ações do governo Castelo Branco, que ensaiou implantar reformas sociais compatíveis com o fortalecimento da propriedade privada, como a distribuição de terras. Para tanto, ele conseguiu a aprovação de mudanças constitucionais a fim de permitir a desapropriação com pagamento em títulos públicos, proposta polêmica que o Congresso se recusou a aprovar no período de Goulart mas aceitou quando apresentada por um governo autoritário de direita. Não obstante, a reforma agrária não saiu do papel durante a ditadura, graças à forte pressão contrária dos grandes proprietários rurais.[29]

O OBJETIVO PRINCIPAL DOS APOIADORES do golpe de 1964, então, não era uma ditadura duradoura, mas combater os comunistas, as demais organizações de esquerda e os movimentos sociais. De início, o recurso à solução autoritária era um meio para eliminar tais "ameaças", e não um fim em si, embora as ações dos novos governantes logo tenham derivado para a institucionalização de uma ditadura, como será explicado. Parcelas mais conservadoras e radicais da frente direitista desejavam o autoritarismo em si, enquanto alguns agentes recusavam qualquer alteração na ordem social e econômica devido à insegurança causada pelo protagonismo político de grupos populares. Havia ainda desconfianças em relação a Goulart e discordâncias quanto ao intervencionismo estatal na economia e à política externa independente. Porém, a única opinião unânime e capaz de obter consenso entre as elites sociais e os setores liberais e conservadores era a recusa genérica à "comunização". A propósito, isso explica também por que o anticomunismo voltou a ser usado com força recentemente, ou seja, por sua capacidade de unificar diferentes segmentos da direita. Nos anos 1960, as representações anticomunistas tinham a vantagem de colocar o problema em linguagem compreensível para uma sociedade havia muito acostumada a ouvir discursos sobre o "perigo vermelho". Por outro lado, tal linguagem permitia conferir mais gravidade ao quadro político, inscrevendo a situação brasileira nos parâmetros da Guerra Fria.

Os líderes do golpe de 1964 não estavam apenas usando o anticomunismo como fachada para justificar suas ações; o seu temor era efetivo. Mas tal interpretação não implica desconsiderar a existência de manipulações. As representações anticomunistas mantiveram a tradição de divulgar imagens deturpadas dos revolucionários, apresentados como seres violentos e imorais, malignos. A manipulação maior, sem dúvida, foi disseminar a versão de que haveria um risco iminente de revolução liderada pelos comunistas, quando na verdade os líderes direitistas bem informados consideravam a hipótese de um golpe do presidente (visando manter-se no poder) com apoio do minoritário Partido Comunista, cujos desdobramentos ninguém tinha condições de prever com exatidão.[30]

A derrubada de Goulart foi ação preventiva para evitar um potencial processo de radicalização à esquerda, o qual, eventualmente, poderia beneficiar os "vermelhos". Entretanto, para facilitar a mobilização foi apresentado um quadro bem mais dramático à sociedade. Os líderes do golpe tinham uma avaliação imprecisa da extensão da "ameaça", mas se esforçaram para convencer o público de que os bárbaros estavam à porta. Era mais conveniente fazer campanha contra os comunistas do que afirmar que o governo João Goulart era ameaçador por outras razões, menos "dramáticas". Dizendo de outro modo, chamar as pessoas às ruas contra um governo considerado corrupto, demagogo, reformista, caudilhista não era tão eficaz como mobilizá-las contra um governo acusado de "bolchevizar" o país.

No contexto dos anos 1960, a questão das reformas, especialmente a reforma agrária, desagradava aos mais conservadores, sobretudo aos fazendeiros, mas não era um problema para militares e industriais. O governo norte-americano tampouco era contra certas reformas. Para esses setores, uma reforma agrária poderia ser feita, *contanto que não fortalecesse os grupos de esquerda*. Nesse sentido, podemos dizer que o golpe de 1964 foi essencialmente anticomunista, no plano discursivo, enquanto na prática foi mais propriamente antiesquerdista.

Assim, consideramos mais convincente a linha de análise que compreende o golpe de 1964 predominantemente como fruto de uma reação ao incremento do ativismo de esquerda e das demandas sociais.[31] Nem tanto pelo conteúdo das reformas de base, que não eram propriamente revolucionárias e menos ainda de caráter comunista, mas porque um processo de mudanças sociais conduzido pelo governo Goulart poderia fortalecer as esquerdas.

Entretanto, a análise de que a motivação principal dos golpistas era reprimir e conter as esquerdas não pode servir de justificativa para suas ações autoritárias. Nessa linha, poderíamos chegar ao argumento de que o golpe foi culpa da esquerda e dos movimentos sociais. Um argumento torto, que violenta a lógica. Se formos buscar culpados, a responsabilidade cabe aos grupos que perpetraram o golpe, não aos seus alvos.

Além disso, mesmo se hipoteticamente aceitássemos o ponto de vista de quem lutava contra as esquerdas, o golpe não era a única opção. Os grupos antiesquerdistas poderiam ter defendido seus interesses e ideais utilizando instituições e instrumentos compatíveis com a democracia liberal. Sobretudo, a defesa da ordem não implicava necessariamente uma ditadura, tampouco lançar mão da tortura e dos desaparecimentos como política de Estado.

3. O papel dos Estados Unidos e de outras forças estrangeiras no golpe e na ditadura

O PAPEL DOS ESTADOS UNIDOS e de outras potências estrangeiras frente ao golpe e à ditadura gerou intensos debates políticos na ocasião e ainda hoje. Para algumas lideranças e intelectuais de esquerda, o golpe de 1964 foi planejado e comandado a partir de Washington. Desse ponto de vista, a derrubada de Goulart decorreu de interesses estrangeiros e teve caráter antinacional, o que implica questionar os discursos legitimadores dos golpistas, que afirmavam a intenção de defender a pátria. Por seu lado, propagandistas de direita negam relevância à influência norte-americana e, ao contrário, tentam convencer, às vezes com argumentos farsescos, que a derrubada de Goulart foi necessária para derrotar uma intervenção do comunismo internacional no Brasil: "Em contraste com a ausência total de homens da CIA operando no Brasil naquela ocasião, os agentes da KGB nas altas esferas da República eram, documentadamente, centenas, talvez milhares".[1]

Para iniciar a análise desse tema polêmico, vale a pena comentar sinteticamente a história das relações político-culturais entre o Brasil e os Estados Unidos, as quais, obviamente, foram mais abrangentes e profundas que os contatos com o bloco soviético. As relações entre os dois países se intensificaram após a proclamação da República em 1889, já que o Império tinha reservas em relação ao regime político sediado em Washington. Mas esses contatos se estreitaram a partir dos anos 1930 e 1940, em meio aos conflitos ideológicos e rivalidades na Europa que levaram à Segunda Guerra Mundial e à hegemonia global norte-americana. Pouco antes do começo da Segunda Guerra, os Estados Unidos intensificaram as relações com o Brasil, a partir de uma série de iniciativas diplomáticas, culturais e, logo, militares.[2]

Foi um jogo baseado ao mesmo tempo em ameaças e concessões. Naturalmente, estamos falando de relações assimétricas, dada a potência econômica e militar dos Estados Unidos. Um exemplo dessa assimetria foi a construção de bases aéreas norte-americanas em cidades do Norte e Nordeste brasileiros em 1940-1, antes mesmo da entrada daquele país na Segunda Guerra, tendo em vista o controle de rotas áreas e marítimas na área do Atlântico Sul. Na sequência do bombardeio japonês a Pearl Harbor, em 7 de dezembro de 1941, a guerra se tornou realidade para os norte-americanos, e sua preocupação passou a ser a defesa dessas bases contra possível ataque ou ocupação pelas forças do Eixo. Por isso pressionaram o governo Vargas a permitir a entrada de seus militares em território nacional, o que gerou uma situação delicada e alguma resistência. Preparando-se para uma eventual negativa (que não ocorreu), os Estados Unidos chegaram a planejar a ocupação militar da região, para o que previram a mobilização de até 60 mil soldados.[3]

Diante de tais pressões, os líderes brasileiros oscilaram entre negociar uma situação de subordinação com vantagens compensatórias para o Brasil ou sujeitar-se inteiramente à vontade do aliado. No primeiro caso podemos enquadrar Getúlio Vargas, que permitiu aos norte-americanos a construção de bases aéreas no Nordeste e em seguida o seu controle, recebendo em troca concessões econômicas e tecnológicas para construir uma siderúrgica de ponta (a Companhia Siderúrgica Nacional) e melhorar o equipamento das Forças Armadas brasileiras. No segundo caso, um dos exemplos típicos foi o governo de Eurico Dutra (1946-51), que, principalmente em sua fase inicial, atendeu às pressões estrangeiras e se rendeu a um arranjo econômico mais favorável aos interesses dos Estados Unidos.[4]

No contexto da Segunda Guerra, o Brasil realizou acordos de variada natureza com os Estados Unidos, ampliando relações políticas, econômicas e culturais, bem como a circulação de pessoas entre os dois países. No plano econômico, esse processo levou à instalação de inúmeras empresas norte-americanas no Brasil, enquanto a maior parte das exportações brasileiras era destinada àquele país. As Forças Armadas brasileiras firmaram acordos para treinamento e compra de armas dos Estados Unidos, que por sua vez conseguiram acesso a minerais estratégicos encontrados em solo brasileiro.

Se o intercâmbio militar foi iniciado nos anos 1940, no fim dos anos 1950 começou também um programa de treinamento de policiais brasileiros, que foram fazer cursos no Panamá ou no próprio território norte-americano.[5] Cerca de oitocentos policiais fizeram esse percurso, e outras dezenas de milhares fizeram formação com policiais norte-americanos em território brasileiro. Tanto o treinamento dos militares das Forças Armadas como o dos policiais enfatizavam a repressão ao comunismo, que era o grande objetivo dos Estados Unidos na Guerra Fria, ou seja, impedir que a União Soviética e seus aliados ganhassem terreno na América Latina, preocupação que se aguçou quando Cuba passou ao bloco socialista. Os diplomatas dos Estados Unidos realizaram intensa atividade no Brasil, com base na embaixada e nos consulados instalados em várias cidades. Os diplomatas regulares atuavam na coleta de informações e no acompanhamento da situação política brasileira, para o que contavam com centenas de fontes locais situadas em diferentes instituições e camadas sociais.

No auge das relações Brasil-Estados Unidos, durante o governo do general Castelo Branco (1964-7), a missão oficial norte-americana no Brasil tinha cerca de mil funcionários. Entre eles, obviamente, existiam espiões profissionais, não apenas ligados à célebre Central Intelligence Agency (CIA), mas também a aparatos mais discretos. Nos anos 1970, um ex-funcionário da CIA, Philip Agee,[6] escreveu um livro de memórias sobre sua experiência na América Latina em que relata alguns episódios da espionagem norte-americana, inclusive os nomes de alguns agentes e detalhes de operações no Brasil. Um agente de destaque da CIA que atuou no Brasil nos anos 1960 foi Frank Carlucci, que chegou a diretor da agência nos anos 1980.[7]

Considerando agora a atuação da União Soviética e de outros países do bloco socialista no Brasil, não pode haver dúvida de que eles tinham diminuta expressão se comparados com os Estados Unidos. Não apenas porque as elites brasileiras rejeitavam e temiam o regime soviético, mas também porque este teve menos tempo para atuar e menores recursos. Após o fim do Império czarista e a Revolução de 1917, o Brasil ficou quase três décadas sem reconhecer diplomaticamente a União Soviética. A troca de diplomatas ocorreu apenas ao fim da Segunda Guerra, momento em que os dois países estiveram do mesmo lado, combatendo a Alemanha nazista. Mas esses laços duraram pouco, pois as relações foram rompidas em outubro de 1947,[8] no contexto da repressão anticomunista no Brasil que levou à proscrição do PCB e à cassação do mandato de seus parlamentares.

No início do governo Goulart, porém, os laços diplomáticos foram reatados, e os soviéticos voltaram a manter embaixada no Brasil. Com isso, a União Soviética ganhou melhores condições para disputar com os Estados Unidos a simpatia dos brasileiros, corrida em que estava em desvantagem. Os soviéticos aproveitaram a conjuntura favorável para investir no trabalho de relações públicas, buscando melhorar sua imagem e reduzir os efeitos de décadas de propaganda anticomunista. Entre 1961 e 1962 foram tomadas algumas iniciativas nessa direção, como o envio do célebre cosmonauta Iuri Gagarin para uma turnê publicitária, a organização de mostras de cultura e de cinema e a realização da Exposição Soviética no Rio de Janeiro, para exibir as conquistas técnicas e econômicas do país. (A propósito, em maio de 1962, um grupo de extrema direita colocou uma bomba no local da exposição, mas ela foi desativada antes de explodir.)[9]

Como qualquer potência, a União Soviética atuou também no campo da diplomacia cultural. Nessa área, as principais iniciativas foram a implantação de programas para o aprendizado da língua russa, sobretudo através dos Institutos Culturais Brasil-URSS (ICBUS). Além disso, firmaram-se convênios para o envio de estudantes brasileiros à União Soviética, geralmente para a Universidade Amizade dos Povos Patrice Lumumba. Vale ressaltar que outros países do bloco socialista também aumentaram sua atuação no Brasil no contexto do governo Goulart, notadamente Cuba e Tchecoslováquia. No caso da última, sabemos que mantinha uma rede de espiões e de coleta de informações no Brasil, que em grande medida foi desmanchada após a prisão de um dos seus quadros em 1964, numa ação da polícia carioca. Recentemente, alguns pesquisadores tiveram acesso aos arquivos da espionagem tcheca e encontraram registros das atividades. Apesar do alarde que militantes da direita anticomunista tentaram fazer com esse material, ele não revela fatos de maior relevo. Os registros tchecos mostram o que seria de esperar: a existência de uma rede para coletar informações e produzir contrainformação, neste caso basicamente propaganda contra os Estados Unidos, o adversário na Guerra Fria.[10]

Em contraste, há menor número de registros documentais sobre a atuação da espionagem e das ações encobertas norte-americanas no Brasil. A principal razão é que as agências responsáveis, como a CIA, ainda existem e não iriam liberar documentos comprometedores. A maior parte das informações disponíveis ao público foi produzida por diplomatas e constitui material de caráter menos secreto, uma vez que trata de ações legais, ao contrário da espionagem. Porém, não pode haver dúvida de que os serviços secretos norte-americanos tiveram atuação mais importante do que seus concorrentes no Brasil e na América Latina, região considerada estratégica e situada na sua área de influência "natural".

Assim, no contexto das disputas que levaram ao golpe de 1964, não é possível comparar o peso diplomático, político e militar dos dois blocos em disputa na Guerra Fria, a despeito do fato de que Goulart desejava afastar-se um pouco dos Estados Unidos. É importante deixar claro, no entanto, que ele não queria se livrar da hegemonia norte-americana para cair na área de influência da União Soviética: o projeto era alcançar uma posição equilibrada entre os dois lados. Mesmo se fosse verdade que Jango desejasse entregar o Brasil aos "vermelhos", as ligações da elite militar e civil brasileira com os Estados Unidos tornariam tal estratégia inviável. Além do mais, no caso de um conflito grave ou de uma conflagração militar opondo esquerda e direita, a única potência com condições de intervir realmente eram os Estados Unidos, cujas forças militares estavam bem próximas. A União Soviética teria escassas possibilidades (se é que teria interesse) de engajar tropas e recursos militares no Brasil, devido à sua fraca presença no Atlântico Sul.

A atuação do governo dos Estados Unidos no golpe e nos primórdios da ditadura

Após colocar o tema da influência soviética nos devidos termos, voltemos a atenção para a atuação dos Estados Unidos no golpe de 1964 e, em seguida, para as relações diplomáticas da ditadura com as potências. A ascensão de Goulart à presidência em setembro de 1961 trouxe preocupação a Washington, que não apreciava o nacionalismo do novo presidente e tampouco suas conexões com a esquerda. Por isso as relações foram sempre frias e desconfiadas. O governo dos Estados Unidos não achava que Jango fosse comunista, mas temia que seu nacionalismo o levasse a uma aproximação inconveniente com o bloco socialista, o que, entre outras consequências, atrapalharia os planos de obter apoio na América Latina para sufocar o governo de Fidel Castro em Cuba. Por isso Jango não contou com a boa vontade dos Estados Unidos. Em 1962 fez uma visita ao país para tentar ganhar simpatia,¹¹ mas sua movimentação não surtiu efeito, e os americanos intensificaram suas atividades, buscando laços com governos estaduais, políticos, lideranças sociais e empresariais ligados à oposição.

Os norte-americanos tiveram grande presença no cenário público brasileiro nos anos anteriores ao golpe, financiando secretamente candidatos anticomunistas, coordenando cooperação técnica (inclusive no setor policial) e cultural em várias áreas, custeando projetos sociais e habitacionais (por exemplo, as vilas Kennedy e Aliança, no estado da Guanabara) e treinando sindicalistas brasileiros para que não se afastassem dos valores do "mundo livre".¹² O embaixador dos Estados Unidos na ocasião, Lincoln Gordon, ocupou lugar de destaque na criação de laços com lideranças antiesquerdistas. Tais figuras fizeram visitas frequentes à embaixada e aos consulados, oferecendo informações importantes e apresentando demandas. Líderes militares e policiais que haviam feito cursos nos Estados Unidos prestavam-se ao mesmo papel, enquanto a grande imprensa quase unanimemente prezava as boas relações com o país, sendo que alguns veículos tinham interesses comerciais comuns com empresas norte-americanas. Os arquivos diplomáticos dos Estados Unidos estão cheios de registros de tais conversas entre seus funcionários e lideranças brasileiras, em especial militares, policiais, políticos, jornalistas e empresários.¹³

Assim, é inquestionável a presença maciça dos Estados Unidos no cenário brasileiro pré-golpe, por meio tanto de ações de propaganda como de cooptação de (às vezes associação com) lideranças locais. Há um ponto polêmico nas análises sobre a influência estadunidense: alguns autores enfatizam a subordinação dos brasileiros, ou seja, os agentes norte-americanos seriam o polo dominante e seus associados nativos uma espécie de massa passiva. No entanto, as relações com os Estados Unidos foram mais complexas do que sugere essa imagem.

No caso dos acordos policiais assinados no fim dos anos 1950, as lideranças brasileiras queriam tecnologia e equipamentos, e para isso visitaram os Estados Unidos em busca de apoio — o que, no entanto, só seria concedido se fosse aceita em contrapartida a presença de técnicos norte-americanos aqui, que atuariam como assessores policiais. A única explicação lógica para essa exigência era a intenção de influenciar as instituições policiais brasileiras e facilitar o trabalho de coleta de informações. Os governantes brasileiros finalmente aceitaram a vinda dos assessores, mas conseguiram os equipamentos necessários à modernização das instituições policiais.[14]

Além de os termos da presença norte-americana serem negociados com lideranças brasileiras, em outras situações o governo e as instituições estadunidenses foram convidados a interferir, em benefício dos agentes locais. Na área da educação, por exemplo, alguns líderes pediram bolsas para brasileiros e cessão de especialistas norte-americanos para atuar em escolas e universidades nacionais. E, no campo político, certas lideranças pediram ajuda dos Estados Unidos para a remoção de João Goulart do poder, objetivo comum das direitas brasileiras e de Washington.

Em 1964, portanto, ocorreu um casamento de interesses locais e internacionais para a promoção do golpe. Há registros documentais de pedidos de líderes civis e militares brasileiros por ajuda dos Estados Unidos caso a derrubada de Goulart gerasse guerra civil. Mais especificamente, foi solicitado o envio de combustível para o Brasil, pois se acreditava que a esquerda dominava os sindicatos de petroleiros e com isso poderia fechar o acesso dos golpistas aos combustíveis necessários à movimentação de tropas.[15]

Com essa análise, a intenção é mostrar que os golpistas brasileiros agiam por interesses próprios, na altura coincidentes com os de Washington. As evidências disponíveis não oferecem detalhes sobre o grau de participação do governo estadunidense na preparação do golpe de 1964, de modo que não é possível afirmar categoricamente que ele foi planejado e conduzido a partir do exterior. No entanto, os arquivos da CIA não foram escarafunchados tal como os da agência de espionagem tcheca, de maneira que nesse terreno só podemos fazer afirmações provisórias. Seja como for, os governos norte-americanos tiveram grande responsabilidade pelos eventos, pois treinaram e armaram militares e policiais para combater a esquerda, e ajudaram a propagandear os temores anticomunistas no Brasil. Além disso, avisaram aos militares brasileiros que não colocariam obstáculo à derrubada de Goulart caso o presidente não se afastasse dos comunistas, o que na prática representou um incentivo ao golpe.[16]

A decidida disposição do governo dos Estados Unidos em ajudar e estimular os golpistas ficou clara no final de 1963, quando foi planejada uma operação militar para trazer suprimentos necessários em caso de guerra civil, especialmente, como vimos, combustíveis e munições. O "plano de contingenciamento" para intervir na situação brasileira foi traçado entre novembro e dezembro de 1963, quando a tensão política já indicava uma possível ruptura institucional.[17] O governo dos Estados Unidos não desejava ser surpreendido pelos acontecimentos e queria ter um plano de ação para ajudar seus aliados brasileiros. No entanto, a ordem para o envio da força naval (Operação Brother Sam) só saiu algumas horas após a confirmação de que o golpe havia começado em Minas Gerais, no dia 31 de março.[18] Isso indica que o governo dos Estados Unidos aguardou pela definição dos acontecimentos, em vez de se antecipar e despachar a esquadra alguns dias antes, o que seria vantajoso, pois os navios demorariam de dez a treze dias para chegar à costa brasileira. Por outro lado, a ordem rápida logo em seguida ao início do golpe mostra o forte empenho em ajudar os golpistas. A notícia de que os Estados Unidos haviam decidido enviar navios de guerra ao Brasil circulou imediatamente e contribuiu para que alguns líderes militares indecisos apoiassem o lado golpista. Da mesma forma, o fato pesou na decisão de João Goulart de evitar a resistência.

A Operação Brother Sam foi desmobilizada antes de chegar ao Brasil, pois a rápida vitória dos golpistas a tornou desnecessária. Porém sua simples existência teve grande peso nos eventos, aumentando o cacife dos grupos que lideraram o golpe: sua vitória não seria tão fácil sem a sombra de uma provável intervenção militar norte-americana no Brasil. Verdade que a força naval não possuía tropas de desembarque, apenas destróieres e um porta-aviões, além de navios cargueiros para o transporte de combustíveis e armas de pequeno calibre e munições (110 toneladas) para abastecer os militares aliados.[19] No entanto, em caso de resistência ao golpe e de conflito militar efetivo, o mais provável é que os militares norte-americanos interferissem, e mais adiante enviassem também tropas de terra, caso necessário (como fizeram pouco tempo depois no Vietnã).

Washington recebeu com tal entusiasmo a derrubada de Goulart que cometeu uma gafe diplomática ao reconhecer o novo governo imediatamente,[20] quando o normal seria esperar pelo menos um dia após a queda do anterior. O governo dos Estados Unidos foi parceiro não apenas do golpe de 1964 como também da ditadura, especialmente em seus anos iniciais, quando o apoio norte-americano foi essencial para dar estabilidade ao novo regime. No entanto, vale a pena registrar que as lideranças acadêmicas e religiosas estadunidenses agiram de maneira diferente, bem como alguns líderes políticos e até mesmo diplomatas, que ajudaram a denunciar os crimes cometidos pela repressão política no Brasil e criaram ações de solidariedade em favor de pessoas perseguidas por razões ideológicas.[21]

Quanto às relações entre a ditadura e o governo dos Estados Unidos, pode-se dizer que no primeiro momento houve verdadeira lua de mel, pois o general Castelo Branco parecia-lhes o modelo ideal para o novo ditador latino-americano. Em primeiro lugar, era muito pró-americano e anticomunista, disposto a seguir fielmente a liderança estadunidense nos foros internacionais. Segundo, Castelo Branco estava atento às demandas para abrir a economia brasileira e resolver os conflitos que haviam afastado investimentos do capital externo no período anterior; para tanto, seu governo suspendeu as restrições à remessa de lucros das empresas estrangeiras, instituídas por Goulart, e retirou os obstáculos à atuação das empresas mineradoras no Brasil. Terceiro, ele criou uma ditadura mas queria evitar que fosse sanguinária, dispondo-se a preservar as aparências de uma república liberal, o que significou manter em funcionamento o Congresso e os partidos políticos, embora expurgados. Além disso, Castelo Branco mostrou-se simpático a algumas reformas, de acordo com a retórica da Aliança para o Progresso.[22]

O ideal na visão do governo norte-americano, naquela altura ainda nas mãos dos democratas que haviam chegado ao poder com John Kennedy, era que os militares latino-americanos assumissem o comando político para expurgar a esquerda mas também empreendessem algumas reformas sociais. Não deveriam constituir governos conservadores ou reacionários e, idealmente, o melhor seria alguma forma de combinação entre ditadura e instituições liberais. Esse arranjo foi feito para manter as aparências e não constranger — afinal, os Estados Unidos lutavam supostamente contra terríveis ditaduras comunistas, não ficava bem apoiar ditaduras de direita —, mas também pelo temor de que governos muito repressivos acabassem por estimular revoluções violentas de esquerda.

Os governos seguintes da ditadura não seriam tão solícitos em relação à diplomacia norte-americana, como logo veremos, mas na gestão Castelo Branco tudo funcionou às maravilhas. Passado o impacto inicial das operações de repressão desencadeadas pelo golpe, Castelo Branco definiu a política externa do novo regime. Ponto básico da nova orientação foi o abandono da Política Externa Independente dos governos anteriores e a busca de alinhamento fiel aos Estados Unidos, considerados os líderes do mundo livre e cristão. Outro elemento-chave da nova política externa, umbilicalmente ligado ao anterior: a luta contra o comunismo, encarado como ameaça ao mesmo tempo interna e externa. Nesse sentido é que deve ser compreendido o rompimento diplomático com Cuba, em maio de 1964, sob o argumento de que o governo de Castro vinha interferindo nos assuntos internos do Brasil e de outros países latino-americanos, ao fomentar a ação de grupos armados. Na mesma linha, em 1965 o governo brasileiro enviou tropas para contribuir com a intervenção norte-americana na República Dominicana, com a justificativa de que se tratava de livrar as Américas da ameaça comunista.[23]

Relações intensas com os Estados Unidos e frias com a União Soviética: eis a síntese da política externa brasileira após o golpe de 1964. No entanto, a orientação diplomática frente aos países socialistas combinou a convicção anticomunista com alguma dose de pragmatismo, em um arranjo intrincado e por vezes tenso. Atitudes baseadas apenas no anticomunismo marcaram as relações com Cuba e a China (até o governo Geisel), mas, no que toca à Europa Oriental e à União Soviética, os compromissos ideológicos dos militares e seus aliados foram atenuados por interesses comerciais e políticos. O governo Castelo Branco queria conter a influência dos países e das ideias socialistas no Brasil, mas não desejava romper relações diplomáticas com o Leste Europeu. Isso gerou uma situação curiosa, e desagradável para os setores mais intransigentes da direita: as atividades culturais dos soviéticos eram monitoradas, mas não inteiramente proibidas. Mostras de cultura (cinema, literatura etc.) dos países socialistas continuaram a ocorrer esporadicamente durante a ditadura, assim como permaneceram funcionando algumas entidades bilaterais dedicadas à divulgação das línguas daqueles países. Embora em menor número que no período anterior ao golpe, estudantes brasileiros continuaram seguindo para países do bloco socialista.

Esse pragmatismo deveu-se a interesses comerciais e motivações político-diplomáticas. Em 1965, o Brasil exportava cerca de 90 milhões de dólares para a Europa Oriental, com um superávit de aproximadamente 20% desse valor.[24] Os países socialistas estavam longe de ser os maiores parceiros comerciais do Brasil, mas não era montante a ser desprezado. Por isso a decisão de Castelo Branco de enviar o ministro do Planejamento, Roberto Campos, a Moscou, em setembro de 1965, de modo a demonstrar que se desejava manter laços econômicos normais com a área de influência soviética. Tão ou mais importante que os mercados da Europa Oriental era a influência da União Soviética em certas regiões do mundo, notadamente entre os países "não alinhados". Manter relações corretas com os soviéticos era estratégico em vista da inserção internacional do Brasil, e o contrário, ou seja, o rompimento com a União Soviética, poderia trazer dificuldades diplomáticas e comerciais com alguns países do Terceiro Mundo.

Por outro lado, em certos momentos o governo Castelo Branco ficou irritado com atitudes da União Soviética em relação aos comunistas brasileiros e protestou usando os canais diplomáticos. Em meados de 1966, por exemplo, o Itamaraty enviou nota de protesto à União Soviética por ter permitido a participação de representantes do clandestino PCB em um evento oficial em Moscou, no qual eles fizeram críticas agudas à ditadura. O Itamaraty considerou tal atitude inaceitável e esperava que os soviéticos reconhecessem o erro e mudassem de postura. Assim, o governo brasileiro pressionava Moscou a não dar apoio aos comunistas brasileiros, mas sem intenção de criar atritos sérios. A estratégia era tentar convencer a União Soviética de que não valia a pena fomentar ações da esquerda no Brasil, pois interesses comerciais comuns poderiam ser prejudicados.[25]

Isso é interessante para mostrar que o pragmatismo era parte da política externa do regime militar desde a gestão Castelo Branco, e não foi exatamente uma inovação adotada por gestões posteriores. É verdade que os governos Costa e Silva, Médici e Geisel adotaram postura diplomática diferente da que vigorou no período Castelo Branco, por demais preso aos interesses norte-americanos. A fidelidade de Castelo Branco aos Estados Unidos foi criticada tanto à esquerda quanto à direita, e nos governos seguintes ocorreram um paulatino distanciamento e uma busca de maior autonomia em relação ao aliado do Norte. Mas, no que tange aos países socialistas, a orientação pragmática já fazia parte da estratégia do primeiro governo militar, mesmo que tenha sido mais enfatizada por seus sucessores. Evidentemente, as relações diplomáticas normais com o bloco socialista no plano internacional não tinham correspondência na política interna. A repressão à esquerda brasileira foi mantida, uma vez que os militares continuavam empenhados em "proteger" o Brasil da ameaça revolucionária. A questão é que o setor pragmático da elite militar achava possível compatibilizar as duas políticas: manter boas relações com governos de esquerda, mas tratar os socialistas nacionais como inimigos.

Porém, não havia consenso quanto a essa estratégia, pois setores da direita radical eram contrários à manutenção de relações diplomáticas normais com a União Soviética, temendo que elas facilitassem a infiltração e o proselitismo comunistas. Aos seus olhos, o fato de a diplomacia da ditadura preferir não romper os acordos culturais com Moscou, para não criar atritos, gerava problemas de segurança, pois estudantes brasileiros continuavam a ser enviados para instituições soviéticas.

Segundo estimativas do Itamaraty, havia cerca de duzentos brasileiros estudando em países socialistas em 1966, cerca de oitenta deles na União Soviética.[26] Eles eram vigiados pelos diplomatas e pelos órgãos de informação, que no entanto não conseguiram convencer os governos da ditadura a proibir o intercâmbio. Para compensar sua frustração, e com o argumento de que se tratava de defender a segurança nacional, os órgãos de informação criaram estratégias para impedir que os jovens retornados ao Brasil obtivessem o reconhecimento de seus diplomas, dificultando assim a sua entrada no mercado de trabalho.[27]

Mudanças na estratégia diplomática a partir do governo Costa e Silva

Após a ascensão de Costa e Silva, a diplomacia brasileira buscou diversificar a pauta de relações internacionais e diminuir a dependência dos Estados Unidos, apostando mais em relações multilaterais. A nova estratégia refletia um ajuste na visão dos líderes da ditadura, na esteira das muitas críticas devido ao fato de o governo anterior ter se sujeitado excessivamente aos norte-americanos. Corriam piadas no Brasil sobre o servilismo do governo brasileiro, que circulavam inclusive entre o corpo diplomático estadunidense. Em uma delas, perguntava-se por que o ministro Roberto Campos não renunciava, sendo tão impopular, e a resposta era: "Ele pediu, mas o presidente Lyndon Johnson não aceitou...".[28] Para além de ironias, o notável aumento da presença norte-americana no país gerou críticas e conflitos, em especial como reação aos acordos na área de educação.

As ações educacionais estadunidenses começaram nos anos 1950 e às vezes foram solicitadas por lideranças locais. Porém, o auge da interferência dos Estados Unidos no sistema educacional brasileiro se deu, sem surpresa, no governo Castelo Branco, com a assinatura dos acordos MEC-Usaid (Agência dos Estados Unidos para o Desenvolvimento), em 1965. Os acordos constituíam um programa abrangente e ambicioso para modernizar o sistema de ensino brasileiro, incluindo as universidades. Eles previam a tradução e publicação de livros, a reestruturação de programas de ensino, o planejamento da reforma da educação superior e também auxílio para a reformulação dos níveis básicos de educação. Os resultados da iniciativa seriam marcantes pelos desdobramentos efetivos na educação brasileira e, talvez ainda mais, pela celeuma pública e os protestos nacionalistas que inspiraram. Como era de esperar, os estudantes universitários foram o grupo mais mobilizado contra esses acordos. Afinal, suas lideranças já vinham protestando contra a ditadura desde o seu início, e a interferência dos Estados Unidos no ensino superior lhes ofereceu uma poderosa arma de mobilização política. No ano de 1967, momento inicial da gestão Costa e Silva, protestos estudantis contra os acordos MEC-Usaid explodiram em todo o país.[29]

A tônica nacionalista das manifestações repercutiu, porém, muito além dos meios estudantis e gerou constrangimento para os militares, que, institucionalmente e por formação, deviam cuidar da integridade nacional. Mas era complicado para eles entrar em choque com os Estados Unidos, o grande fiador internacional do governo brasileiro. A saída de Costa e Silva foi permitir que os acordos definhassem e aos poucos fossem deixados de lado, principalmente o mais polêmico deles, que previa a reestruturação do sistema universitário a partir das sugestões de consultores internacionais. A parceria educacional e científica com os Estados Unidos seguiu ainda por alguns anos e teve efeitos relevantes em algumas áreas, principalmente na pesquisa e na pós-graduação, mas a cooperação passou a ser mais discreta, para não provocar protestos públicos.[30]

Destacar a (má) repercussão pública dos acordos MEC-Usaid é necessário para se entender a mudança de estratégia diplomática e na relação com os Estados Unidos a partir do governo Costa e Silva. O nacionalismo voltou à ordem do dia entre os militares, mesmo que apenas retoricamente, para não permitir que a oposição de esquerda assumisse o controle dessa bandeira. Mas a mudança de estratégia devia-se também às necessidades de uma economia que eles pretendiam dinamizar e fazer crescer em ritmo mais rápido. Para tanto, era interessante tentar abrir novas oportunidades comerciais no Terceiro Mundo, notadamente na Ásia e na África. Para viabilizar parcerias econômicas mais amplas, tornava-se necessário deixar em segundo plano o compromisso com os valores anticomunistas e as prioridades estratégicas dos Estados Unidos, já que muitos países das regiões cobiçadas pertenciam à área de influência do bloco socialista.

É importante notar que o esfriamento das relações entre Brasil e Estados Unidos foi de mão dupla, com o governo norte-americano perdendo parte do entusiasmo inicial pelo regime político instaurado em 1964. Uma das razões foi o crescimento do sentimento antiamericano, que levou a ataques às instalações diplomáticas e à queima de bandeiras dos Estados Unidos em protestos públicos, assim como ao assassinato de um militar estadunidense a serviço no Brasil (o capitão Charles

Chandler). Em outras palavras, manter uma forte presença no Brasil começou a ficar arriscado a partir de 1967-8.

Outro problema na visão de Washington era o nacionalismo crescente entre os militares e a guinada autoritária do Ato Institucional n. 5, de 13 de dezembro de 1968, que levou ao fechamento do Congresso e ao incremento da repressão. O temor do governo dos Estados Unidos era que a ditadura se tornasse impopular demais e sanguinária, aumentando as chances de sucesso dos grupos de esquerda que apostavam na luta armada. Por outro lado, receava-se também que os militares dessem uma guinada antiamericana para agradar uma parte da opinião pública. Em suma, os riscos implicados no apoio total à ditadura brasileira estavam aumentando, de modo que os Estados Unidos adotaram uma atitude mais fria e diminuíram suas ações no Brasil, reduzindo projetos e a presença de pessoal.[31] A redução do número de funcionários norte-americanos começou em 1968 e continuou pelos anos seguintes, sendo que a Usaid decidiu fechar seus escritórios no Brasil a partir de 1973.

No governo Médici, que sucedeu Costa Silva, a política externa brasileira foi pautada pelas necessidades do plano de aceleração do crescimento econômico, o que levou à manutenção da aposta da gestão anterior de buscar novas parcerias para o país. Além disso, adotaram-se algumas medidas simbólicas de caráter nacionalista, como a declaração de soberania brasileira sobre o espaço de duzentas milhas náuticas na área litorânea, o que contrariava interesses norte-americanos, especialmente de sua indústria pesqueira. Mas esse gesto não significava intenção real de criar atritos com a potência do Norte, de modo que negociações discretas foram travadas para compensar as eventuais perdas estadunidenses. Ademais, o general Médici fez uma visita aos Estados Unidos, a primeira de um presidente da ditadura em exercício, e os dois governos atuaram em cooperação para apoiar o golpe militar que derrubou o presidente Salvador Allende no Chile, em setembro de 1973.[32]

O pragmatismo na política externa chegou ao auge na gestão de Ernesto Geisel, cujo objetivo maior foi manter o crescimento da economia brasileira num contexto de crise internacional e de aumento nos preços do petróleo, ao mesmo tempo que investia em grandes projetos de infraestrutura e de ampliação da produção de bens de capital. Assim, o governo Geisel saiu em busca de novos mercados para a exportação de produtos manufaturados brasileiros e de melhores condições para a compra de petróleo. Nessa linha, foram tomadas iniciativas marcantes no campo internacional, especialmente o estabelecimento de relações diplomáticas com a China comunista, o voto a favor de uma resolução da ONU considerando o sionismo uma forma de racismo (além de várias outras medidas simpáticas ao mundo árabe) e o reconhecimento dos governos marxistas nas ex-colônias portuguesas na África.[33]

Grupos da extrema direita civil e militar não concordaram com essa abordagem pragmática da diplomacia, a seu ver incompatível com os compromissos ideológicos da "revolução de 1964", e fizeram pressão contra o governo Geisel para reverter sua orientação internacional. Para tais setores, Geisel e seu grupo estavam se rendendo à influência da esquerda, que segundo eles havia se infiltrado no próprio governo! A voz dos descontentes, que se encontravam alojados principalmente nos órgãos de segurança e informações, foi o ministro do Exército,

Sylvio Frota, que mesclou seu desejo de poder (ser o sucessor de Geisel) com convicções anticomunistas. A derrota política de Frota e seu afastamento do comando do Exército, em 1977, resultaram num recuo da extrema direita militar e na continuidade do pragmatismo diplomático.

Entretanto, a política externa da gestão Geisel gerou desacordos também com os interesses norte-americanos, especialmente na área de energia atômica, pois os Estados Unidos prefeririam que o Brasil não dominasse tal tecnologia. Movido pela vontade de aumentar o protagonismo internacional do país e sua autonomia tecnológica, e tendo em vista também cálculos militares, o governo ignorou a resistência norte-americana e firmou acordo com a Alemanha, o que permitiu a instalação de usinas nucleares no Brasil. A partir de 1977, quando os democratas retornaram ao poder nos Estados Unidos e adotaram uma política de defesa dos direitos humanos, uma nova área de conflito surgiu, pois os militares brasileiros não estavam dispostos a aceitar pressões externas nesse terreno. Tal conjunto de tensões e desacordos levou o governo Geisel a romper a cooperação militar que vigorava com os Estados Unidos desde o período da Segunda Guerra.[34] Foi um ato simbolicamente importante, mas de pouco efeito prático, já que a essa altura as Forças Armadas brasileiras eram menos dependentes dos equipamentos estadunidenses.

De qualquer modo, a atitude indicava que algumas coisas haviam mudado desde os tempos de Castelo Branco, e de lado a lado. Os militares brasileiros não estavam mais dispostos a dobrar-se à vontade dos Estados Unidos, até porque não tinham mais razões imperativas para fazê-lo, e Washington procurava mudar a imagem de um país apoiador de ditaduras, o que significava uma guinada em relação ao seu papel em 1964. Importante deixar claro que os "brios patrióticos" mostrados nessa ocasião pelo governo Geisel não eram desagravo à honra nacional ofendida: o ponto era que os militares brasileiros não pretendiam admitir críticas contra suas políticas repressivas, nem aceitariam ser responsabilizados (em especial, criminalmente) por elas, na ocasião e no futuro.

AS RELAÇÕES DO BRASIL COM AS potências internacionais durante a ditadura foram pautadas por convicções e valores políticos, mas também por interesses econômicos e estratégicos que igualmente moveram as peças do jogo diplomático. Os líderes brasileiros foram influenciados por pressões externas e com frequência se submeteram, mas em certos casos não foram meramente passivos. O apoio dos Estados Unidos foi oferecido e às vezes forçado, mas também solicitado e provocado em alguns momentos. Os governos norte-americanos foram corresponsáveis pela onda autoritária na América Latina nos anos 1960-80, que não teria ocorrido da mesma forma na ausência das pressões da potência do Norte. Ainda assim, os atores da direita local tomaram decisões e fizeram escolhas convergentes com os interesses dos Estados Unidos, o que não pode ser minimizado, porque de outro modo teríamos um quadro incompleto da situação.

A ditadura brasileira manteve uma linha diplomática orientada ideologicamente pelo anticomunismo, mas o pragmatismo também pautou suas relações internacionais, tendo em vista interesses econômicos e estratégicos. O bloco socialista foi um ator relevante no contexto latino-americano e trabalhou para disputar a hegemonia norte-americana, mas as condições do embate eram amplamente favoráveis aos Estados Unidos.

Dessa forma, imaginar que as duas potências disputaram em iguais condições o palco político brasileiro não passa de fantasia ideológica e propaganda oportunista.

4. A máquina política da ditadura

NESTE CAPÍTULO VAMOS REFLETIR sobre as principais características do regime político ditatorial instaurado em 1964, de modo a esclarecer o recente debate de viés "negacionista" ("Não foi um golpe contra a Constituição da época, não. [...] Foi um regime democrático de força").[1] A análise deixará claro o caráter falacioso dos discursos que negam a essência ditatorial do regime político de 1964. Nesse sentido, vamos estudar algumas características e ações políticas empreendidas pelo regime liderado pelos militares, para demonstrar o seu perfil ditatorial e, ao mesmo tempo, as especificidades daquela máquina estatal.

As razões que motivam a negação da existência da ditadura são basicamente as mesmas para o caso do golpe: tentar evitar expressões que associam os eventos de 1964 a imagens negativas, particularmente incômodas quando há lideranças políticas no presente que se apresentam como herdeiras do legado de 1964. Embora alguns desses herdeiros coloquem-se publicamente como figuras autoritárias, por outro lado sempre negam a pretensão de se tornar ditadores, o que atrairia críticas de aliados importantes. Além disso, algumas lideranças de direita preferem acreditar que as ditaduras são sempre de esquerda (China, Coreia do Norte, Venezuela etc.), de modo que é constrangedor assumir a existência de ditaduras de direita. É importante ressaltar, a propósito, que, apesar de toda a celeuma antiesquerdista em torno de supostas ameaças autoritárias comunistas ao Brasil, o país só conheceu ditaduras de direita...

Em que pesem esses esforços retóricos, sem dúvida, como vimos, no período entre 1964 e 1985 o Brasil viveu sob uma ditadura. Tem-se um regime político ditatorial (moderno, pois a ditadura dos romanos era outra coisa) quando uma pessoa ou um grupo mantém-se no comando estatal por meios essencialmente coercitivos, o poder é concentrado de maneira autoritária e são criados meios para bloquear regras sucessórias democráticas.[2] Em outras palavras, há ditadura quando um grupo mantém à força o poder político e evita que a oposição tenha chance de assumir o comando. Nesses termos, claramente o que se instaurou em 1964 foi uma ditadura, embora com algumas peculiaridades que se revelam quando aprofundamos o olhar analítico. Uma ditadura, pois comandada por um grupo que chegou ao poder pela força e assim se manteve por vinte anos, tendo usado mecanismos repressivos para evitar que seus adversários mudassem o quadro político. Uma ditadura militar, porque, apesar do apoio de uma parte da sociedade e da presença constante de civis em cargos estratégicos, quem controlava o poder em última instância era a alta oficialidade, que escolheu sempre generais de quatro estrelas (o nível mais alto) para governar o país.

Na análise daquele regime político, o primeiro ponto a destacar é que o Estado ditatorial buscou combinar o autoritarismo com a manutenção de algumas instituições liberais herdadas do período anterior e da Constituição de 1946. Tais peculiaridades, nem sempre encontradas em regimes autoritários semelhantes, propiciaram aos defensores da ditadura (na época e atualmente) argumentos para tentarem negar seu caráter ditatorial. Não foi uma ditadura, dizem eles, porque havia eleições e um Congresso em funcionamento. Além disso, os presidentes tinham mandatos fixos e havia uma alternância no poder.

Ora, as concessões ao liberalismo político sempre visaram escamotear a ditadura, para não contraditar o discurso de que 1964 representou uma ação para defender a democracia de seus inimigos. Em primeiro lugar, os governos da ditadura se utilizaram frequentemente de leis e aparatos legais para conferir ares de legitimidade aos seus atos,[3] inclusive os repressivos, uma legislação tanto herdada do período anterior como produzida pelo novo regime. Em segundo lugar, foram mantidos em funcionamento as casas parlamentares (Congresso Nacional, assembleias estaduais e câmaras municipais) e os partidos políticos, o que na aparência significava o compromisso de manter em vigor um dos principais pilares da democracia liberal. Terceiro, houve a manutenção do Poder Judiciário, em tese com sua autonomia resguardada, o que convergia para a clássica visão liberal da divisão e autonomia dos três Poderes.

Por que a ditadura optou por resguardar certos preceitos políticos liberais, após ter utilizado a força militar para derrubar o presidente João Goulart? Essencialmente, devido à própria natureza do movimento golpista, que contou com apoio de setores liberais e usou tais argumentos para justificar a intervenção militar (defesa da democracia contra a ameaça comunista). Nesse sentido, um Estado autoritário que suprimisse parlamentos e partidos e cancelasse totalmente as eleições afrontaria uma parte dos apoiadores de 1964, inclusive seus aliados internacionais. Significativamente, em diferentes ocasiões a direita liberal criticou a ditadura por afastar-se dos "princípios de 31 de março", que na sua visão representavam um compromisso entre a repressão antiesquerdista e as instituições liberais.[4] Assim, a manutenção de partidos e casas parlamentares atendia à necessidade de agradar e acalmar os aliados liberais da ditadura.

Entretanto, considerar que tais cuidados produziram somente uma fachada inócua ilumina apenas parte do problema, pois, em certos momentos, principalmente nos anos 1967-8 e após o começo da distensão (1974), as concessões ao liberalismo político foram além de imagens e aparências. As pressões sobre o Estado ditatorial para que não abandonasse a tentativa de combinar autoritarismo repressivo com instituições políticas liberais às vezes tiveram efeitos práticos. De fato, em alguns contextos, a retórica liberal utilizada por um setor do bloco golpista implicou certos limites à ditadura. Além disso, devido a seu precário compromisso com as instituições liberais, a ditadura deixou alguns espaços à oposição que serviram, em certos momentos, de contrapeso às ações do Estado.

Para entender esse quadro paradoxal de uma ditadura militar que matou e torturou e, ao mesmo tempo, manteve alguns canais institucionais abertos, devemos levar em conta as tradições do país, em cuja cultura política é forte a tendência a negociações e acomodações, que têm como base a inclinação à flexibilidade e a motivação de excluir os setores populares do jogo político. Em especial, a flexibilidade e a disposição à acomodação da ditadura contribuíram para sua larga duração, assim como para uma transição à democracia relativamente suave (sobretudo para os militares).

No entanto, reconhecer a manutenção de alguns preceitos liberais pelo regime político instaurado em 1964 não implica negar seu caráter ditatorial. Afinal, os partidos, as casas parlamentares e o Poder Judiciário sofreram intervenção autoritária sempre que pareceu necessário aos líderes do Estado. Da mesma forma, o sistema legal foi manipulado e alterado para atender à vontade dos generais e seus aliados.

Tais características e estratégias de ação empreendidas pelos líderes da ditadura não estavam perfeitamente desenhadas no momento da tomada do poder. As políticas adotadas pelo regime militar foram construídas ao longo do tempo, como resultado da combinação entre as convicções ideológicas e os interesses dos grupos que o integravam — e das disputas entre eles —, as tradições presentes no sistema político e na cultura política, e a pressão exercida por mudanças conjunturais e pelas próprias forças de oposição.

Assim, para compreender melhor o processo de construção política da ditadura há que estudá-lo ao longo de seu desenrolar histórico, com atenção às diferentes conjunturas que estabeleceram limites às escolhas das lideranças. É o que faremos a seguir, embora de maneira sintética, com foco em dois momentos-chave: os anos de implantação da ditadura (1964-7) e o período de autoritarismo e repressão mais agudos (1968-74). Devido à sua importância e complexidade, as fases de distensão e abertura (1974-84) serão abordadas em capítulos exclusivos.

A fase inicial (1964-7)

Os primeiros anos foram decisivos para a montagem das estruturas políticas da ditadura, que seriam mantidas por todo o período apesar de mudanças implantadas após 1968 (para intensificar o autoritarismo) e após 1979 (para reduzi-lo). O governo do primeiro general presidente, Humberto Castelo Branco, traçou as linhas essenciais do desenho político da ditadura, que tinha como pontos-chave a tentativa de combinar alguns preceitos liberais ao autoritarismo, a institucionalização do novo regime à base de copiosa legislação e a ampliação dos aparatos de repressão e de violência política.

Essa construção política começou pelo ato institucional editado em 9 de abril de 1964, um instrumento de força dos militares que apresentava como justificativa preservar a ordem social e as instituições democráticas e cristãs contra o bolchevismo. Nos anos seguintes viriam outros, em tal quantidade que foi preciso numerá-los para evitar confusão. Baixados sempre que a ditadura julgou que era preciso "limpar" as instituições ou "corrigir" o seu funcionamento, esses atos de força foram utilizados para extinguir partidos, cassar mandatos parlamentares, exonerar servidores públicos, exercer censura, suspender decisões judiciais, fechar temporariamente o Congresso e reduzir os direitos das pessoas acusadas de crimes políticos. Outros instrumentos jurídicos autoritários foram os atos complementares e os decretos, sendo que alguns tinham caráter sigiloso.

Mas, ao mesmo tempo que os militares se muniam de poder discricionário e agiam como ditadores, o presidente indicado (após negociações entre os líderes do golpe) para assumir o lugar de João Goulart passou pelo ritual constitucional de eleição pelo Congresso. Reitere-se que o mesmo Congresso destituiu Goulart, sob a justificativa de que se ausentara do território nacional sem autorização — uma manobra cínica, tanto porque na hora da decisão ele ainda estava no Brasil como porque sua saída do país foi forçada por um golpe militar. De acordo com a Constituição, com a vacância da presidência cabia ao Congresso fazer uma eleição indireta. No entanto, o texto do AI-1 interferiu autoritariamente no processo e violou a carta constitucional, primeiro ao marcar a data da eleição indireta no prazo de apenas dois dias, e segundo, e mais grave, ao estabelecer que para tal eleição não haveria inelegibilidades.[5] A razão da última medida é que a Carta de 1946 estabelecia que ocupantes de certos cargos, inclusive militares chefes de Estado-Maior, não poderiam ser eleitos presidentes antes de um prazo de desincompatibilização de suas funções, e Castelo Branco, sendo chefe do Estado-Maior do Exército, não poderia ser eleito presidente naquele momento.[6]

Assim, os líderes da ditadura procuravam passar a imagem de que iriam respeitar o Congresso, a Constituição de 1946 e o sistema pluripartidário, inclusive gerando a expectativa de que o presidente seguinte seria eleito pela população. No entanto, a intervenção "corrigindo" a Constituição para permitir a eleição do general Castelo Branco deixou claro que as instituições seriam respeitadas apenas no limite dos interesses dos novos governantes. Além disso, estes viam com maus olhos as eleições diretas, pela possibilidade de a população escolher alguém "inconveniente". Dessa maneira, desde o início a fórmula das eleições indiretas pareceu sedutora, pois permitia aos líderes do golpe um melhor controle do processo sucessório.

Apesar da retórica liberal, a ditadura tomou medidas contraditórias com a expectativa de retorno à democracia, como o expurgo de seus inimigos do sistema político e das organizações sociais com base no primeiro AI. A propósito, o Parlamento que elegeu Castelo Branco estava desfigurado devido à cassação de aproximadamente quarenta deputados federais no dia anterior.[7] Outros seriam ainda cassados até junho de 1964, quando expirou o prazo estipulado pelo AI para suspensão de mandatos e direitos políticos. Além das lideranças políticas, centenas de líderes de movimentos sociais (sindicalistas e camponeses, sobretudo) foram presos e tiveram seus direitos políticos suspensos. Ademais, a ditadura estreitou o controle sobre o movimento sindical para limpar os "comunistas" do seu comando. Imediatamente após o golpe, o Comando Geral dos Trabalhadores foi fechado e centenas de sindicatos sofreram intervenção e receberam novos dirigentes nomeados pelo governo.[8] Nos anos seguintes, o Ministério do Trabalho e as Delegacias de Trabalho mantiveram os sindicalistas sob vigilância, impedindo a eleição de pessoas com registro de militância na esquerda.

No serviço público, em todos os níveis, também ocorreu um expurgo em larga escala, para o afastamento de pessoas consideradas subversivas de esquerda (não era um problema ser subversivo de direita). Com base no AI-1, que suspendeu as garantias de estabilidade dos servidores, milhares de funcionários civis e militares foram exonerados ou aposentados à força.[9] Importante registrar que o AI-2 (outubro de 1965) e o AI-5 (dezembro de 1968) renovariam o poder do Estado autoritário não apenas para cassar mandatos parlamentares e direitos políticos, mas também para afastar sumariamente servidores públicos. Parte deles foi afastada devido a suspeitas de corrupção, mas a maioria perdeu os cargos por acusações de "comunismo".

Outro aspecto dos expurgos de 1964 (na época foi muito utilizada a expressão "Operação Limpeza") foi uma grande onda de prisões em todo o país, atingindo um total estimado entre 30 mil e 50 mil detidos nos dias iniciais do golpe. Registre-se que a prática de tortura contra presos e as primeiras mortes provocadas por agentes do Estado ditatorial ocorreram já nessa fase, embora tenham sido devidamente negadas ou escamoteadas pelas autoridades. O sistema repressivo judicial baseou-se em leis preexistentes, sobretudo a lei de defesa da ordem política e social vigente desde 1953 (uma atualização da primeira lei do gênero, de 1935).[10] Os supostos crimes políticos eram apurados em inquéritos presididos por policiais ou por militares, mas os processos criminais cabiam ao Poder Judiciário, que em várias ocasiões determinou a libertação de presos ou a suspensão de processos por falta de provas, para a ira dos oficiais ligados à repressão. Da mesma forma, nesses anos iniciais o Poder Judiciário utilizou-se da institucionalidade liberal ainda vigente para impedir certas autoridades de censurarem livros e peças teatrais, gerando mais irritação na direita radical.

Ainda no campo da vigilância e da repressão política, a ditadura imediatamente criou o Serviço Nacional de Informações (SNI), reestruturou e ampliou o Departamento de Polícia Federal (DPF) e reforçou os antigos departamentos ou delegacias de polícia política estaduais (geralmente conhecidos pela sigla Dops, Departamento de Ordem Política e Social). As instituições militares logo criaram seus próprios serviços secretos, o CIE (Centro de Informações do Exército) e o Cisa (Centro de Informações da Aeronáutica), que também atuaram na repressão política, sendo que a Marinha já dispunha de órgão equivalente desde os anos 1950 (o Cenimar, Centro de Informações da Marinha). No auge da violência política, no contexto pós-AI-5, que analisaremos a seguir, o Estado criou os tristemente famosos DOI-Codi (Destacamento de Operações de Informações — Centro de Operações de Defesa Interna), responsáveis por grande número de mortos e desaparecidos políticos.[11]

Outra iniciativa autoritária importante e duradoura do primeiro governo militar foi a introdução de medida que praticamente conferia poderes legislativos ao Executivo. O primeiro ato institucional estabeleceu que o Congresso teria limite de prazo (entre trinta e sessenta dias) para votar projetos de lei enviados pelo Executivo; caso isso não fosse feito, eles seriam considerados aprovados, mesmo sem análise parlamentar. Esse mecanismo de aprovação "por decurso de prazo" continuaria nos governos seguintes.[12]

Os recursos e subterfúgios criados pela ditadura para editar leis sem a participação do parlamento evidenciam duas coisas. Primeiro, que a intenção ao manter aberto o Congresso não era partilhar o poder, mas acomodar aliados e tentar conferir legitimidade ao novo regime político. Segundo, que o autoritarismo também foi utilizado (e desejado) para agilizar decisões administrativas e acelerar investimentos econômicos, assim como servir de freio às reivindicações das classes trabalhadoras. Dessa maneira, a ditadura se prestou não apenas ao propósito de reprimir adversários políticos, as esquerdas e os movimentos sociais: ela também foi instrumentalizada para alavancar o crescimento econômico bruto e modernizar a máquina estatal sob o comando de uma tecnocracia autoritária em nada preocupada com os impactos sociais de suas ações.

Em suma, nos primeiros meses após sua instalação, os líderes da ditadura testaram maneiras de combinar o poder militar, a centralização e a repressão política com uma precária institucionalidade liberal. Tema-chave para a sua institucionalização era a escolha do presidente, o que colocava em tensão máxima a retórica liberal dos golpistas. Nesse sentido, um passo importante foi a aprovação pelo Congresso, em julho de 1964, da expansão em um ano do mandato de Castelo Branco, que originalmente deveria apenas completar o mandato de Goulart.[13] Com isso, o general ficou no poder até março de 1967, ganhando mais tempo para institucionalizar a ditadura.

Alguns meses depois, em outubro de 1965, uma crise política envolvendo oficiais da "linha dura" (assim chamados por exigirem mais autoritarismo e repressão) propiciou uma oportunidade para se resolver o problema da manutenção do Poder Executivo sob controle militar. Na ocasião ocorreram eleições para alguns governos estaduais, tal como previsto no calendário eleitoral, e o fato de a população eleger um grupo de governadores não inteiramente alinhados à ditadura — e pior, contando com apoio da esquerda e de líderes punidos pelos expurgos — gerou uma ameaça de rebelião militar. Diga-se, a propósito, que as dissensões entre diferentes lideranças e grupos militares foram constantes e causaram muitas crises no Estado autoritário, e que, embora tenha existido de fato uma "linha dura", os contornos dessas facções eram tênues e instáveis.[14] Entretanto, mesmo havendo conflitos internos frequentes, os militares mantiveram-se em geral unidos quando se tratou de defender e manter o Estado autoritário.

Voltando à crise provocada pelas eleições de 1965, os casos mais incômodos para a extrema direita militar foram a eleição dos governadores de Minas Gerais e da Guanabara, ambos ligados ao ex-presidente Juscelino Kubitschek, cujos direitos políticos (e o mandato de senador) haviam sido cassados em junho de 1964. Consta que tropas da Vila Militar, no Rio de Janeiro, poderiam ter deposto o presidente Castelo Branco caso algo não fosse feito.[15] Para resolver a crise, que ele acabou utilizando a favor de seu projeto de institucionalizar a ditadura, o governo Castelo Branco editou o AI-2.[16] Esse novo ato institucional restabeleceu o poder discricionário do presidente, pois o AI-1 tinha prazo para as medidas excepcionais, que já não estavam mais em vigor. Com o novo ato, o presidente voltou a ter poder para cancelar mandatos parlamentares e os direitos políticos dos cidadãos, suspender o Congresso e afastar servidores públicos.

Mas o AI-2 não ficou por aí. Ele extinguiu os partidos vigentes (os principais eram PSD, UDN, PTB, PR, PSB, PSP, PDC, PRP)[17] e determinou uma reforma política que levou à criação do sistema bipartidário, com um partido governista, a Arena (Aliança Renovadora Nacional), e um partido para acomodar todas as tendências de oposição, o MDB (Movimento Democrático Brasileiro).[18] A intenção era controlar melhor o sistema eleitoral e garantir o apoio da maioria do Congresso aos governos da ditadura. Outra medida decisiva foi o estabelecimento de eleições indiretas para presidente, contrariando a Constituição de 1946, o que resolvia o problema da manutenção do poder sob o controle dos militares e seus aliados, sem os riscos (democráticos!) da eleição direta.

O AI-2 foi um momento-chave na construção da ditadura, pois a instituição das eleições indiretas impedia que as oposições tivessem chance de ganhar o poder. Na sequência, em fevereiro de 1966, foi baixado o AI-3, que determinou eleições indiretas também para os governadores estaduais, ou seja, em lugar do povo seriam as assembleias estaduais a escolher os governadores. (Mais adiante, quando surgiu o risco de que elas escolhessem governadores de oposição, a ditadura mudou as regras para garantir o controle do processo.) O mesmo AI-3 determinou que a escolha dos prefeitos das capitais estaduais passaria a caber aos respectivos governadores, outro golpe sério contra a vontade popular.

Com tais medidas, a ditadura encontrou uma fórmula para garantir a manutenção do poder, criando mecanismos que ao mesmo tempo evitavam o voto popular (no qual não confiava) e tentavam manter as aparências de legitimidade liberal, inclusive normalizando a sucessão de líderes para evitar a figura do ditador permanente. Assim, os presidentes seriam escolhidos pelos militares e referendados em seguida por uma "eleição" feita pelos parlamentares. Completando o pacote, os presidentes militares selecionariam previamente os governadores a serem "eleitos" pelos colégios eleitorais estaduais. Diante do primeiro teste após o golpe de 1964, o pleito estadual de outubro de 1965, os líderes da ditadura perceberam que o voto direto para cargos executivos poderia levar à sua derrota — o que, a propósito, contraria a suposição de que tinham apoio popular majoritário.

Os eventos de outubro de 1965 foram importantes para a definição do tipo de arranjo liberal aceito pela ditadura: seriam mantidas algumas instituições, desde que não questionassem o poder militar. Caso contrário, haveria mais intervenções para garantir a nova ordem, como atos institucionais e a intensificação da repressão (prisões, suspensão de mandatos parlamentares), o que de fato ocorreu nos anos seguintes. A visão de Castelo Branco sobre o lugar a ser ocupado pelas instituições parlamentares na ditadura, ou seja, de submissão ao Poder Executivo, se evidenciou em outubro de 1966. Com base no AI-2, ele decretou a suspensão das atividades (recesso) do Congresso por cerca de um mês, como punição pela tentativa dos líderes da instituição de resistirem à cassação de seis deputados federais recém-decretada pelo governo. Alguns parlamentares se recusaram a abandonar o Congresso, e tropas militares foram utilizadas para convencê-los a sair.[19]

O general Castelo Branco completou sua obra de institucionalização da ditadura com três iniciativas "legais" que entraram em vigor em 1967, junto com a ascensão do segundo presidente militar.[20] Primeiro, a Constituição de 1967, que vinha substituir a de 1946, várias vezes desrespeitada desde o golpe em 1964. A Carta de 1967 foi elaborada por uma comissão nomeada pelo presidente e depois submetida ao debate parlamentar, mas com prazo curto, de modo a impedir alterações importantes. A nova carta constitucional confirmava o novo sistema político autoritário, com destaque para a eleição indireta para presidente da República. No lugar do povo, o colégio eleitoral seria constituído pelos parlamentares federais e alguns delegados indicados pelas assembleias estaduais. Vale notar que a Constituição de 1967 previa eleições diretas para governadores, mas elas foram sendo sucessivamente adiadas até 1982, quando pela primeira vez, desde 1965, o povo brasileiro pôde escolher os chefes dos governos estaduais.

O segundo ponto do tripé institucional de Castelo Branco foi a Lei de Segurança Nacional (LSN), que representava a atualização de um sistema de leis repressivas que vinham se sucedendo desde 1935. A nova lei atualizava os crimes políticos com base nos conceitos da doutrina de segurança nacional, assim como as respectivas punições, tornando-as mais duras. Além disso, a LSN confirmava outro dispositivo introduzido pelo AI-2: a determinação de que os crimes políticos deveriam ser julgados por tribunais militares. Com isso, os processos políticos eram retirados da alçada da justiça comum, mais propensa a respeitar a institucionalidade liberal. A terceira iniciativa no sentido da institucionalização da ditadura foi a Lei de Imprensa, que servia para amedrontar os meios de comunicação e estimular a autocensura, embora afirmasse o estatuto da liberdade de imprensa.

O presidente general Castelo Branco buscou cultivar a imagem de liberal e amigo de artistas e intelectuais, tendo às vezes protegido alguns deles da repressão. Essa imagem seria recuperada anos depois, quando um setor da ditadura começou a traçar planos de abertura política. Mas a verdade é que durante o governo de Castelo Branco houve cassações, suspensão temporária do Congresso, demissões, prisões, tortura. Além disso, ele foi o grande responsável por institucionalizar a ditadura, conferindo-lhe suas estruturas essenciais,[21] inclusive a organização baseada em retórica e compromisso precário com as instituições liberais. Entretanto, essas concessões ao liberalismo político seriam mantidas apenas enquanto servissem ou não atrapalhassem o funcionamento do regime.

O AI-5 e a escalada repressiva

O general Artur da Costa e Silva assumiu a presidência no início de 1967, com a expectativa de que a institucionalização da ditadura traria uma espécie de normalidade autoritária e menor necessidade de repressão. Como a popularidade do regime militar vinha caindo, tanto por descumprir a promessa de democratizar o país como pela recessão econômica provocada pela gestão

Castelo Branco, uma das preocupações de Costa e Silva era mostrar-se mais moderado e aberto ao diálogo.[22] Não obstante sua retórica comedida, paradoxalmente ele tinha apoio da ala mais radical da direita, que o pressionou a responder com dureza aos questionamentos da oposição. Por trás dos discursos moderados, a máquina repressiva e a direita militar radical estavam a postos, em guarda. Logo seriam chamadas à ação.

Frente ao incremento do ativismo da oposição e das pressões da direita radical, as promessas de diálogo e de tolerância de Costa e Silva mostraram seus limites. No período 1967-8, eclodiu um ciclo de protestos de movimentos sociais, com destaque para o protagonismo de operários fabris e estudantes universitários.[23] Os setores de oposição sentiram ter melhores condições de ação nesse contexto por duas razões básicas: o aumento do desgaste e da impopularidade da ditadura; e a sensação de que ela reduzira seu poder discricionário, pois com o fim da vigência do AI-1 e do AI-2 algumas garantias civis foram restabelecidas e o Poder Executivo não poderia mais suspender direitos políticos a seu gosto. Significativamente, entre 1967 e 1968 alguns exilados voltaram ao país, movidos pela esperança de refazer suas vidas ou pela crença de que a ditadura poderia ser derrotada.

O fato é que as ações de oposição se incrementaram, tanto no quadro parlamentar, com um setor do partido de oposição, o MDB, atuando de maneira mais agressiva contra o governo, como na esfera dos movimentos sociais. Do lado da oposição mais moderada, importantes lideranças civis como João Goulart (no exílio), Juscelino Kubitschek e Carlos Lacerda selaram um pacto — a Frente Ampla — contra a ditadura, sendo que Lacerda estava entre os arrependidos de terem apoiado o golpe.[24] Por seu lado, setores da esquerda que vinham organizando grupos armados para combater a ditadura e lutar pela revolução passaram à ação, o que aumentou o estado de alerta entre a direita e os grupos que controlavam o Estado.

O ano começou com várias manifestações estudantis, como a de 28 de março, no Rio de Janeiro, na qual foi assassinado o jovem Edson Luís, que se tornou um símbolo e inspirou mais protestos liderados por universitários, com adesão posterior de outros grupos sociais. No calendário desses protestos de rua destacam-se os meses de abril e junho, em que ocorreram episódios extremamente violentos, resultando em muitas mortes. A radicalização das lideranças estudantis gerou a ocupação de prédios universitários por todo o país, em protesto contra as políticas da ditadura, levando ao enfrentamento com a polícia e com grupos de direita, a exemplo da chamada Batalha da Maria Antônia, em São Paulo, em outubro de 1968.[25]

Os operários se fizeram presentes no cenário com greves marcantes em duas cidades industriais, Contagem (em abril e outubro de 1968) e Osasco (julho de 1968), levando os chefes da ditadura a temerem a união entre os estudantes e os trabalhadores, o que poderia colocar em risco a ordem dominante. Ao mesmo tempo, grupos armados de esquerda realizaram ações de "expropriação" para a coleta de fundos e atos terroristas, como a execução de um militar norte-americano (Charles Chandler) e um atentado a bomba a um quartel do II Exército. Portanto, em 1968 a violência política assumiria proporções intensas e graves, especialmente a praticada pelos órgãos repressivos estatais, que obviamente tinham maior poder de fogo e mataram ou feriram dezenas de pessoas ao longo do ano.[26]

Diante do aumento do protagonismo das oposições, grupos de direita organizaram-se em defesa da ditadura, gerando tanto agitação nos quartéis como ataques terroristas, muitas vezes travestidos de ações da esquerda, para aumentar a sensação de retorno do "perigo comunista". O quadro tornou-se conflitivo e tenso, com intensificação da violência policial nas ruas para reprimir os movimentos sociais e seus protestos, ações terroristas de direita e de esquerda, críticas da imprensa liberal contra o governo Costa e Silva — acusado de incompetente para lidar com os desafios do momento — e aumento da agressividade nos discursos da oposição.

Surgiu no Congresso o episódio que levaria o governo a responder aos desafios com nova ofensiva autoritária. No contexto das comemorações da Independência, o deputado Marcio Moreira Alves fez um discurso duro contra o Exército, a que chamou de valhacouto (antro) de torturadores, gerando um pedido do governo à Câmara dos Deputados para que autorizasse o seu julgamento.[27] Poucas horas após a decisão dos deputados negando a autorização, o governo baixou o AI-5, em 13 de dezembro de 1968.

O plano para um novo ato institucional era defendido há alguns meses por setores radicais do governo, que inclusive procuraram aumentar as tensões públicas a fim de criar ambiente favorável para seu intento. Mas o ato de rara coragem cívica do Congresso teve papel relevante, pois mostrou que o governo de Costa e Silva estava ficando isolado, sem apoio da imprensa e sem apoio majoritário no parlamento. Nem o partido oficial, a Arena, votou unido a favor do pedido de autorizar a punição de Moreira Alves.

Por isso, o AI-5 foi um ato de força, para recuperar a iniciativa de um governo que vinha sendo contestado até por seus aliados. Ele atendia também aos desejos das alas radicais da ditadura, que entendiam ser necessário mais um ciclo repressivo para "limpar" a nação dos inimigos remanescentes. Fontes militares afirmaram que o próprio general Costa e Silva poderia ser derrubado caso não aceitasse baixá-lo.[28] Tais grupos não toleravam conviver com uma oposição ativa, então desejavam o restabelecimento dos instrumentos que permitiam ao governo cassar mandatos parlamentares e direitos políticos, assim como o poder para calar as críticas da imprensa.

O novo ato foi uma resposta desproporcional aos desafios apresentados pela oposição, aí incluídas as ações da esquerda armada. Essa avaliação foi feita à época por vários observadores do cenário brasileiro, inclusive os diplomatas norte-americanos, que não viam necessidade de novas medidas de exceção.[29] De fato, o Estado possuía instrumentos repressivos para lidar com os desafios provenientes da esquerda. Porém, e o detalhe é fundamental, não dispunha de meios suficientes para enquadrar e disciplinar segmentos rebeldes da própria elite situados em setores estratégicos, como o Poder Legislativo, o Poder Judiciário e a imprensa. A ditadura legada por Castelo Branco oferecia recursos de sobra para reprimir os revolucionários de esquerda, mas também garantia alguns espaços de atuação para dissidentes moderados, graças às concessões ao liberalismo político.

O AI-5 era uma resposta para lidar com tal "problema", permitindo ao Estado aposentar servidores públicos incômodos para o governo, como os juízes que impediam a "justiça revolucionária" de agir livremente, ou os professores acusados de estimular a rebeldia estudantil. Além disso, a escalada autoritária tinha a vantagem de dispensar o governo da necessidade de negociar com as lideranças políticas e o Congresso, de modo que ele ficava com as mãos livres para implantar as políticas de sua preferência. No mesmo sentido, o AI-5 permitia censurar as críticas publicadas pela imprensa, inclusive a grande mídia, que até então ficara a salvo da repressão. Portanto, os alvos do novo ato autoritário não estavam apenas à esquerda, como afirmaram os discursos da ditadura. O AI-5 visou também enquadrar os segmentos da elite mais sensíveis aos argumentos liberais que se mostravam rebeldes ao poder militar.[30]

Exatamente por isso, ele significou o afastamento dos militares em relação a seus aliados civis, ou melhor, àqueles de inclinação moderada ou liberal. Basta dizer que a grande imprensa — apoiadora, instigadora e entusiasta da intervenção de 1964 — teve atitude fria quanto ao AI-5, mostrando um incômodo que nem a censura conseguiu abafar inteiramente. O mesmo ocorreu com outro aliado fundamental de 1964, o governo norte-americano, que discordou do novo ato e esfriou seu apoio à ditadura, pelo menos no início. Após dezembro de 1968, a ditadura se tornou mais militar, autoritária e violenta, e reduziu o espaço para a atuação de aliados civis, embora estes continuassem atuantes, só que agora em posição ainda mais subalterna. O partido oficial, a Arena, viu-se menos relevante nos assuntos do governo, que tratou com desdém os seus quadros políticos, ao ponto de preferir muitas vezes colocar técnicos e lideranças jovens em cargos de responsabilidade.

Dessa forma, o AI-5 conferiu ao Executivo poderes praticamente ilimitados e sem prazo de expiração, ao contrário dos atos anteriores. Embora o primeiro artigo afiançasse a manutenção da Constituição de 1967, nos artigos seguintes ficava evidente que a Carta passava a submeter-se à vontade do Poder Executivo. Além dos poderes discricionários já mencionados (cassar mandatos e direitos políticos, excluir pessoas do serviço público, censurar a imprensa e fechar casas parlamentares), o presidente poderia confiscar bens acumulados no exercício de cargos públicos e decretar estado de sítio. Ademais, ficava suspensa a garantia de habeas corpus para crimes políticos, contra a segurança nacional, a ordem econômica e social e a economia popular.[31]

Tratou-se de um marco na história da ditadura, uma radicalização autoritária que colocou em tensão máxima seu compromisso precário com as instituições liberais. O Congresso Nacional foi suspenso e cerca de 110 parlamentares (alguns eram suplentes) tiveram seus mandatos cancelados, ou seja, foi um expurgo ainda maior que o de 1964, pois dessa vez foram atingidas também lideranças de direita rebeldes às ordens dos militares. O STF também sofreu intervenção e teve três membros aposentados compulsoriamente. Centenas de pessoas perderam seus direitos políticos, criou-se a figura do exílio forçado (banimento) e houve uma nova rodada de expurgos no serviço público, atingindo notadamente o Itamaraty e as universidades. Além disso, houve um incremento na legislação autoritária, com destaque para a "emenda" à Constituição de 1967 (que para alguns observadores originou outra Constituição, a de 1969); uma nova Lei de Segurança Nacional com punições mais duras (inclusive pena de morte); um decreto (o 477) específico para reprimir as lideranças estudantis, medidas decretadas enquanto estava fechado o Congresso; e também novos instrumentos para ampliar a censura.[32]

Evidentemente, outro aspecto-chave na caracterização do AI-5 como um marco foi a violência repressiva, que aumentou exponencialmente após dezembro de 1968. O aparato repressivo foi expandido e ganhou mais autonomia para agir com violência contra os inimigos políticos, inclusive com adoção de práticas ilegais segundo a própria legislação ditatorial. A maré montante da repressão estatal decorreu do surgimento de um contexto institucional que estimulava os agentes públicos à violência. Pode-se dizer que o novo ato institucional liberou as feras, que saíram à caça com apetite ainda maior do que em 1964. O período foi marcado por um notável aumento da violência de motivação política, principalmente tortura, sequestros e assassinatos, assim como pelo surgimento de uma novidade sinistra: a prática sistemática de desaparecer com os corpos de vítimas. A comparação dos números oficiais de mortos com a primeira fase da ditadura revela dados eloquentes. Enquanto no período anterior ao AI-5 os agentes do regime militar assassinaram cerca de cinco dezenas de pessoas, entre dezembro de 1968 e 1976 o número de vítimas fatais passou de três centenas.[33]

No entanto, mesmo que a violência política e os instrumentos autoritários tenham sido ampliados a partir do AI-5, do ponto de vista institucional a ditadura acabou mantendo-se dentro dos marcos estabelecidos em sua fase inicial. Aliás, a própria opção por editar novo ato institucional indica a tendência à continuidade. Após o AI-5, por alguns meses houve incerteza quanto ao futuro político do país, pois parecia que os militares iriam manter o Congresso fechado por tempo indeterminado e governariam sozinhos, sem mais concessões para agradar a opinião liberal. Mas desde o início havia dúvidas sobre o rumo que seria adotado, afinal o Congresso (e mais uma dezena de assembleias estaduais) foi declarado suspenso e não extinto, o que indicava uma possível reabertura.

Nesse quadro de incertezas, os aliados liberais da ditadura pressionaram pelo retorno à situação anterior, ou seja, para que fosse mantido o compromisso entre o autoritarismo e as instituições políticas tradicionais. Os militares teriam poder para fechar definitivamente o Congresso, mas o preço seria o rompimento com aliados importantes. Por isso eles decidiram retornar parcialmente ao arranjo inicial, buscando atribuir aparência de legitimidade ao seu governo. Assim, aceitaram reabrir o Congresso Nacional, em outubro de 1969.[34] Mas o objetivo imediato era que os parlamentares referendassem o nome do sucessor de Costa e Silva, afastado devido a uma doença grave. Não se tratava de um Congresso soberano, que retomaria suas funções normais em um regime republicano, mas de uma instituição enfraquecida e humilhada pelo expurgo de uma centena de seus integrantes, alguns dos quais foram cassados poucos dias antes da reabertura, o que servia para manter a tensão. O alto-comando militar escolheu para ocupar o cargo de presidente o ex-chefe do SNI, general Emílio Médici, que foi "eleito" pelos parlamentares e tomou posse ainda no mês de outubro.

O início dos anos 1970 foi a fase mais violenta da ditadura, o que gerou insegurança e medo entre amplos setores sociais. Simultaneamente, a cúpula militar procurou restabelecer laços com as elites civis e manter em vigor — embora de maneira mais precária — o acordo com alguns princípios liberais, como a realização das eleições parlamentares de 1970 e as eleições municipais de 1972, tal como previa o calendário. Entretanto, não havia liberdade efetiva, inclusive porque alguns candidatos foram impugnados ou presos, acusados de serem comunistas infiltrados na oposição. De qualquer forma, mantiveram-se abertos certos canais de participação para as forças de oposição que aceitassem esse jogo, enquanto uma parte das lideranças e da própria população recusou-se a participar, mostrando seu descontentamento através do voto nulo, que alcançou recordes nas eleições de 1970. Do ponto de vista da ditadura, a estratégia era aplacar os aliados liberais, mas também tentar evitar que a oposição moderada tivesse como única opção apoiar os grupos de esquerda que enfrentavam o Estado com armas.

Como veremos adiante, após os anos mais duros sob o AI-5, que coincidiram com o mandato de Médici, o governo do quarto general presidente, Ernesto Geisel, iniciou um processo de mudanças lentas que, entre outros objetivos, visava recompor laços com os aliados liberais (no sentido político) da ditadura. Mas, antes que essa fase se iniciasse, a violência seguiu em ritmo intenso, e na verdade continuou mesmo no período de distensão de Geisel, cujo objetivo, no fim das contas, não foi democratizar o país.

EM OUTRO CONTEXTO SERIA desnecessário discutir se o regime de 1964 foi uma ditadura. No entanto, dado o cenário político brasileiro nos anos recentes, que trouxe à tona discursos negacionistas, tornou-se necessário argumentar sobre o tema para mostrar o equívoco de tais posições, muitas vezes defendidas por má-fé. O argumento mais forte dos que negam a ditadura é que ela manteve eleições regulares para vereadores, deputados, senadores e prefeitos de algumas cidades. No entanto, a dinâmica eleitoral era precária, pois havia constantes intervenções autoritárias, prisões, cassações, e porque as pessoas não podiam votar para os cargos principais: presidente, governador, prefeitos das capitais. A ditadura só permitia o funcionamento do jogo eleitoral enquanto ela fosse a dona da bola. Nos momentos em que correu risco de perder o controle da situação, o governo respondeu com intervenções autoritárias, como nos casos do AI-2 e do AI-5. A oposição não tinha acesso a chances reais de virar o jogo, e o fato de ter havido algumas concessões liberais não altera a essência ditatorial do regime militar vigente entre 1964 e 1985.

5. Uma análise do apoio social à ditadura

Polêmico, como não poderia deixar de ser, o tema deste capítulo está presente tanto na historiografia como no debate público. Trata-se de questão altamente politizada — e facilmente politizável —, uma vez que a constatação do apoio social ao golpe e à ditadura pode ser utilizada para defender sua legitimidade. Já entramos um pouco nesse debate anteriormente, argumentando que o apoio social (na verdade, de uma parte da sociedade) não altera a natureza golpista e autoritária de 1964. Trata-se de um dos temas menos pesquisados na história da ditadura e, também, um dos mais difíceis, devido à escassez de dados empíricos. Dessa maneira, só podemos arriscar algumas análises provisórias, sujeitas a revisão caso apareçam mais evidências no futuro.

Se é tão controverso do ponto de vista político e tão difícil de abordar devido à escassez de fontes documentais, por que correr o risco de incluir o tema no livro? Primeiro, porque é preciso encarar a realidade de que a ditadura obteve apoio de uma parte da população, inclusive para suas medidas repressivas. Esse fato deve ser reconhecido, pois de outro modo ficaríamos com a impressão, infelizmente equivocada, de que a ditadura foi obra de uma minoria "alienígena" que impôs ao povo brasileiro um regime autoritário. Deixando de lado a metáfora, o que realmente importa questionar neste caso é a crença de que a ditadura foi obra apenas dos militares.[1]

Reconhecer que a ditadura teve apoio de uma parte da sociedade e contou com larga participação de civis importa não apenas para compreendermos a essência daquele regime autoritário, ou seja, para avançar o conhecimento sobre sua história, mas também para refletirmos sobre a dificuldade de se construir uma verdadeira democracia no Brasil, problema muito atual. O conhecimento mais acurado do tema poderá contribuir para a superação do autoritarismo, que tem fortes raízes no país, ao contrário da crença em visões mais confortáveis, mas, infelizmente falsas, de que a grande maioria recusou e resistiu à ditadura. Em outras palavras, a ditadura teve apoio de grupos importantes,[2] e é necessário compreender como e por que isso se deu, pois de outra forma seria difícil explicar um regime autoritário com duração de vinte anos.

Em segundo lugar, vale a pena enfrentar esse tema e analisá-lo com cuidado para evitar o risco oposto, que seria aceitar versões de que a ditadura dispôs de amplo e duradouro apoio popular. Além de exagerar o consenso em torno do regime militar, tais visões podem gerar outro equívoco: a tendência a minimizar as ações de oposição e de resistência. Em suma, o objetivo é enfrentar esse debate de maneira franca, com arrojo para entrar em temas polêmicos, mas com o cuidado de buscar ancoragem em evidências documentais. Para fundamentar essa análise vamos lançar mão das fontes disponíveis, principalmente dados de pesquisas de opinião e registros sobre comemorações e eventos cívicos públicos, bem como resultados das eleições realizadas durante o período.

Para entender por que uma parte da sociedade apoiou o regime militar é necessário levar em conta as estratégias utilizadas pelo Estado para conquistar sua simpatia. A ditadura controlava o poder de Estado e por isso dispunha de amplos recursos coercitivos para obter a submissão da sociedade. Entretanto, a coerção não é suficiente para garantir a dominação estatal. Qualquer tipo de governo, mesmo os mais violentos e repressivos, depende de uma mescla de coerção e consenso para manter-se no poder. Essa discussão atraiu a atenção de pensadores clássicos da teoria política, com destaque para nomes como Nicolau Maquiavel, Max Weber e Antonio Gramsci. A peculiaridade das ditaduras é que elas dependem mais da coerção, em comparação aos regimes democráticos, e suas estruturas coercitivas não possuem a mesma legitimidade que é alcançada no caso das democracias.

Os estudiosos do tema do consenso como fonte de legitimação do Estado não entram em acordo quando a discussão inclui as ditaduras. É complicado pensar na existência de consenso em contextos autoritários, pois não há plena liberdade para criticar os governantes e para a circulação de ideias contrárias, o que pode distorcer e superestimar a impressão de apoio ao Estado vigente.[3] Nessa linha, o consenso social em torno de determinado regime político só poderia existir se houvesse liberdade de manifestação,[4] com o que o conceito aplica-se melhor a países com instituições democráticas. Além do mais, em sentido comum a palavra "consenso" significa que a grande maioria ou a totalidade de um grupo tem o mesmo sentimento e concorda com algo. Como vai ser discutido adiante, é difícil acreditar que a ditadura militar no Brasil gozou de amplo *consenso popular*, e com certeza isso não ocorreu se levarmos em conta todo o seu período de duração. Por isso, preferimos considerar e avaliar o *apoio social* à ditadura, que não pressupõe adesão majoritária ao governo. Estudar o apoio à ditadura significa admitir que ela teve aceitação popular, mas não necessariamente que foi consensual.

Para não depender apenas da força para manter seu poder, as ditaduras investem em diferentes estratégias para atrair o apoio popular, o que obviamente envolve um grande esforço de propaganda. A ditadura brasileira não foi diferente, inclusive porque os militares davam grande importância ao que chamavam de ações psicológicas, que consistiam em estratégias para influenciar a opinião pública. A ditadura despendeu recursos elevados em publicidade e chegou a possuir órgãos especializados para moldar a opinião pública, como a Assessoria Especial de Relações Públicas (Aerp, 1968-74) e a Assessoria de Relações Públicas (ARP, 1976-9).[5] Ademais, o regime militar criou o Ministério das Comunicações, órgão estratégico por controlar a concessão do direito de explorar estações de rádio e televisão, além de gerir a distribuição de verbas publicitárias para a imprensa, meios importantes para conquistar a boa vontade da mídia empresarial.

A propósito, levar em conta o papel da imprensa é indispensável quando a pauta é o debate público e a opinião política dos cidadãos. Em capítulos anteriores comentamos brevemente que a imprensa foi fundamental para a divulgação de imagens ameaçadoras relacionadas ao governo Goulart, sobretudo o tema do perigo vermelho. Com isso, os grandes meios de comunicação deram contribuição significativa para a derrubada de Jango[6] e, na sequência, se colocaram em lugar destacado entre os vencedores. Alguns editores de grandes jornais reivindicaram o papel de agentes "revolucionários", e por isso cobravam das novas autoridades o direito de serem ouvidos.[7] Assim, de início, a grande imprensa (com raras exceções) apoiou o golpe e a ditadura de boa vontade, em defesa dos próprios interesses e convicções.

Mas, num momento posterior, algumas dissensões começaram a surgir, e junto com elas críticas ao governo e desconfianças frente a algumas atitudes, principalmente as ações de censura. A grande imprensa aceitou sem problemas a repressão aos periódicos de esquerda, mas não gostava de ser censurada. Além disso, houve divergências quanto aos rumos da política econômica. Assim, os governos da ditadura contaram com o apoio da imprensa sempre (ou quase) que se tratou de calar as vozes de esquerda, mas, em relação a outros temas, não havia colaboração fácil, e ela tinha de ser cultivada por outros meios. De maneira geral, a imprensa ajudou a ditadura e partilhou seus valores, mas, nos momentos em que houve discordâncias, alguns jornais sofreram censura.[8] Seja como for, e embora a imprensa seja obviamente importante, não se deve exagerar a sua influência, pois nem sempre suas posições são aceitas de maneira acrítica, e por vezes apenas reforçam visões preexistentes.

As mobilizações públicas pelo golpe e as pesquisas de opinião

Para iniciar nossa análise, uma das opções é enfocar as mobilizações públicas que antecederam o 31 de março, como as Marchas da Família com Deus pela Liberdade, que levaram milhares de pessoas às ruas de algumas cidades brasileiras com bandeiras conservadoras e anticomunistas. Do lado favorável a João Goulart, o evento público mais importante foi sem dúvida o Comício da Central do Brasil, no Rio de Janeiro. Tais episódios revelaram a existência de uma intensa polarização política opondo as forças de direita às de esquerda, atraindo o alinhamento de grande parte da sociedade a um dos campos, embora o número de indecisos e indiferentes fosse grande também.

Interessante lembrar que um percentual elevado da população não fazia parte da cidadania ativa, principalmente pela exclusão dos analfabetos do direito ao voto, o que só foi corrigido com a Constituição de 1988. Para que se tenha uma ideia dos efeitos dessa exclusão, nas eleições presidenciais de 1960 apenas 18% dos brasileiros votaram, enquanto no primeiro turno das eleições de 2018 o número de votantes foi de 55% em relação à população total.[9] O recente aumento do número de votantes tem relação também com fatores demográficos, mas não há dúvida de que a exclusão dos analfabetos tinha grande impacto. Alguns conseguiam se registrar como eleitores ou atuavam politicamente mesmo não votando; ainda assim, a exclusão eleitoral dessas pessoas implicava também exclusão política.

Voltando às mobilizações de rua em 1964, os dados sobre o número de participantes são vagos e imprecisos, com estimativas que apontam maior presença na Marcha da Família com Deus pela Liberdade realizada em São Paulo do que no Comício da Central do Brasil. É difícil afirmar cabalmente que isso representava maior apoio social aos golpistas, pois precisaríamos de mais detalhes sobre a organização e a infraestrutura dos eventos para avaliar o impacto dos incentivos oferecidos para atrair público. Além disso, seria necessário levar em conta as maiores dificuldades de mobilização para a população de mais baixa renda em comparação às classes médias, sendo que, de acordo com relatos contemporâneos, o último grupo foi o público principal das Marchas da Família com Deus pela Liberdade.

Outra fonte interessante para avaliar o posicionamento político dos cidadãos no contexto são as pesquisas de opinião. Existe um conjunto de enquetes realizadas pelo Ibope entre 1964 e 1965 muito úteis à nossa reflexão.[10] Naturalmente, é preciso ter cuidado crítico com essas pesquisas e não as considerar uma expressão pura e simples da verdade. Primeiro porque revelam apenas opiniões momentâneas dos entrevistados, cujas respostas podem ser induzidas, dependendo do tipo de questionário. Além disso, em certas circunstâncias, o interesse de fazer uso político dos resultados gera manipulações e falsificações. Ademais, era sempre elevada a proporção de abstenções, ou seja, das pessoas que preferiam não responder, ou que optavam por "Não sei" e "Não opina". Outro limite dessas pesquisas é o fato de se restringirem a algumas cidades, em geral São Paulo ou Rio de Janeiro (Guanabara), já que na ocasião praticamente não se faziam enquetes nacionais.

Apesar das ressalvas, há razões para atenuar o ceticismo e aceitar o valor desses documentos como fontes de informação. Em primeiro lugar, em geral essas pesquisas não se destinavam à publicação, o que nos faz descartar o interesse de manipular a opinião popular. O objetivo dos realizadores e dos financiadores das pesquisas era obter dados para planejar ações políticas e avaliar os resultados de certas campanhas de propaganda. Em alguns casos, tem-se a impressão de que foram encomendas do governo militar para avaliar a recepção social a seus projetos. Ademais, o fato de as pesquisas restringirem-se a algumas cidades não reduz sua representatividade, pois se trata das metrópoles mais importantes do país, que influenciavam as outras regiões. Além disso, a comparação entre os resultados colhidos nas duas metrópoles revela certa congruência nas opiniões. Finalmente, a suposição de que os entrevistados poderiam ter medo de falar a verdade em um contexto autoritário não parece relevante, pois em alguns casos as respostas majoritárias foram contrárias aos interesses da ditadura.

Na análise dessas pesquisas de opinião, um dos maiores desafios é entender as oscilações — e o contraste — entre atitudes de apoio a João Goulart, pouco antes da sua derrubada, e de concordância com a sua queda, logo depois do golpe. Uma das pesquisas mais completas foi realizada na cidade de São Paulo entre os dias 20 e 30 de março de 1964. Os temas mais importantes abordados foram a avaliação do governo Goulart, o apoio às reformas de base e as opiniões frente ao comunismo. Considerando o primeiro ponto, o governo Jango foi considerado ótimo/bom por 42% dos paulistanos, regular para 30% e mau/péssimo para apenas 19%. Os dados mostram que, às vésperas da sua deposição, o presidente tinha imagem majoritariamente positiva entre os paulistanos.

Quanto às "reformas de base", a pesquisa inquiriu se os entrevistados as consideravam necessárias ou não. O percentual de pessoas que consideravam as reformas desnecessárias era muito pequeno (7%), enquanto a opção de que as reformas eram necessárias e urgentes foi a preferida de 40%. A opção de que as reformas eram necessárias mas poderiam ser feitas sem pressa foi a resposta de 39% dos entrevistados. Outras pesquisas convergem com esses dados, especialmente enquetes sobre a reforma agrária, que revelam apoio em torno de 70% em média nos levantamentos realizados em várias capitais brasileiras. A proposta de reforma menos aceita nessas pesquisas foi a que introduziria o voto dos analfabetos, provavelmente pelo medo de que eles votassem nos partidos de esquerda (49% responderam que discordavam da medida, contra 46% a favor).

A propósito, um dos aspectos mais relevantes da pesquisa foi mostrar a força da rejeição à esquerda. O tema do medo à esquerda e especialmente ao comunismo foi explorado em duas questões aplicadas na enquete, e os resultados confirmam análises desenvolvidas anteriormente sobre o impacto dos movimentos e discursos anticomunistas. Uma das perguntas abordou a legalização do PCB, medida que estaria sendo cogitada pelo governo Goulart. Na maioria, as forças de direita eram contrárias à proposta, não obstante alguns líderes preferissem legalizar o partido para melhor controlar suas atividades. A enquete revelou que 80% dos entrevistados paulistanos eram contrários à legalização do PCB, contra apenas 13% favoráveis.

A outra pergunta explorou o tema do "perigo comunista", provavelmente para medir os efeitos públicos da campanha de ataque contra os "vermelhos" no contexto prévio ao golpe de 1964. Vale notar que a construção da pergunta revela a força do imaginário anticomunista, pois o uso do termo "perigo" já denota condenação. A princípio, poderíamos pensar que a pesquisa iria induzir a resposta dos entrevistados, mas havia a possibilidade de negar o discurso anticomunista optando pela resposta "não é um perigo". Considerando os resultados, 32% dos entrevistados responderam que havia um perigo comunista imediato e outros 36% que se tratava de um perigo futuro, totalizando 68% os que escolheram referir-se ao comunismo como um perigo. A opção de que não existia perigo comunista foi escolhida por apenas 19% das pessoas.

Vale a pena mencionar uma última questão aplicada na pesquisa em São Paulo. Os entrevistados foram perguntados sobre quais seriam as intenções por trás dos atos do governo de João Goulart, uma referência a seus discursos a favor de mudanças constitucionais para realizar reformas, principalmente no Comício da Central do Brasil, às medidas para estatizar algumas refinarias de petróleo e aos decretos que desapropriavam terras improdutivas às margens de rodovias e ferrovias federais. A maioria (55%) respondeu que o presidente adotava medidas de interesse público, enquanto 16% escolheram a opção de que ele procurava criar um regime comunista no Brasil e 10% responderam que suas ações eram puramente demagógicas, para atrair votos.

Os resultados da pesquisa de opinião realizada em São Paulo no final de março de 1964 nos oferecem indicações importantes. Primeiro, a de que o governo Goulart era bem avaliado e de que a maioria apoiava as reformas sociais defendidas por ele. Poucos dias antes do golpe que o derrubaria, cerca de metade dos entrevistados confiava nas intenções do presidente. Ao mesmo tempo, havia forte sensibilidade anticomunista e temor contra ameaças à ordem social. Muitos cidadãos apoiavam as reformas e tinham boa impressão do governo Goulart, porém repudiavam alternativas de esquerda mais radicais. O apoio potencial a campanhas anticomunistas era grande, e, caso as forças de oposição conseguissem "colar" a imagem de Goulart ao "perigo comunista", os efeitos políticos poderiam ser marcantes.

A primeira pesquisa de opinião política do Ibope posterior ao golpe foi realizada entre 12 e 22 de maio de 1964, novamente na cidade de São Paulo. Os resultados dessa enquete implicam um desafio analítico, pois revelam um paradoxo em comparação com a pesquisa do fim de março ao apontar uma guinada na opinião, já que a maioria se mostrou favorável à derrubada de Goulart e aos expurgos políticos, notadamente quando os alvos eram de esquerda.

Segundo a pesquisa de maio, 54% dos paulistanos consideraram benéfica a derrubada de Goulart, contra apenas 20% que disseram o contrário e 26% que responderam não saber. Como explicar essa aparente virada de opinião num período tão curto? Mudanças de opinião no eleitorado ocorrem com frequência no Brasil, e, como se verá, a avaliação do primeiro governo militar mudou bastante entre 1964 e 1965. O que chama atenção no caso dessas pesquisas é a maior rapidez do processo.

Em primeiro lugar, vale destacar que os 54% que aprovaram a deposição de Goulart representam uma maioria apertada, pouco mais da metade dos entrevistados. Isso significa que o número dos que mudaram de opinião talvez não tenha sido tão grande. Fazendo um exercício hipotético, poderíamos supor que os 30% que achavam Jango regular (em março de 1964) tenham se unido à opinião dos 19% que tinham avaliação negativa, e que uma parte dos simpatizantes do governo tenha mudado de opinião no momento do golpe. Outra hipótese a considerar é que a pesquisa do fim de março pode não ter medido o impacto do agravamento da crise, sobretudo o episódio dos marinheiros na Guanabara, entre 25 e 27 de março, que teve influência marcante na desestabilização do governo Goulart.

Principalmente, é preciso levar em conta a influência do golpe bem-sucedido sobre a opinião dos cidadãos. Os vitoriosos lançaram uma campanha discursiva para convencer o público de que sua ação fora necessária e interessava à maioria. Nesse sentido, a imprensa mais engajada no golpe — a exemplo dos influentes O Globo e O Estado de S. Paulo — empenhou-se a fundo na defesa do "31 de março" e na crítica ao governo deposto e seus aliados de esquerda. Não se trata de supervalorizar a influência da mídia no tocante ao apoio ao regime militar, afinal os valores que justificaram o golpe já faziam parte do cenário político e, além disso, alguns veículos de imprensa que apoiaram a derrubada de Goulart logo se afastaram da opinião golpista e começaram a criticar as ações repressivas do novo regime. Ainda assim, os discursos favoráveis ao golpe predominaram na mídia nas primeiras semanas e devem ter contribuído para mudar a opinião de parte dos cidadãos.

Outra pergunta aplicada na mesma pesquisa (maio de 1964) permite avaliar a influência dos discursos golpistas, confirmando o percentual de paulistanos que responderam favoravelmente à derrubada de Goulart. A questão era: por que razão Goulart foi derrubado? As opções oferecidas aos entrevistados condensavam os principais argumentos presentes no debate político, tanto à direita como à esquerda. A opção mais escolhida (34%) foi que Goulart caiu porque seu governo estava conduzindo o país para o comunismo. A segunda opção mais escolhida (21%) foi que Goulart foi derrubado por pretender fechar o Congresso e tornar-se ditador. É importante notar que as duas opções convergiam com os argumentos justificadores do golpe e, juntas, somaram 55% das respostas, praticamente o mesmo número dos que manifestaram a opinião (54%) de que a saída de Goulart era benéfica para o país. A opção que ficou em terceiro lugar (17%) entre os entrevistados paulistanos correspondia à opinião de esquerda: Jango caiu porque estava tomando medidas que contrariavam interesses de grupos econômicos e financeiros, nacionais e estrangeiros.

É importante destacar uma diferença dessa pesquisa em relação àquela feita anteriormente ao golpe quanto ao tema da motivação anticomunista. Em maio de 1964, 34% dos paulistanos associaram a queda de Goulart ao "perigo comunista". Esse resultado contrasta com os 16% apenas que, em março, responderam que o plano reformista de Goulart tinha intenções comunistas. Não é necessário repetir a análise feita há pouco sobre as mudanças de opinião, mas vale reiterar que, na pesquisa de março de 1964, o comunismo apareceu como um perigo imediato para 32% dos entrevistados (e um perigo futuro para outros 36%), de modo que entre essa pesquisa e a de maio do mesmo ano a imagem de Goulart foi definitivamente associada ao perigo vermelho, tornando sua derrubada justificável na visão de muitos.

Um detalhe importante sobre essas pesquisas é que elas incluíam dados sobre a condição social dos entrevistados, divididos entre classes A, B, C e D. Os resultados mostram que havia nuances de opinião política conectadas às diferenças de posição social. Nas classes mais altas (A e B), o índice de apoio à derrubada de Goulart foi maior do que nas classes C e D, assim como foi maior a crença de que o ex-presidente pretendia levar o Brasil para um regime comunista. Essa informação se combina com os relatos sobre o perfil dos participantes das Marchas da Família com Deus pela Liberdade, que seriam integradas basicamente pelas classes média e alta.

Em resumo, as manifestações de rua e os dados das enquetes indicam uma opinião pública dividida em relação a Goulart. Ele tinha muito apoio antes do golpe, assim como havia boa aceitação popular para as reformas sociais, especialmente a reforma agrária. Porém as pesquisas de opinião mostram apoio de pouco mais da metade da população (de São Paulo e Rio de Janeiro/Guanabara, ver dados adiante) ao golpe, confirmando a existência de uma polarização política no contexto de 1964. Fica evidenciado o impacto das mobilizações de direita no período final do governo Goulart, que convenceram muitas pessoas da existência de uma grave ameaça à ordem.

No entanto, é fundamental destacar que a outra metade dos cidadãos não apoiou o golpe ou mostrou-se indecisa/indiferente em relação à queda de Goulart. Além disso, as pesquisas não permitem concluir se toda a opinião favorável ao golpe surgiu antes ou depois do evento. A maioria de respostas simpáticas ao golpe registradas nas enquetes de maio de 1964 pode ter surgido depois do sucesso da ação militar, por influência do fato consumado ou dos discursos dos vitoriosos, que tomaram conta do espaço público e fizeram forte barragem discursiva em favor da queda de Goulart. É difícil dizer, com os dados disponíveis, quem tinha mais apoio às vésperas do golpe. O certo é que, ao saírem dos quartéis, as Forças Armadas desequilibraram a situação e resolveram o impasse político, promovendo a derrubada de Goulart. Por isso seu papel no golpe foi essencial. De qualquer modo, o apoio de certos segmentos da sociedade não altera o fato de que 1964 foi um golpe nas instituições e um ato autoritário. Esse apoio apenas realça que os militares não agiram sozinhos. Além disso, nem todos que aprovaram a queda de Goulart desejavam uma ditadura na sequência: muitos foram ludibriados. Significativamente, algum tempo depois do golpe a ditadura sofreria problemas por perda de popularidade, como logo veremos.

Vale a pena destacar a opinião anticomunista. O tema foi abordado em outros capítulos, mas os dados dessas enquetes revelam em mais detalhe o impacto da rejeição ao "perigo vermelho". Difícil saber o que "comunismo" significava para essas pessoas, mas decerto elas não o confundiam simplesmente com o projeto de reformas de base, que tinha grande aceitação. Parece claro que a maior fonte de temor não eram as reformas, tampouco uma indisposição inata contra João Goulart: ele perdeu legitimidade aos olhos de muitos cidadãos quando sua imagem foi associada ao "perigo", o que também estimulou a aceitação dos expurgos políticos (prisões, cassações), que não por acaso era maior quando os alvos eram "comunistas", como será mostrado a seguir.

Outras pesquisas do Ibope realizadas em São Paulo e na Guanabara, em maio e junho de 1964, mostraram notável apoio à cassação dos mandatos dos parlamentares comunistas (74% a favor e apenas 12% contra), assim como à prisão de líderes sindicais ligados aos comunistas (72% a favor e apenas 12% contrários). Em outra enquete perguntou-se aos entrevistados se eram a favor ou contra as cassações em geral, decerto para fazer contraste com a pesquisa anterior especificamente sobre os comunistas. O apoio às "cassações em geral" foi menor do que o apoio ao expurgo de comunistas, mas ainda assim era elevado: em São Paulo, 57% manifestaram-se a favor das "cassações em geral" e 15% contra; na Guanabara, 56% a favor e 21% contra.

Outras enquetes realizadas nos meses iniciais da ditadura permitem avaliar o tema do apoio social por um ângulo diferente, pois exploraram as expectativas dos cidadãos quanto ao futuro. Por exemplo, uma pesquisa realizada na Guanabara em maio e junho de 1964 mostrou boa aceitação inicial ao governo instituído pela ditadura. Uma das perguntas era: "Pelas medidas tomadas no campo econômico-financeiro, o que acha do governo Castelo Branco?". As respostas se dividiram da seguinte maneira: 51% dos entrevistados escolheram bom ou ótimo, 6% mau ou péssimo e 21% regular.

Outra pesquisa, também na Guanabara, entre 24 e 29 de junho de 1964, apresentou a seguinte pergunta, nada ingênua: "Se Castelo Branco fizer um bom governo o sr.(a) aceitaria que ele continuasse governando, mesmo sem eleições?". O plano de prorrogar o mandato do general já estava em negociação nos corredores do poder, e a pesquisa provavelmente foi encomendada para sondar como seria recebido pela opinião pública. Do total de entrevistados, 62% responderam que aceitariam Castelo Branco governando depois do fim do mandato "legal", contra 28% contrários e 10% de abstenções. A resposta deve ter animado os defensores da prorrogação, que afinal foi aprovada pelo Congresso na segunda semana de julho.

Porém nem tudo eram flores para os militares e aliados civis que tomaram o poder em 1964. Mesmo nas enquetes realizadas logo após o golpe, cujos resultados foram mais favoráveis ao novo governo, as respostas mostraram que o apoio aos projetos autoritários tinha limites. Em pesquisas feitas em maio de 1964 nas duas maiores cidades do Brasil, perguntou-se qual a preferência quanto à forma de escolher o presidente. De maneira muito convergente, 80% dos cariocas e 77% dos paulistanos responderam que a melhor forma era por eleições diretas, enquanto apenas 11% e 12%, respectivamente, disseram preferir eleições indiretas.

O significado político que podemos extrair dessas pesquisas é importante. Muitos cidadãos apoiaram o golpe e também os expurgos políticos, demonstrando aceitar atentados contra a Constituição e desrespeito aos direitos fundamentais em nome da defesa da ordem social. No entanto, a grande maioria preferia manter o direito à escolha direta dos governantes, o que implicava um limite à aceitação de uma ditadura clássica. Em direção convergente, a pesquisa realizada na Guanabara entre 24 e 29 de junho de 1964 apresentou um dado significativo: questionados se, em princípio, o próximo presidente deveria ser um civil ou militar, 59% dos entrevistados disseram preferir que o sucessor de Castelo Branco fosse um civil, contra apenas 16% favoráveis a um sucessor militar (e 25% de abstenções).

Esses dados permitem a seguinte interpretação: mesmo que o golpe e os expurgos tivessem alcançado a aceitação da maioria, isso não implicava apoio em igual proporção ao estabelecimento de uma ditadura. As pesquisas indicam que o apoio social a um projeto autoritário duradouro era instável e que não seria trabalho simples conquistar legitimidade e estabilidade política para uma ditadura.

Os desafios políticos enfrentados pelos líderes do regime autoritário apareceram de maneira mais aguda poucos meses depois, em 1965, em pesquisa que mostra queda significativa de popularidade do primeiro governo militar entre os eleitores da Guanabara. A enquete realizada entre 5 e 13 de fevereiro de 1965 mostrou que a expectativa positiva e o otimismo inicialmente dirigidos à ditadura haviam passado. No caso da primeira pergunta, sobre a situação econômica, a esmagadora maioria das respostas (73%) apontou piora na comparação do primeiro ano do governo militar (1964) em relação ao último ano de Goulart (1963), uma evidência de que a política recessiva aplicada pelos novos gestores da economia causou estragos. A pergunta seguinte, sobre a satisfação com o governo Castelo Branco, mostrou resultado igualmente ruim para o general, em contraste com a situação do ano anterior: 46% dos cidadãos cariocas disseram-se insatisfeitos, contra 45% satisfeitos.

A insatisfação se confirmou nas respostas a outra pergunta, que mediu o apoio popular a uma eventual nova prorrogação do mandato de Castelo Branco. Enquanto em junho de 1964 62% dos cariocas haviam se manifestado a favor da continuação do ditador após o fim do seu mandato, em fevereiro de 1965 a opinião havia mudado drasticamente, conforme puderam observar os pesquisadores do Ibope. Perguntados se a eleição para presidente da República deveria ser realizada em 1966, como previsto, ou se o mandato de Castelo Branco deveria ser mais uma vez prorrogado, 75% dos entrevistados preferiram a primeira opção, mostrando que desejavam mudança no comando do país.

Outra pesquisa do Ibope, desta feita realizada no estado de São Paulo em maio de 1966, mostra que a perda de apoio se ampliara e não se restringia aos cariocas. Questionados sobre seu grau de satisfação em relação ao primeiro presidente militar, os paulistas responderam da seguinte forma: 21% estavam muito satisfeitos, 35% pouco satisfeitos e 33% nada satisfeitos, enquanto 11% preferiram não opinar.[11] Essas enquetes confirmam versões sobre a impopularidade do governo Castelo Branco ao final do mandato, o que teria levado o segundo presidente militar, Costa e Silva, a elaborar estratégias para reconquistar prestígio.

Eleições parlamentares e festividades públicas como estratégias de legitimação

Frente ao seu primeiro teste eleitoral, as eleições estaduais de 1965, a ditadura que se dizia respaldada pelo povo reagiu suprimindo o principal instrumento de consulta democrática: a eleição direta para presidente. Com essa decisão, contrariou a vontade popular de escolher os governantes, que havia se manifestado nas enquetes de opinião. Diante desse fato, devemos colocar em dúvida a solidez do apoio social ao regime autoritário. No fim das contas, a ditadura foi instaurada exatamente para impor à população governantes que não teriam respaldo caso ocorressem eleições livres.

Uma das medidas do AI-2, instaurado logo após o resultado adverso nas urnas, foi o estabelecimento do bipartidarismo, cujo propósito era propiciar ao regime autoritário um partido oficial (Arena) para sustentá-lo nas eleições e no Congresso.[12] As eleições parlamentares (já que não ocorreram mais eleições para governadores e presidente) nos oferecem outra possibilidade de avaliar o apoio social à ditadura. Porém, da mesma forma que no caso das pesquisas de opinião, existem algumas limitações. Primeiro, o voto para deputados e senadores no Brasil muitas vezes é decidido por interesses locais, por isso geralmente as questões políticas mais amplas têm pouco peso nas eleições proporcionais. Segundo, a proximidade com o governo costuma trazer vantagens ao partido oficial, que conquista votos não necessariamente por afinidade ideológica. Terceiro, a repressão dificultou o debate político, principalmente nas fases mais agudas, o que aliás levou a um aumento importante dos votos nulos e brancos.

Mesmo levando em conta essas ressalvas, os resultados eleitorais contribuem para a avaliação da popularidade da ditadura, ou para analisar o seu declínio, a depender do momento. De maneira geral, a Arena colheu bons resultados entre 1966 e 1974, tanto nas eleições para deputados e senadores como nas eleições municipais, ressalvando que não havia escolha direta para prefeitos de capitais e de cidades consideradas áreas de segurança nacional.

No período pós-68, o regime militar foi beneficiado pelos resultados do "milagre econômico", ou seja, pelo aumento das taxas de crescimento bruto do PIB. O entusiasmo com a expansão econômica e industrial favoreceu a sua legitimação entre alguns setores da sociedade, embora esse crescimento implicasse graves problemas sociais, como será mostrado em outro capítulo. Apesar dos problemas escondidos sob a propaganda do "milagre", não há dúvida de que o crescimento econômico foi uma importante fonte de legitimação. Na verdade, era esse o objetivo (entre outros) do governo Costa e Silva ao reorientar a política econômica. A expansão econômica foi buscada para atenuar a perda de apoio ocorrida durante o período final de Castelo Branco, que se intensificou na fase de protestos de rua de 1967-8. O maior beneficiário da nova fase foi o presidente general Emílio Médici, que governou durante o auge do "milagre" e por isso se tornou uma das figuras mais populares (a seu tempo) da ditadura.[13]

No entanto, não se deve exagerar os efeitos eleitorais e políticos do "milagre". Afinal, o regime autoritário colheu derrota nas eleições de 1974, o que surpreendeu analistas políticos e o próprio governo. Os resultados eleitorais desse ano serão analisados com mais detalhe em outro capítulo. Neste momento, importa destacar que o partido de oposição tolerado pelo regime autoritário (MDB) ganhou dezesseis das 22 vagas em disputa no Senado, e na votação para a Câmara dos Deputados quase empatou com a Arena, recebendo cerca de 11 milhões de votos, enquanto o partido oficial teve aproximadamente 12 milhões de votos. A Arena elegeu mais deputados, em parte por ser beneficiária das distorções do sistema eleitoral, mas o crescimento do MDB foi impactante e mudou o quadro político. Por isso, as eleições de 1974 foram consideradas uma derrota do governo. A partir de então a ditadura trabalhou para limitar o crescimento da oposição, lançando mão de diferentes manobras casuísticas e atos autoritários para não perder o controle do Congresso.[14]

Em resumo, os resultados eleitorais tampouco nos oferecem indícios sólidos de consenso social em torno da ditadura, que teve reveses em 1965 e resultados eleitorais ainda piores em 1974 e nos pleitos seguintes. Mesmo quando o governo ganhou eleições, os índices de abstenção foram altos. Além disso, não se tratou de disputas competitivas, pois candidatos da oposição sofriam pressões e às vezes eram presos durante a campanha, o que servia para lançar uma sombra de temor sobre os oponentes do regime autoritário.

Há ainda outro tema que também pode contribuir para a análise do apoio social à ditadura: as iniciativas estatais para a organização de festividades cívicas públicas. Tal como outros regimes autoritários, a ditadura militar brasileira tentou atrair pessoas às ruas para que demonstrassem seu apoio e lealdade ao Estado. O objetivo era mostrar que ela tinha legitimidade popular, com a intenção de impactar não apenas os apoiadores internos e externos, como também os opositores. De maneira geral os resultados não foram empolgantes, especialmente as tentativas de tornar a data de 31 de março uma comemoração cívica popular.

Logo no primeiro aniversário do golpe, houve iniciativas para organizar festividades públicas e fixar a data no calendário cívico nacional. Segundo os relatos de testemunhas, inclusive de observadores interessados no sucesso do governo Castelo Branco, como os diplomatas norte-americanos, os resultados foram em média modestos. Em São Paulo, cidade que cerca de um ano antes havia presenciado a Marcha da Família com Deus pela Liberdade, contra a esquerda e o governo Goulart, os organizadores do 31 de março de 1965 preferiram evitar eventos públicos e fizeram apenas discursos em espaços fechados.[15] Ainda em São Paulo, em 19 de março de 1966 grupos de direita tentaram comemorar o segundo aniversário da Marcha, mas o evento atraiu público muito exíguo, cerca de quarenta pessoas. Na mesma semana, protestos estudantis contra a ditadura na capital paulista atraíram cerca de 2 mil pessoas.[16]

Na fase inicial do regime militar, a comemoração mais bem-sucedida do golpe se deu em Belo Horizonte, em 31 de março de 1965. Para o evento, cuidadosamente preparado pelas autoridades para atrair público, foi convidado o próprio presidente Castelo Branco, além dos governadores Carlos Lacerda, Ademar de Barros e José de Magalhães Pinto, este organizador da festividade, todos com papel-chave em 1964. No seu discurso para a multidão presente, estimada em dezenas de milhares de pessoas, Castelo Branco afirmou que não se tratava da comemoração de um golpe militar, pois a derrubada de Goulart teria representado a união de todas as forças nacionais para salvar o Brasil da subversão.[17] Um ano depois, no entanto, na mesma Belo Horizonte, a festividade pelo segundo aniversário do golpe não foi bem-sucedida, pois o seu ponto alto, uma parada militar, foi assistido por poucas pessoas, sendo que chamaram mais atenção panfletos contra a ditadura lançados de prédios na área central.[18]

Ao longo dos anos seguintes, nas comemorações do 31 de março realizadas em diferentes localidades do Brasil, em geral as autoridades se limitaram a atos fechados em quartéis, clubes ou igrejas, e a programas transmitidos pelos meios de comunicação, até porque os protestos públicos contra a ditadura aumentaram em 1967-8. Em 1970, no auge do "milagre" econômico e da repressão política, o governo Médici se esforçou para dar brilho popular aos festejos da data. Foram organizados paradas militares e desfiles de estudantes em várias cidades, além de jogo-treino da seleção brasileira de futebol no Maracanã precedido de shows de artistas populares. O público presente preencheu um quarto da capacidade do estádio de futebol.[19] Os resultados não devem ter empolgado, pois nos anos seguintes o 31 de março voltou a ser comemorado apenas com discursos e solenidades de menor porte. É significativo que a ditadura não tenha cogitado tornar feriado o 31 de março, ao contrário do Chile, em que o ditador Augusto Pinochet transformou em feriado nacional a data do golpe que derrubou o governo de Salvador Allende (11 de setembro).

O evento público de maior sucesso da ditadura acabou sendo a comemoração dos 150 anos da Independência, em 1972, que foi marcada por grande número de atividades, com destaque para desfiles militares, torneios de futebol e o translado dos restos mortais de Pedro I para o Brasil. Amigavelmente cedidos pela ditadura de Portugal, os restos do imperador foram levados a várias cidades antes de serem depositados no Monumento à Independência (ou Monumento do Ipiranga), em São Paulo.[20]

O programa de festividades do sesquicentenário atraiu grande público[21] e mobilizou os meios de comunicação e o sistema escolar. Com certeza, muitas pessoas apreciaram a iniciativa dos líderes da ditadura, até porque houve poucas oportunidades para a manifestação de vozes críticas, dado o grau de repressão vigente. Entretanto, é complexo avaliar se a manifestação de patriotismo provocada pela comemoração da Independência — um evento fundador da nacionalidade, afinal — converteu-se integralmente em apoio popular ao regime autoritário. Vale a pena lembrar que, dois anos depois, a ditadura colheu um resultado bastante ruim nas eleições de 1974.

AS MARCHAS DE 1964, os resultados das pesquisas de opinião e as comemorações oficiais, considerando as ressalvas apontadas, indicam que o golpe e a ditadura tiveram o apoio de uma parte da população, principalmente das classes médias e superior. Os dados apontam que segmentos sociais expressivos receberam bem o golpe e deram sustentação aos expurgos, mostrando pouco apreço pelas instituições democráticas e pelos direitos civis. Tais setores certamente consideraram o novo regime político legítimo, ou ao menos aceitável. As enquetes ajudam a entender por que parte da sociedade apoiou inicialmente a ditadura, explicação que passa inexoravelmente pelo medo de ameaças à ordem. No entanto, é preciso lembrar que nem todos apoiaram o regime de exceção. Para além dos que fizeram oposição e dos que resistiram, deve-se atentar também para os indiferentes e os excluídos da cidadania.

A questão do apoio social à ditadura deve ser estudada em dimensão temporal, observando-se as mudanças que ocorreram com o passar dos anos. E foram vinte anos de regime autoritário! As enquetes de 1964 e 1965 mostram apoio inicial ao golpe e aos expurgos, mas também a preferência por civis no poder e o desejo de eleger o presidente por votação direta. Havia adesão a medidas autoritárias, mas não necessariamente a uma ditadura liderada pelos militares. Essa é certamente uma das razões para a ditadura ter feito concessões à cultura liberal, mantendo casas parlamentares abertas, eleições etc. Do mesmo modo, reside aí uma explicação para o cuidado constante dos líderes de 1964 em negar o caráter ditatorial do Estado, com frequência fazendo loas à democracia e prometendo seu pleno restabelecimento. As pesquisas sugerem que os líderes devem ter agido assim porque haveria pouca aceitação para uma ditadura "pura".

Além da preferência por civis no comando e por eleições diretas, as enquetes mostram a rápida erosão do apoio ao governo Castelo Branco. Quanto aos resultados eleitorais e às manifestações públicas de apreço ao regime, os dados igualmente apontam que a ditadura teve momentos de sucesso, mas também colheu grandes fracassos.

Nessas condições, em que a opinião política flutuou ao sabor das conjunturas, é difícil falar em apoio consensual à ditadura, no sentido de apoio majoritário. Uma formulação nesses termos é pouco convincente, salvo se ajustarmos o argumento para a existência de virtual consenso anticomunista, ou seja, apoio majoritário a medidas autoritárias contra a esquerda quando a sensação de ameaça à ordem tornava-se aguda. Ainda assim, o apoio à repressão antiesquerdista foi mais forte em certas conjunturas, sendo que ao fim da ditadura já não mobilizava tanto. No fim dos anos 1970, significativamente, tiveram ampla circulação manifestações ridicularizando as obsessões anticomunistas da ditadura e da direita radical.[22]

É certo que a aceitação da ditadura teve alguns momentos de pico, em especial o período imediatamente posterior ao golpe de 1964 e durante o entusiasmo em torno do "milagre", com destaque para a fase entre o tricampeonato de futebol (1970) e as festas do sesquicentenário (1972). Mas, tanto no período entre 1966 e 1968 quanto na fase que se seguiu às eleições de 1974, as evidências mostram forte perda de popularidade e de apoio social. Nos momentos de maior impopularidade, o poder autoritário dependeu bastante das elites econômicas para sua sustentação no comando do Estado, principalmente dos empresários, e ancorou-se mais na força militar e nos instrumentos repressivos.

De qualquer modo, as análises aqui só podem ser provisórias e é preciso buscar mais evidências e aprofundar o estudo desse tema. Mesmo assim, podemos afirmar com certeza que o regime autoritário não encontrou sustentação na maioria da população por todo o seu período de duração. Afinal, se tivesse o consenso da população, por que a necessidade de recorrer a constantes medidas autoritárias? E de cassar o direito das pessoas de escolher seus governantes? A constatação é quase óbvia, mas é importante ressaltar: se os líderes de 1964 tivessem apoio sólido e constante da maioria do povo, se governassem por consenso, não haveria necessidade de instituir uma ditadura para permanecerem no poder.

O apoio de grupos sociais expressivos, especialmente das elites empresariais, foi fundamental para que a ditadura durasse vinte anos. Porém, se não tivesse usado da repressão e de outros meios coercitivos para conter seus opositores, certamente ela não teria vigorado por duas décadas. A ditadura teve apoio, sobretudo nos meses iniciais, mas raramente gerou entusiasmo. Foi aceita por muitos, tolerada por outros tantos e rejeitada por outro grupo. Sem a força das armas, não teria sido instituída nem duraria tanto.

Existe ainda um debate sobre a melhor forma para nos referirmos à ditadura. O fato de que ela teve apoio de parte da população e entregou cargos importantes a líderes civis levou alguns autores a preferirem chamá-la de ditadura civil-militar, e não apenas ditadura militar. A mesma discussão envolve o golpe de 1964: golpe civil-militar ou apenas golpe militar?

Preferimos a fórmula mais simples — golpe militar e ditadura militar —, mesmo reconhecendo que os civis tiveram participação fundamental em ambos, como está claro. Não poderia ser de outra maneira, pois qualquer regime autoritário depende do acordo entre parte das elites militares e civis. Por exemplo, na ditadura do Estado Novo (1937-45), o chefe era Getúlio Vargas, um civil, mas sem o apoio militar ele não teria se tornado ditador. Nem por isso dizemos que em 1937 surgiu uma ditadura civil-militar: o que caracterizou a ditadura de

1937 foi a chefia exercida por Vargas. Do mesmo modo, a característica essencial da ditadura de 1964 foi o governo exercido pelos generais presidentes. Os militares foram a espinha dorsal do golpe e da ditadura. Sem eles, o governo Goulart não teria caído, pois, como vimos, o presidente tinha apoio popular e a opinião pública estava dividida. Os militares resolveram o impasse, definiram a queda de Jango e instituíram uma ditadura, que foi comandada por eles do princípio ao fim. Por isso, melhor chamar o regime político instaurado em 1964 de ditadura militar, o que não implica reduzir a responsabilidade dos seus apoiadores civis.

6. Aderir, resistir ou acomodar-se?

Neste capítulo vamos aprofundar a discussão sobre as diferentes atitudes frente ao regime autoritário e analisar como os grupos e as lideranças sociais reagiram à ditadura. Existem distintas formas de apoio político aos governos, que podem ser mais passivas ou ativas. Na seção anterior, enfocamos a opinião política em relação à ditadura e formas de apoio passivo, sobretudo, exceto nos casos das comemorações públicas do golpe, quando as pessoas iam às ruas para mostrar seu entusiasmo pelo regime político vigente. Agora, a atenção se desloca para o estudo de atitudes mais concretas diante do Estado autoritário, começando pela análise do apoio ativo, principalmente na forma da adesão. No entanto, também daremos destaque às atitudes contrárias à ditadura, marcadas por gestos de recusa e de resistência, e àquelas situadas em um espaço intermediário entre aderir ou resistir, a que chamamos acomodação.

As atitudes sociais frente às ditaduras são um tema estudado por pesquisadores tanto da América Latina como da Europa.[1] Um aspecto importante da questão é que os conceitos envolvidos, principalmente resistência e colaboração, fazem parte do vocabulário também dos atores sociais, que os utilizam por vezes com fins políticos ou a partir de cálculos oportunistas. Pois, dependendo do momento, das convicções e dos interesses envolvidos, pode haver mais vantagem em resistir ou auxiliar um regime autoritário. Por isso, na época de declínio e impopularidade da ditadura militar no Brasil, aumentou o número dos "resistentes" e diminuiu o grupo de seus defensores.

Inicialmente, os estudos acadêmicos sobre o tema utilizaram um esquema de análise mais simples e binário, construído em torno do par resistência/colaboração. Essa conceituação surgiu no período da Segunda Guerra Mundial, em meio à luta contra o fascismo e a ocupação nazista, expressando dicotomia simples entre os que resistiram e os que colaboraram. Integrados ao vocabulário político, os dois conceitos foram aplicados de imediato ao Brasil pós-64 por grupos que se imaginavam diante de nova experiência fascista. No entanto, como mostramos anteriormente, a ditadura brasileira resultou de um arranjo complexo entre setores liberais, conservadores e nacionalistas autoritários, em que também havia lugar para os fascistas, mas em posição minoritária. Desse modo, não é correto classificar de fascista a ditadura militar pós-64, embora nas fases agudas ela tenha atendido a algumas demandas desse grupo.

Além disso, no Brasil não houve ocupação por forças estrangeiras, ao contrário do que aconteceu na maior parte da Europa dos anos 1940, o que torna o termo "colaboração" deslocado para nossa realidade. É mais adequado dizer que algumas pessoas participaram, apoiaram ou aderiram ao regime militar — que não era força de ocupação externa, mas construção política considerada legítima por setores sociais significativos. Não menos importante, reduzir as atitudes diante da ditadura ao par antitético resistência/colaboração seria simplificar demais as coisas. Mesmo no contexto da Europa da Segunda Guerra, que deu origem à antítese, vários pesquisadores têm mostrado que a classificação binária é insuficiente para compreender as atitudes sociais ante os Estados fascistas, pois uma parte das pessoas não colaborou nem resistiu, assim como houve quem mudou de uma posição à outra. Por isso, constatou-se a existência de áreas intermediárias entre os dois extremos, que alguns denominaram zona cinzenta e outros, espaço de acomodação.[2]

No caso das atitudes em relação à ditadura militar brasileira, as propostas de classificação devem considerar igualmente um quadro complexo, em que muitos agentes não resistiram nem aderiram, mas buscaram formas de acomodação e convivência com o sistema autoritário. Daí a nossa proposta de operar com estes três tipos básicos: resistência, adesão e acomodação. Naturalmente, algumas pessoas e instituições promoveram ações classificáveis em dois ou mesmo nos três tipos, em momentos diferentes ou simultaneamente — reiterando que havia também os indiferentes e os excluídos.

Adesão

No início, a motivação principal das pessoas que aderiram ao golpe e à ditadura — ou seja, que os apoiaram ativamente — vinha da identidade de valores e objetivos com os golpistas: derrubar o governo Goulart e expurgar as esquerdas. O regime político daí resultante, cujo compromisso era manter a ordem social e econômica em vigor reprimindo os que a questionavam, atendia aos anseios de muitas pessoas, principalmente das classes médias e alta. Nesse ponto havia nuances, pois parte dos que aderiram à ditadura preferia que ela conservasse certas instituições políticas liberais; porém, muitos nesse grupo aceitavam sem maiores questionamentos o poder militar, pelo menos no início. Assim, havia críticas a algumas ações da ditadura e, às vezes, disputas sobre o significado do "31 de março", mas se tratava de dissensões internas aos grupos "revolucionários". A propósito, uma das formas de perceber a adesão à ditadura é observando a linguagem, e, naturalmente, em geral quem se referia a ela como "revolução" pertencia ao campo favorável, enquanto os que perfilavam na resistência recusavam o uso de tal termo. Um dos exemplos mais destacados é a imprensa. A maioria da grande mídia não apenas contribuiu para a construção e a legitimação do golpe como aderiu à ditadura. Alguns proprietários de jornais chegaram a jactar-se como "revolucionários" de primeira hora e, nessa condição, demandaram dos militares o direito de opinarem e serem ouvidos nas questões de governo. Usaram o termo "revolução" mesmo quando criticavam certos governos da ditadura, às vezes acusando-os de traírem os princípios de "31 de março".[3] É importante registrar que alguns veículos de mídia mudaram a linguagem apenas nos anos 1980, deixando de lado "revolução" e adotando termos como "regime militar" ou "ditadura", numa época em que procuravam esquecer ou minimizar a atitude que haviam adotado antes.

Para além da grande mídia houve muitas adesões também no conjunto dos setores empresariais, tanto rurais como urbanos.[4] De início, a motivação do empresariado para apoiar o regime autoritário mesclava expectativas econômicas (defesa da propriedade) a razões ideológicas. O seu entusiasmo aumentou quando o novo regime se mostrou alinhado aos interesses do capital e adotou políticas favoráveis ao crescimento econômico e à expansão dos lucros. Empresários entusiastas da ditadura contribuíram com a máquina repressiva doando dinheiro ou emprestando equipamentos,[5] sendo que há denúncias de que alguns chegaram ao ponto de participar de sessões de tortura. Ademais, algumas empresas estabeleceram estreita parceria com agências estatais tendo em vista a vigilância política e a repressão a trabalhadores considerados ativistas de esquerda, cooperando inclusive para que fossem presos pelas forças policiais.[6]

Vale a pena destacar outro tipo de aderente, os conservadores: pessoas e instituições que se identificaram com o Estado autoritário por concordarem com as pautas de defesa da tradição, dos "bons costumes" e da moralidade cristã. Tais grupos tinham particular repulsa às esquerdas, por considerarem que estas ameaçavam a família e as instituições religiosas, com suas demandas modernas como divórcio, aborto e liberdade sexual. Nesse caso, o anticomunismo tocava menos as convicções políticas e mais a moralidade e a religiosidade. A opinião conservadora via o regime político comandado pelos militares como garantia da defesa da ordem moral, por isso apoiava (e cobrava) ações como a censura dos meios de comunicação e a punição aos "corruptos". Por tais razões, mas não somente, autoridades religiosas apoiaram o golpe e a ditadura, a exemplo da Conferência Nacional dos Bispos do Brasil (CNBB), que emitiu uma declaração louvando os militares por derrubarem Goulart, embora ao mesmo tempo criticasse a violência contra os presos.[7] Mais adiante, porém, muitas lideranças religiosas se afastaram e denunciaram a ditadura, entrando para o rol dos que resistiram.

Obviamente, ocorreram também muitas adesões nos segmentos político, judiciário, policial e militar. Nesses grupos a motivação era tanto a afinidade com os valores ou os temores dos golpistas quanto o apego a cargos e vantagens. Os fatores ideológicos pesaram mais nas instituições que tinham valores direitistas arraigados, especialmente as militares. Porém, mesmo entre os militares o oportunismo deixou sua marca, pois alguns só tomaram posição em 1964 quando tiveram certeza de quem venceria. Aliás, pode-se incluir aqui uma subcategoria: a dos adesistas, pessoas que aderiram sem convicções políticas mas com grande entusiasmo para apoiar o lado "certo", o dos vencedores. Entre os adesistas notórios podemos citar Petrônio Portella, que era próximo de Goulart e se declarou contra o golpe no dia 31 de março — o que quase lhe custou o cargo de governador do Piauí e os direitos políticos — mas após a vitória dos golpistas aderiu (e conseguiu preservar o cargo, tornando-se depois um líder importante da Arena).

Nos meios culturais, acadêmicos e científicos também houve adesões à "revolução". Vale a pena fazer o registro, pois há quem pense que nessa área houve somente resistência. Nomes importantes da cultura brasileira apoiaram ativamente a ditadura, como Gilberto Freyre, Rachel de Queiroz e Adonias Filho, que tinham acesso às altas esferas de poder e ajudaram na construção da política cultural do regime militar. Junto a outras figuras do mundo intelectual, eles ocuparam assento no Conselho Federal de Cultura, órgão criado no final do governo do general Castelo Branco.[8] Alguns se afastaram dos militares em um segundo momento, descontentes com o incremento da violência e da censura, mas, em geral, não renegaram seu apoio ao golpe.

Em meio aos apoiadores da ditadura na área científico-universitária foram recrutados auxiliares de destaque, em especial ministros influentes como Luís Antônio Gama e Silva,

Alfredo Buzaid, Flávio Suplicy de Lacerda, Delfim Netto e Raymundo Moniz Aragão, entre outros, todos professores universitários. Além disso, alguns reitores atuaram de maneira afinada com a ditadura, inclusive no tocante às políticas repressivas, aceitando vetos à contratação de docentes tidos como subversivos e vigiando os estudantes. Houve também expurgos antes que essa prática se tornasse diretriz oficial, com o decreto n. 477, de fevereiro de 1969, que autorizava o desligamento de discentes das escolas superiores pelo prazo de três anos.[9] Além disso, certos reitores começaram a exigir atestado ideológico para contratação de docentes e servidores sem que houvesse determinação legal para tanto. Muitos reitores e diretores promoveram intervenções em diretórios estudantis, mandaram recolher publicações e cartazes, proibiram palestras e eventos acadêmicos. Parte deles manteve contato com os órgãos de segurança para facilitar a repressão dentro dos espaços universitários. A propósito dos estudantes, embora a maioria de suas lideranças se identificasse mais com as forças de resistência, também havia um setor de direita militante, sendo que alguns eram radicais ao ponto de integrar entidades terroristas como o Comando de Caça aos Comunistas.[10]

Professores sem cargos administrativos também auxiliaram nas campanhas repressivas, denunciando colegas e estudantes, em geral com cartas anônimas, às vezes entregando informes secretos. Ocorreram também delações a colegas feitas em juízo, de modo a oferecer evidências que fundamentassem a condenação. Houve profissionais de saúde, às vezes docentes universitários, que assessoraram sessões de tortura com seu conhecimento médico.[11] Na maioria desses casos tratava-se de pessoas com militância na direita radical, às vezes simpatizantes do fascismo. Porém, também campeava o oportunismo, uma vez que certas delações visavam afastar concorrentes ou inimigos pessoais.

Além dos termos "adesão" e "adesismo", podemos falar propriamente de colaboracionismo no caso dos que se prestavam a colaborar com as agências de repressão. A maioria jamais foi identificada, até porque os órgãos de informação tinham interesse em protegê-los. Mas este comentário ficaria incompleto — e injusto — se não acrescentássemos que algumas pessoas colaboraram por força de ameaças e de coação.

Resistência

Antes de entrar no tema é importante esclarecer o significado de resistência, cujo sentido básico é o de opor-se e rejeitar algo, seja uma forma de opressão social ou de dominação político-cultural. A resistência pode ser contra um governo ou regime político, ou contra outro tipo de poder social considerado opressivo. Existe uma tradição no pensamento político de reconhecer o direito à resistência contra a tirania em nome da liberdade, inclusive fazendo uso de violência. Por outro lado, o termo "resistência" também faz parte da tradição militar, em que resistir significa opor-se e não permitir a vitória do inimigo armado.[12]

O significado de resistência mais adequado ao nosso caso seria o de conjunto de atos de recusa ao poder instituído considerado ilegítimo ou opressivo, sendo que tais ações podem se expressar de diferentes maneiras. Resistir significava opor-se à ditadura e inviabilizar seu sucesso e continuidade no poder, implicando a tentativa de remover seus líderes do comando do Estado. Outra dimensão da resistência, e mais importante para certos grupos, é que ela significava rejeitar os valores político-culturais defendidos pela ditadura, por exemplo o conservadorismo moral ou a visão elitista de que o povo brasileiro não estava apto a governar-se. Resistir era ainda rejeitar os planos econômicos oficiais, especialmente a expansão da economia com base em concentração de renda.

Resistir à ditadura, portanto, implicava rejeitá-la integralmente e buscar meios de derrotá-la. Quem resiste a determinado regime político espera vê-lo destituído e substituído, mesmo sem ter clareza ou divergindo sobre o futuro desejado. Por isso, é importante estabelecer algumas distinções quanto às formas e aos objetivos da resistência. Por outro lado, para esclarecer a questão é necessário também considerar que havia formas de opor-se à ditadura sem rejeitá-la totalmente. Além (ou aquém) da resistência havia atitudes como a dissensão e a oposição, que não implicavam rejeição integral do regime militar, apenas de parte de suas ações. Ademais, havia grupos que não se identificavam com o Estado autoritário mas não se manifestaram, permanecendo na expectativa, caso que se aproxima da acomodação, a ser discutida logo adiante.

Vale a pena analisar com mais atenção certas formas de oposição que não implicavam necessariamente a resistência e eram toleradas, dentro de certos limites, pelo próprio Estado autoritário. A ditadura brasileira admitia a oposição e a considerava necessária para o funcionamento do seu sistema político, o que nem sempre era o caso em outros regimes de mesmo tipo. Para ela, era aceitável uma oposição leal ao sistema, que criticasse certas ações de governo, mas sem questionar os fundamentos do regime político. Essa era a função planejada para o MDB, partido que integrava o sistema político desde 1966, cujo papel era ocupar o lugar da oposição legal, consentida, fazendo críticas leves e construtivas sem negar as bases essenciais da ditadura. O mesmo papel deveria desempenhar a imprensa, cuja liberdade relativa tinha como limite a lealdade aos fundamentos do regime político.

Portanto, é importante atentar para a existência de peculiaridades distinguindo oposição e resistência. Resistir significava dar um passo além da oposição e rejeitar não apenas certas políticas, mas o sistema como um todo. Na visão da ditadura, isso implicava a entrada no terreno perigoso da subversão e da ameaça à "segurança nacional". E sempre que os limites da oposição considerada tolerável foram transpostos, a repressão estatal foi acionada. No caso da imprensa, isso levou à aplicação da censura e de pressões econômicas contra os periódicos, ou então sanções e ameaças contra certos jornalistas. Quanto ao MDB — e, em alguns casos, parlamentares da Arena —, a resposta do regime autoritário foi a cassação de mandatos, a suspensão de direitos políticos e, no limite, o fechamento temporário das casas legislativas. Alguns parlamentares do MDB também chegaram a conhecer os cárceres da ditadura.

No entanto, não podemos incluir o MDB integralmente no campo da resistência. Na verdade, uma ala minoritária do partido nem sequer fazia oposição, tratando-se mais de um grupo de apoiadores discretos da ditadura. A maioria do partido estava de fato no campo da oposição parlamentar, só que nem todos os emedebistas negavam o sistema vigente, pois parte deles aceitava os princípios essenciais da ditadura. O grupo do MDB que resistia efetivamente era minoritário, porém aumentou na medida do declínio da ditadura. Os resistentes do MDB eram os que se recusavam a aceitar a legitimidade do golpe, dos atos institucionais e da Constituição de 1967, esperando pela oportunidade de uma redemocratização que eliminasse as instituições autoritárias criadas pela ditadura. Tais lideranças parlamentares em geral eram receptivas às demandas dos movimentos sociais e dos movimentos em defesa dos direitos humanos, contribuindo com a sua causa.

Não era fácil resistir à ditadura atuando pelo MDB, tanto porque a simples existência do partido servia à legitimação do Estado autoritário, e por isso era criticada pelas forças de resistência, como porque sua ala resistente era alvo da repressão estatal. Com o passar dos anos, especialmente depois de 1974, as coisas ficaram mais simples, pelo menos no tocante à imagem do partido entre as forças de resistência.[13] Derrotados, os grupos que antes apostavam em ações armadas reviram suas posições, o que contribuiu para elevar o prestígio do MDB. Com isso entramos na discussão sobre a principal disputa no campo da resistência à ditadura: resistência democrática ou armada? Esse foi um debate quente na segunda metade dos anos 1960, que dividiu as esquerdas e afetou o campo progressista.

No lado da resistência democrática se destacava o PCB, que, com base em experiências fracassadas do passado, via na luta armada um caminho sem saída. O tradicional partido defendeu a criação de frentes envolvendo outras forças democráticas e o fortalecimento do MDB. Isso gerou sucessivos "rachas" internos, com grupos defensores da luta armada saindo (ou sendo expulsos) para criar organizações guerrilheiras, especialmente ALN, PCBR e MR-8. Outras organizações marxistas encaminharam-se igualmente para a luta armada, a exemplo do PCdoB e de militantes egressos da Polop, assim como parte da esquerda cristã (um segmento da Ação Popular) e dos nacionalistas de esquerda, principalmente os brizolistas e os militares expulsos das Forças Armadas.[14]

Com a radicalização da ditadura a partir do AI-5 — aliás, bem recebida por alguns líderes guerrilheiros, que esperavam com isso intensificar o recrutamento, na medida em que se dava o confronto com as forças de repressão —, o apelo da luta armada tornou-se muito forte no campo das esquerdas. O fechamento do Congresso e a nova onda de cassação de mandatos parlamentares e direitos políticos tornavam pouco sedutora a posição da resistência democrática. Porém, em pouco tempo ficou claro que a luta armada não derrotaria a ditadura. A resposta violenta (e desumana) do Estado rapidamente dizimou os grupos guerrilheiros, que não conquistaram apoio popular relevante.

Há uma polêmica sobre a adequação dos guerrilheiros ao campo da resistência, pelo fato de que muitos lutavam simultaneamente por uma revolução socialista. No entanto, embora não pretendessem se limitar à restauração da democracia liberal após eventual derrota da ditadura, nem por isso seu pertencimento à resistência deve ser questionado.[15] Conforme vimos, o uso da violência como recurso para resistir à tirania e à opressão é também parte da tradição do conceito de resistência, tanto no pensamento político quanto na cultura militar. Nesse sentido, os guerrilheiros adotaram a forma de resistência mais aguda, e também a mais arriscada. O que se pode dizer é que não perfilavam necessariamente a resistência democrática, no sentido há pouco explicado.

Mais relevante — e difícil — é questionar os efeitos políticos da luta armada. Ela contribuiu efetivamente para a derrota da ditadura? De início, claramente não, pois o Estado se armou com mais instrumentos repressivos e tornou-se ainda mais autoritário e violento. Além disso, a direita radical aproveitou a ocasião para ampliar seu espaço de poder no interior do Estado autoritário. Não há dúvida de que os cálculos políticos da liderança guerrilheira estavam equivocados e o preço a pagar foi alto, pois a maioria foi trucidada pelas forças de repressão e a violência política se incrementou. De qualquer modo, a derrota da luta armada acabou por fortalecer as estratégias de resistência democrática, tanto na forma de participação no sistema político, com o voto e às vezes a atuação no MDB, que ganhou maior densidade, como pela via do investimento nos movimentos sociais.

Estes últimos, a propósito, tiveram destaque no campo da resistência não armada ou democrática. Os sindicatos de trabalhadores protagonizaram muitas ações desse tipo, seja questionando as políticas estatais que arrochavam seus salários ou cortavam direitos sociais, seja criticando as intervenções autoritárias no comando das entidades associativas. É verdade que alguns trabalhadores aceitaram o papel de interventores nos sindicatos anteriormente dirigidos por líderes de esquerda, portando-se como aderentes à ditadura, enquanto outras lideranças fizeram um jogo de acomodação com o regime militar. No entanto, muitos líderes operários resistiram, atuando por dentro ou fora dos sindicatos, e suas principais formas de luta foram as greves.

Em contexto ditatorial, participar de greves era em si um ato de resistência. Na primeira fase da ditadura, as principais paralisações ocorreram em 1968, nas cidades industriais de Contagem e Osasco.[16] Devido ao momento de radicalização política, não causa estranheza que alguns de seus líderes tenham participado da luta armada logo na sequência. No entanto, nos momentos em que era mais difícil e arriscado fazer greves, os trabalhadores resistiram de outras formas, principalmente adotando estratégias de redução do ritmo de trabalho para mostrar sua insatisfação.[17]

O segundo ciclo grevista coincidiu com — e contribuiu para — a fase de declínio da ditadura. O marco inicial foi a greve dos metalúrgicos de São Bernardo do Campo, em 1978, que estimulou a eclosão de uma série de paralisações em diferentes setores da economia e também do serviço público. Centenas de greves ocorreram nos anos seguintes, contribuindo para minar o poder da ditadura e abrir caminho à transição democrática.

Ainda tratando dos setores populares, trabalhadores rurais, camponeses e indígenas igualmente empreenderam ações de resistência. Parte deles não se engajou em atos de rejeição à ditadura como regime político, mas ainda assim houve resistência aos projetos econômicos oficiais, na medida em que eles lutaram por suas terras e para preservar sua cultura.[18] Além desses grupos, importa destacar várias entidades e formas de organização que atuaram em defesa dos direitos humanos, da anistia para os presos políticos, pela melhoria das condições de habitação urbana, contra o aumento do custo de vida,[19] a favor dos direitos das mulheres e dos negros, em defesa da ampliação de direitos sociais e da proteção ao meio ambiente. A luta contra a ditadura, por sinal, serviu de estímulo para a proliferação de entidades associativas demandando a democratização não apenas do Estado, mas também da sociedade.

Os estudantes universitários e suas entidades representativas foram outro setor a se destacar em atos de resistência, e com grande impacto público. Começando a agir já em 1965, a liderança estudantil protagonizou inúmeros protestos. Em comparação aos trabalhadores, os estudantes tiveram a vantagem de atrair inicialmente menor carga repressiva, pois muitos tinham origem nas classes médias. Assim, de acordo com os costumes do país, em geral recebiam melhor tratamento, e, além disso, não tinham o medo de perder o emprego. Porém, tal proteção diminuía quando se envolviam com a esquerda revolucionária, e não à toa os estudantes aparecem em grande número nas listas dos mortos pela ditadura.

No caso dos universitários, as ações de resistência ocorreram tanto nos espaços acadêmicos como em locais públicos. Quanto às ações "internas", desde o final de 1964 começou a prática de usar cerimônias de colação de grau como ato de denúncia, com discursos desafiadores dos representantes de turma e a escolha de paraninfos desafetos do regime militar. As cerimônias de colação de grau politizadas continuaram até o fim da ditadura. Porém, as ações mais intensas se deram nas ruas, com protestos, passeatas e ocupações de prédios universitários em ritmo ascendente entre 1965 e 1968. Depois do AI-5 as mobilizações arrefeceram, por medo da repressão. Mesmo assim, os jovens encontraram maneiras de desafiar o regime militar, por exemplo com a edição de impressos (legais ou não) e a organização de atividades culturais questionadoras dos valores dominantes, geralmente apresentações teatrais ou shows de música popular.

As lideranças que escolheram atuar no movimento estudantil foram obrigadas a adotar estratégias cautelosas, pois o decreto n. 477 permitia sua expulsão sumária das universidades. Ainda assim, esporadicamente ocorreram episódios de protesto dentro dos campi e eventualmente em espaços públicos. Até meados dos anos 1970 essas atividades tiveram escopo modesto, como manifestações contra o preço de bandejões e a realização de shows e debates. O retorno em larga escala dos estudantes às ruas se deu a partir de maio de 1977, coincidindo com (e estimulando) o aumento de ações públicas contra a ditadura organizadas por outros setores sociais.[20] Pela mesma época, o movimento estudantil denunciou e expôs as agências de informações que funcionavam nas universidades, as Assessorias de Segurança e Informações (ASI), contribuindo para atrapalhar a ação dos aparatos repressivos.[21]

A despeito do maior impacto das ações estudantis, alguns professores também tomaram iniciativas de resistência, por exemplo protestando contra demissões de colegas e outros atos discricionários do Estado. Tais protestos eram feitos por meio de cartas e manifestos, mas, em momentos críticos, especialmente em 1968, muitos professores engajaram-se também nas passeatas. Além disso, algumas entidades científicas organizaram petições em favor dos perseguidos e denunciaram as torturas, às vezes com repercussão internacional. Houve ainda outras formas de resistência praticadas no cotidiano das instituições universitárias, menos agudas e visíveis, mas que, acumulando-se ao longo dos anos, contribuíram para a retomada democrática do fim dos anos 1970.

Artistas, literatos, músicos, cineastas e demais produtores culturais constituem outro segmento de destaque no campo da resistência. Por meio de canções, peças teatrais, livros, filmes, obras artísticas e performances eles resistiram à ditadura, às vezes alcançando grande repercussão devido à natureza do seu trabalho ou à celebridade de certas figuras. Nesse caso pode-se falar de uma forma específica de resistência, a cultural, tanto pela área de atuação dos protagonistas como porque muitas vezes suas obras implicavam rejeição aos valores e à cultura dominantes. Na medida em que censurou e perseguiu muitos artistas e produtores culturais, a ditadura reconheceu que sua atuação representava de fato uma resistência incômoda. No entanto, nesse campo ocorreram muitas situações de ambiguidade, de maneira que em certos casos houve mais acomodação do que resistência.

Acomodação

Muitas pessoas evitaram os polos e procuraram maneiras de se acomodar, sem que isso significasse, a seus olhos, compromisso com a ditadura. Pessoas que não desejavam aderir, por não partilhar os valores dominantes, mas que também não tinham intenção de resistir frontalmente — por medo ou por acharem inútil —, buscaram estratégias de conviver com a ditadura, inclusive como forma de reduzir os efeitos da repressão.

Importante esclarecer que as estratégias de acomodação implicavam uma via de mão dupla, ou seja, o Estado por vezes também agia ambiguamente. Certos atores sociais aceitavam conviver com o regime militar, mas este também precisava fazer concessões, de outro modo o arranjo não seria possível, e isso envolvia flexibilidade e pragmatismo. Na visão de quem aceitava acomodar-se com a ditadura, tratava-se de explorar possibilidades abertas pelo próprio Estado para atenuar o impacto do autoritarismo, aproveitando as "brechas" disponíveis, sobretudo as oferecidas por alguns paradoxos (e às vezes algumas ações contraditórias) do regime.

Quando falamos em paradoxos e ambiguidades pensamos em dois aspectos principais. Em primeiro lugar, o fato de que a ditadura foi ao mesmo tempo modernizadora e conservadora. A vontade modernizadora implicava desenvolvimento econômico e tecnológico, principalmente a expansão industrial e a mecanização agrícola. Já o impulso conservador representava o anseio de preservar a ordem social e os valores tradicionais, gerando repressão às utopias revolucionárias e a todas as formas de subversão e "desvio", inclusive questionamentos à moral e aos comportamentos convencionais. Paradoxalmente — e, em alguns casos, contraditoriamente —, as ações modernizadoras geraram pressões contra a ordem tradicional, na medida em que ampliaram a circulação internacional e desenvolveram as cidades e polos industriais, o que favorecia o surgimento de novas ideias e demandas da sociedade. Entretanto, não estamos afirmando que a ditadura fosse contraditória na sua essência, e sim que abrigava paradoxos e ambiguidades. Afinal, o impulso autoritário proveniente de sua faceta conservadora favoreceu a modernização econômica socialmente excludente, na medida em que permitiu a repressão dos descontentes e a ampliação das atribuições do Poder Executivo.

O segundo aspecto a destacar quando tratamos de paradoxos e ambiguidades é que a ditadura era ideologicamente heterogênea, pois desde o início constituiu-se como uma espécie de frente política que abrigava liberais, conservadores, nacionalistas autoritários e alguns fascistas. Como vimos antes, disso resultou um arranjo político sem dúvida autoritário e ditatorial, mas em que o regime militar procurou acomodar-se com algumas instituições liberais. Embora precárias e sempre limitadas pelo autoritarismo, essas instituições constituíam brechas que propiciaram tanto a oposição moderada como ações de acomodação.

A disposição de uma parte dos líderes do regime militar para aceitar arranjos de acomodação envolvendo adversários ideológicos tinha relação com tais paradoxos e ambiguidades, mas, igualmente, com cálculos pragmáticos. Exemplos de acomodação são encontrados com mais frequência nos processos de vigilância ideológica que afetavam certos segmentos de elite. A razão é que o expurgo de todas as pessoas tidas como ameaça à ordem vigente representaria um entrave às políticas modernizadoras, pois afastaria profissionais talentosos. Nesse sentido, era vantajoso ser flexível e permitir alguns jogos de acomodação envolvendo o Estado e determinados setores sociais, principalmente no caso de professores universitários, cientistas e profissionais técnicos, cujo expurgo poderia afetar projetos estratégicos para o desenvolvimento.[22]

Assim, certos líderes da ditadura e administradores estatais por vezes toleraram a presença de alguns intelectuais ideologicamente "suspeitos" em cargos públicos. Na área privada, certos empresários acharam igualmente vantajoso manter ou contratar pessoas com ideias de esquerda, sobretudo na chamada indústria cultural, então em fase de expansão, ou seja, os jornais, as editoras, os empreendimentos teatrais e cinematográficos e os meios de comunicação, em especial a televisão.[23] Jornais e TVs contavam com "comunistas" em postos-chave, assim como as universidades e os centros de pesquisa. Os líderes estatais e empresariais que mostravam tal flexibilidade seguiam odiando e perseguindo o comunismo, mas eram capazes de tolerar alguns "comunistas" competentes em suas respectivas áreas de atuação.

Que fique claro: não se trata de minimizar a repressão política da ditadura. Essas pessoas eram vigiadas e pressionadas, e muitas vezes foram presas e mesmo torturadas, enquanto outras centenas e milhares de cidadãos sofriam nas mãos dos algozes nos aparatos repressivos. E, para cada caso de profissional com ideias de esquerda mantido em seu trabalho ou contratado, um número maior teve a carreira obstruída por razões políticas. Além disso, tratava-se de uma relação assimétrica, é claro, pois os agentes estatais dispunham de poder político, recursos e força repressiva. Ainda assim, é fato que a ditadura brasileira teve momentos de flexibilidade e ambiguidade, que permitiram jogos de acomodação envolvendo alguns adversários ideológicos.

Constatar tais características da ditadura não significa reduzir ou tampouco perdoar os seus crimes. Essa relativa tolerância à acomodação não foi movida por bondade: na verdade, tais ações serviram para aumentar a eficácia do Estado autoritário. É importante perceber a complexidade da ditadura e entender por que, no caso do Brasil, tem sido tão difícil superar o seu legado. Parte do problema é que essas ambiguidades e acomodações, bem como o caráter simultaneamente modernizador e conservador (autoritário) da ditadura, ofereceram a seus defensores elementos para escamotear seus efeitos negativos e escapar às punições. A disposição à acomodação não deixou a ditadura e o autoritarismo brasileiros menos ruins, porém eles se tornaram mais sutis, mais complexos e mais difíceis de desentranhar.

Voltando aos agentes sociais, muitas pessoas aceitaram acomodar-se à ditadura porque tinham essa opção. A constatação parece óbvia, mas não é. Em outras ditaduras assemelhadas não havia espaço para acomodação, ou ele era mais restrito. No Brasil havia mais chances de ocupar um espaço intermediário entre a resistência e a adesão, para o bem e para o mal. Por isso, também, foi possível negociar uma saída da ditadura relativamente suave (para os agentes autoritários), pois os acordos e negociações realizados durante o regime autoritário abriram caminho para a transição pactuada. Nesse sentido, uma parte das ações que são apresentadas como de resistência foi na verdade de acomodação — por exemplo, os acordos para evitar demissões ou permitir contratações, seja no Estado ou em empresas privadas, pois contribuíram para suavizar a imagem da ditadura, além de aumentar sua competência técnica.

Essa é uma questão que segue gerando polêmicas, inclusive pelo posicionamento de líderes atuais da direita radical que, embora sintam saudades da ditadura, também têm queixas. Eles entendem que ela deveria ter sido mais repressiva, pois acabou permitindo a presença de intelectuais de esquerda nas instituições educacionais, científicas e culturais. Os mesmos setores reclamam que o regime militar permitiu a circulação de conceitos contrários a suas ideias, como o marxismo. Os seguidores revolucionários de Marx eram punidos, propagandear a luta de classes era crime contra a segurança nacional e livros de líderes marxistas como Lênin e Mao foram censurados, mas textos do próprio Marx não eram proibidos oficialmente e chegaram a ser vendidos em bancas a partir de 1974,[24] mesmo momento em que o aparato repressivo lançou uma campanha de caça a líderes comunistas que matou dezenas deles. Em suma, apesar do medo, da censura e da repressão praticados, a ditadura não impediu que certos temas e conceitos "indesejáveis" circulassem e marcassem a formação intelectual de uma parte dos jovens.

Para os ideólogos atuais da extrema direita, a "leniência" da ditadura permitiu à esquerda desenvolver uma "guerra cultural" a partir dos anos 1970, possibilitando a construção de uma hegemonia no campo das ideias e valores que abriu seu caminho ao poder nos anos 1990 e 2000.[25] Essa tese é questionável em vários pontos, além de exagerar a força da esquerda nos anos recentes, pois ela só chegou ao poder graças a fatores conjunturais e a alianças (novas acomodações) com forças de centro. De qualquer forma, é verdade que valores genericamente progressistas assumiram lugar importante no debate público nos anos 1970-80, representando uma derrota ideológica para os grupos de direita apoiadores da ditadura, porém isso resultou tanto dos jogos de acomodação como das ações de resistência à ditadura, que na batalha contra os valores dominantes foram relativamente bem-sucedidas.

Há algum tempo temos defendido que a tendência à acomodação é um traço importante (mas não único) da nossa cultura política, ou seja, dos comportamentos, valores e imaginários políticos dos brasileiros.[26] Isso não significa afirmar que existam comportamentos uniformes e homogêneos, mas que há propensão a agir conforme certas tradições. O tema da acomodação e da disposição ao acordo político está ligado a episódios centrais de nossa história, a começar pela Independência e a Proclamação da República, e é particularmente frequente quando estão envolvidas as elites políticas. A tendência à acomodação entre os grupos dirigentes serve à estratégia de negociar conflitos, com a motivação essencial de evitar a participação popular e a radicalização. Trata-se, assim, de uma tradição que funciona a favor da exclusão política e da manutenção das desigualdades sociais no Brasil.

O grande desafio analítico é avaliar se os setores populares acabaram por incorporar parte dessa tradição de acomodação. Nesse momento podemos apenas fazer conjecturas, que demandam mais pesquisas. Alguns indícios apontam nessa direção, na medida em que temos fracas taxas de afiliação e de participação políticas, além de grande desconfiança popular frente às instituições. Não é que o povo brasileiro seja pacífico — esse argumento foi construído historicamente para justificar sua exclusão dos negócios públicos, e, como bem sabemos, os brasileiros podem ser muito violentos. Mas, no campo da política, em muitas ocasiões a maioria da população se omitiu, mostrou-se aparentemente indiferente ou se autoexcluiu, talvez por descrer das instituições. São reflexões que demandam aprofundamento.

Para encerrar o capítulo, uma última questão: a resistência derrotou a ditadura? A pergunta é simples, mas a resposta não. O declínio da ditadura tem relação com o desmoronamento de seu modelo econômico, com o fracasso de seu projeto de distensão política sob controle e com a desagregação de suas bases de apoio. Entretanto, as ações de oposição e de resistência a partir da segunda metade dos anos 1970, principalmente o aumento da votação no MDB, o fortalecimento dos movimentos sociais e a eclosão de um forte ciclo grevista, tiveram papel importante no declínio do Estado autoritário. Elas mostraram que a ditadura não tinha apoio consensual e, em certos momentos, tampouco majoritário. Tais ações colocaram em xeque os planos de continuidade de seus líderes, que tiveram de se adaptar e mudar a rota pretendida, entregando o poder aos civis antes do que desejavam.

Na fase final da ditadura, o número de seus apoiadores e aderentes diminuiu, tendo alguns deles passado ao campo da oposição, enquanto ao mesmo passo os resistentes aumentaram em número e em força. Mas, no fim das contas, a saída da ditadura foi um processo em que tiveram peso tanto as atitudes de resistência como as estratégias de acomodação. A resistência ao autoritarismo pavimentou o caminho para a "democratização" e o afastamento dos militares do poder, mas o processo teve muitas ambiguidades e limitações. Sem dúvida, os movimentos sociais se fortaleceram e se organizaram melhor, constituindo-se em obstáculos sérios ao autoritarismo estatal. Mesmo assim, a democracia não se enraizou de maneira sólida, e os grupos populares não se impuseram politicamente, o que permitiu a segmentos da elite negociarem uma saída lenta da ditadura, sem tocar nas desigualdades sociais por ela legadas. Além disso, as forças autoritárias não foram inteiramente desmobilizadas e permaneceram à espera de novas oportunidades.

De qualquer modo, não é o caso de lamentações nem análises autodepreciativas. Trata-se de tentar entender o processo histórico na expectativa de aprender, com os olhos voltados ao futuro.

7. Sobre a violência repressiva estatal: uma resposta proporcional à violência da esquerda?

INEVITAVELMENTE, a violência — em especial a de motivações políticas — é um dos temas em destaque nas discussões públicas sobre a história da ditadura. Alguns defensores do regime autoritário afirmam que a violência do Estado foi uma resposta proporcional aos guerrilheiros de esquerda (que, a propósito, são chamados indiscriminadamente de terroristas, para efeito de propaganda negativa). Já outras figuras nostálgicas preferem negar ou minimizar a violência cometida pelo regime militar. Mas, nestes tempos de afloramento da sensibilidade direitista radical, certas lideranças têm assumido claramente o caráter violento da ditadura, sendo que algumas, como o presidente Jair Bolsonaro, chegaram a declarar que os agentes estatais foram moderados e deveriam ter matado mais.[1]

Evidentemente, não há como discutir com pessoas que fazem apologia da violência, revelando com isso desprezo pelos direitos humanos. Porém, o tema é complexo, de modo que apenas mostrar nossa indignação contra atos violentos não resolve o problema. É preciso estudá-lo e entendê-lo. Afinal, não é raro a luta política descambar para o uso da violência, que é um dos meios mais tradicionais para conquistar o poder político, e também para resistir a ele. Como vimos, a ditadura começou a partir de um ato violento, que foi a mobilização de tropas das Forças Armadas e forças policiais para derrubar o governo João Goulart. Quem se opôs foi preso ou assassinado, como os dois estudantes pernambucanos mortos em um protesto contra o golpe, em Recife, no dia 1º de abril de 1964, ou as duas pessoas assassinadas em frente ao Clube Militar no centro do Rio de Janeiro, no mesmo dia.[2] Eles estiveram entre as primeiras vítimas fatais da ditadura, mas muitas outras viriam na sequência.

Quanto à violência da esquerda, no momento do golpe esse tema pertencia mais ao mundo da retórica do que à realidade. Sem dúvida, havia grupos que acreditavam que o socialismo seria alcançado somente por uma insurreição popular armada, pois era de esperar uma reação militar das forças defensoras da ordem contra um processo de revolução social. Além do mais, o exemplo dos revolucionários cubanos — que chegaram ao poder com base em uma ofensiva guerrilheira — era muito sedutor. Por isso, certas organizações de esquerda se preparavam para futuros conflitos armados. Contudo, antes do golpe elas eram minoritárias. Entre a esquerda, a maioria apostava no caminho das reformas sociais sob a condução do governo de João Goulart, buscando atuar dentro da lei e das instituições vigentes. Um exemplo significativo é o PCB, então a organização mais influente de esquerda, que às vésperas de 1964 lançou uma campanha para tentar obter sua legalização e com isso disputar eleições sob a própria legenda.

Mas e se mudarmos o foco para o período 1967-8? A formação de grupos guerrilheiros e a eclosão da luta armada de esquerda naquele contexto tornariam justificável o incremento da violência por parte das agências estatais? Teria surgido uma situação de guerra revolucionária conduzida pelas esquerdas, ameaçadora e grave ao ponto de justificar a repressão estatal em larga escala? Travou-se no Brasil uma guerra "suja" que, para ser vencida pelas forças da ordem, obrigou-as a incrementar a repressão e a praticar atos ilegais? A violência do Estado foi proporcional e simétrica à violência da esquerda?

Para responder a essas questões, mais uma vez adotaremos a estratégia de combinar a narração dos principais eventos do período com a análise dos seus significados e impactos, atentos aos resultados das escolhas dos agentes políticos em disputa. Narrar os eventos e processos históricos é ato de conhecimento que tem valor em si mesmo. Entretanto, podemos partir daí para elaborar análises que ofereçam explicações mais abrangentes. Dessa maneira, vamos começar com um relato sobre a criação dos aparatos repressivos da ditadura e logo faremos um balanço de suas ações violentas. Em seguida, analisaremos se os discursos da ditadura (e de seus apoiadores recentes) sobre a necessidade da violência como resposta à ameaça esquerdista tinham fundamento na realidade. Para concluir o capítulo, discutiremos se o Estado autoritário deixou o Brasil mais seguro — uma visão alardeada por pessoas que acreditam na violência como principal solução para os conflitos sociais.

A atuação dos aparatos repressivos estatais

O golpe de 1964 deslanchou imediatamente uma onda repressiva cujos alvos foram líderes civis e militares ligados à esquerda, em geral apoiadores do governo derrubado, assim como lideranças de movimentos sociais urbanos e rurais. Os novos governantes afirmavam querer livrar o Brasil dos comunistas e subversivos, mas progressistas de vários matizes foram atingidos também, muitos deles moderados e nada inclinados à subversão (no sentido de rebelião ou revolução). No momento inicial, os discursos da ditadura ainda enfocavam pouco o tema da corrupção, que logo se tornaria um dos alvos dos expurgos, principalmente em termos retóricos. Assim, os "corruptos" não foram muito atingidos na primeira ofensiva de "limpeza", até porque muitos deles apoiaram o golpe de 1964, e o objetivo maior era anular os oponentes do novo regime político. Os principais alvos do primeiro expurgo foram os líderes de esquerda, principalmente os comunistas, os socialistas, os trabalhistas e os nacionalistas.

Nos primeiros dias após a derrubada de Goulart, forças policiais e militares prenderam milhares de pessoas país afora, pertencentes a diferentes estratos sociais. Não existem dados precisos sobre o número de presos, porque as autoridades locais agiram de maneira independente do poder federal, que de início não coordenou as operações repressivas. Estimativas mais bem informadas sugerem um número próximo de 30 mil pessoas detidas, mas há quem acredite terem sido mais.[3] Os lugares de detenção foram delegacias, penitenciárias e quartéis. No entanto, devido ao enorme contingente de presos, outros locais foram transformados em prisão temporária, como o estádio de futebol Caio Martins, em Niterói (RJ), e alguns navios, notadamente no Rio de Janeiro e em Santos. A ditadura utilizou também ilhas como prisões políticas, sobretudo Fernando de Noronha (PE) e Ilha Grande (RJ).

A maior parte dos cerca de 30 mil detidos foi sendo liberada aos poucos, pois não havia indícios reais de crimes, apenas a intenção das lideranças golpistas de aterrorizar possíveis alvos e inimigos. Em maio de 1964, estimava-se que aproximadamente 3 mil pessoas permaneciam encarceradas, à espera do término das investigações ou de julgamento.[4] Os possíveis delitos estavam tipificados na legislação repressiva em vigor, principalmente a lei n. 1802, de 1953, que era uma atualização da legislação repressiva dos anos 1930 e estipulava penas para "crimes contra o Estado e a ordem política e social". Entre eles constavam: mudar a ordem política ou social estabelecida na Constituição, mediante ajuda ou subsídio de Estado estrangeiro; subverter, por meios violentos, a ordem política e social, com o fim de estabelecer ditadura; promover insurreição armada contra os poderes do Estado; fazer publicamente propaganda de processos violentos para a subversão da ordem política ou social.[5]

A maioria dos detidos após o golpe não havia cometido tais crimes e nem chegou a ir a julgamento, sendo libertada por determinação do Poder Judiciário. Mesmo assim, as novas autoridades cometeram grande quantidade de abusos, desrespeitando leis e instituições judiciais. Algumas pessoas ficaram aguardando julgamento presas, sem amparo na lei, e muitos foram torturados por agentes policiais ou militares. Um dos casos mais célebres foi o do líder comunista Gregório Bezerra, arrastado pelas ruas de Recife amarrado a um jipe militar e depois barbaramente torturado na prisão.[6]

Embora as detenções de 1964 tenham atingido diferentes estratos sociais, a violência mais intensa foi reservada às lideranças populares, que igualmente tiveram tratamento mais severo nos processos judiciais. Como é típico do sistema de desigualdades e privilégios de classe do Brasil, pessoas de origem popular e não brancas tendiam a sofrer maior violência do Estado. Algumas morreram em condições obscuras, provavelmente devido a ferimentos provocados por tortura. De acordo com dados levantados pelas comissões oficiais de investigação, 27 pessoas foram assassinadas por razões políticas no ano de 1964, sendo que a maioria tinha perfil popular: lideranças camponesas, operários, militantes de partidos de esquerda e militares de baixa patente.[7]

A violência repressiva deslanchada pelo golpe de 1964 foi desproporcional à força real de seus inimigos/alvos. Não havia um movimento guerrilheiro a ser contido ou grupos terroristas de esquerda agindo no cenário público. Apesar de discursos bombásticos sobre as intenções revolucionárias das forças de esquerda, os agentes do Estado não encontraram evidências relevantes para comprová-las, muito menos armas. Não é à toa que líderes importantes do golpe logo em seguida começaram a afirmar que a ameaça comunista havia sido superestimada. O grupo hegemônico na esquerda derrotada em 1964 pretendia alcançar o poder por meios pacíficos, sendo que alguns dos seus líderes chegaram mesmo a pensar tê-lo conseguido devido à aliança com João Goulart.

Apesar da fragilidade mostrada por seus adversários, a ditadura investiu na ampliação das instituições repressivas à disposição do Estado, fosse por imaginar que no futuro a ameaça esquerdista poderia voltar, fosse para garantir a continuidade dos militares à frente do poder em qualquer circunstância. No momento do golpe de 1964, os aparatos repressivos mais bem estruturados eram subordinados aos governos estaduais, os célebres Dops, que faziam o trabalho de polícia política desde os anos 1920-30. Mas também foram importantes certos organismos criados por grupos privados (por exemplo, o Ipes), que levantaram informações sobre as lideranças de esquerda a serem expurgadas.

O Estado brasileiro contava com agências repressivas desde os anos iniciais da República, e a violência política não era novidade no país, especialmente quando o alvo eram os setores populares e as esquerdas. No entanto, a ditadura trouxe mudanças em relação ao período anterior, sobretudo a ampliação dos aparatos repressivos e da escala da violência política. Além disso, houve uma militarização do aparelho de repressão, ou seja, o aumento do controle exercido pelas Forças Armadas, notadamente o Exército.

A participação de militares nas atividades de polícia política já existia antes, pois oficiais do Exército haviam ocupado cargos de chefia, em especial na polícia carioca, mais ligada ao governo federal. Além disso, a Marinha criou seu serviço de informações (Cenimar) no fim dos anos 1950, com a preocupação principal de monitorar as organizações comunistas. Porém a atuação dos militares nessa área se ampliou de maneira marcante depois de 1964. Em primeiro lugar, no mesmo ano do golpe foi criado o SNI, órgão dirigido pela oficialidade do Exército e subordinado ao presidente da República.[8] Em 1967, o Ministério do Exército decidiu criar seu próprio serviço (o CIE), e logo a Aeronáutica fez o mesmo (o Cisa, criado em 1968).[9] Outra iniciativa marcante foi a criação de uma organização policial de efetivo alcance nacional, o DPF, cujo comando foi entregue a oficiais do Exército e que, entre outras atribuições, foi responsável por coordenar as atividades de censura durante a ditadura.

Em 1967, mesmo ano de criação do DPF, mais um passo importante para a ampliação do poder repressivo do Exército foi a criação da Inspetoria Geral das Polícias Militares (IGPM), sob seu comando, e a transformação dessas forças policiais estaduais em auxiliares do Exército. Além disso, em 1970, no auge do combate aos guerrilheiros de esquerda, foram criados órgãos repressivos muito célebres por sua prática violenta: os DOI-Codi, igualmente chefiados pelo Exército. Esses órgãos — que se inspiraram na experiência prévia da Operação Bandeirante, criada em São Paulo em 1969 com base na cooperação entre militares e empresários — realizavam trabalho de inteligência e busca de informações, mas também possuíam unidades de choque para os confrontos armados e interrogatórios, reunindo quadros provenientes das diferentes armas e das polícias, em um esforço para aumentar a eficiência na repressão aos grupos de esquerda.[10]

Como resultado dessas iniciativas da ditadura, no início dos anos 1970 estava em funcionamento grande aparato de repressão e de informações, que se espraiava também por ministérios do governo federal — em que foram instaladas as Divisões de Segurança e Informações (DSI) — e por empresas públicas e autarquias, inclusive as universidades — em que foram criadas as ASI. Ressalte-se que o trabalho das DSI e ASI restringia-se ao setor de informações, auxiliando as agências que operavam efetivamente as atividades repressivas. O quadro de pessoal lotado nessa "comunidade" de informações e de repressão alcançava milhares de agentes, entre militares e civis.[11]

Assim, com exceção do sistema DOI-Codi, todos os aparatos repressivos da ditadura já estavam prontos — ou em processo de organização — quando as ações de resistência e o ativismo revolucionário de esquerda se incrementaram, no contexto de 1967-8. Esse período foi caracterizado tanto pela ampliação dos protestos públicos contra a ditadura — resistência democrática que se expressou, por exemplo, em passeatas e ocupação de prédios universitários — como pela ocorrência das primeiras ações dos guerrilheiros, que significavam a um só tempo resistência armada à ditadura e um projeto revolucionário.

Outra mudança institucional importante ocorrida antes do aumento do ativismo da esquerda armada foi a edição de uma nova Lei de Segurança Nacional, em 1967, que representou uma atualização da lei em vigor desde 1953. Sua novidade maior foi a incorporação de conceitos centrais da doutrina de segurança nacional cara aos militares, especialmente a ideia de que a estratégia dos comunistas naquele momento passava pela guerra psicológica e a guerra revolucionária, ações que a nova lei pretendia reprimir. Os novos conceitos se combinaram à tradição anticomunista que fundamentava as leis repressivas anteriores, como se percebe no próprio título da lei de 1967: "Define os crimes contra a segurança nacional, a ordem política e social".

Logo depois do AI-5, em 1969 a LSN foi novamente reformulada e endurecida, tendo como principal novidade a introdução da pena de morte para crimes políticos — que, significativamente, nunca foi realmente aplicada, pois os quatro réus condenados tiveram a pena comutada para prisão perpétua.[12] Tratou-se de ato hipócrita, já que a ditadura matava pessoas e, em alguns casos, desaparecia com seus corpos. No entanto, a hipocrisia tinha sentido político, pois a intenção ao comutar as penas de morte era suavizar a imagem pública da ditadura e mostrar flexibilidade diante das demandas dos defensores de direitos humanos. Foi também com esse intuito que, a partir de 1968, colocou-se em funcionamento o Conselho de Defesa dos Direitos da Pessoa Humana, um órgão oficial que, naturalmente, não tinha meios para reduzir a violência política.

Mais uma novidade do aparato legislativo da ditadura foi a criação, em setembro de 1969, da pena de banimento, destinada especialmente aos presos políticos libertados em troca de embaixadores sequestrados pela esquerda armada.[13] A figura do banido do país, que não poderia voltar ao Brasil enquanto perdurasse a punição, se assemelhava em parte ao desterro praticado no início da República, com a diferença de que naquela ocasião os punidos não eram expulsos do território nacional, e sim enviados a áreas fronteiriças da Amazônia brasileira.

Todo esse incremento da máquina repressiva estatal coincidiu com — e propiciou — a fase mais sanguinária da ditadura. A violência aumentou destacadamente a partir de março de 1968, tendo como marco inicial o assassinato de Edson Luís de Lima Souto em um protesto estudantil, e os índices foram piorando logo em seguida. Segundo os registros da Comissão Nacional da Verdade, cerca de catorze pessoas foram assassinadas por agentes do Estado durante 1968,[14] a maioria morta a bala em manifestações realizadas em diferentes partes do país. Além da repressão policial nas ruas, o aumento da violência naquele ano deveu-se aos atentados praticados por organizações radicais de esquerda e de direita.

Entretanto, na sequência do AI-5 a violência estatal tornou-se ainda mais aguda, com notável aumento no número de mortos e torturados, para não falar do novo expurgo no serviço público, que atingiu principalmente as universidades públicas e o Itamaraty. A razão é que o AI-5 gerou condições institucionais favoráveis à repressão estatal, como a suspensão do direito a habeas corpus para crimes políticos e o aumento do tempo de prisão em regime de incomunicabilidade, favorecendo a prática da tortura. Nesse contexto, os agentes repressivos receberam a garantia de que poderiam cometer atos violentos sem riscos de punição, muito pelo contrário: os que se destacavam na repressão recebiam medalhas e promoções, além de outras vantagens indiretas (e ilegais) devido a seu enorme poder.

A justificativa para o AI-5 foi registrada no seu preâmbulo, que mencionava a necessidade de armar o Estado para enfrentar a guerra revolucionária e os atos subversivos "oriundos dos mais distintos setores políticos e culturais".[15] De fato, os grupos de esquerda armada começaram a agir em 1967-8, mas seus principais atos foram cometidos depois, e não antes, do AI-5. Em grande medida, o incremento autoritário gerado pelo AI-5 — como a censura à imprensa, as prisões, o fechamento de casas legislativas (o Congresso Nacional e uma parte das assembleias estaduais), as cassações de mandatos parlamentares e o expurgo no serviço público — estimulou a violência da esquerda. Diante do AI-5, muitos ativistas aceitaram o argumento dos líderes guerrilheiros de que o único caminho para a resistência era o das armas. Além de desproporcional ao desafio da esquerda, a resposta estatal atingiu também grupos não envolvidos na luta armada, já que foram presos antigos apoiadores do golpe de 1964, como Carlos Lacerda, e personalidades do mundo artístico sem conexão com a esquerda revolucionária, como Caetano Veloso.

A repressão política deslanchada a partir do AI-5 rompeu limites e padrões anteriores da própria ditadura, levando não apenas ao aumento de assassinatos e torturas como à prática de desaparecer com os corpos das vítimas. Os dados produzidos pelas comissões oficiais de investigação revelam o inegável aumento da violência após a edição do ato: se entre 1964 e 1968 o Estado ditatorial matou cerca de cinquenta pessoas, entre 1969 e 1976 o número de mortos e desaparecidos ascendeu a aproximadamente 340, ressaltando-se que os dados se referem exclusivamente à violência política.[16] Vale notar que nessa fase aumentou a proporção de mortos provenientes das classes médias, sobretudo estudantes e profissionais liberais, já que os grupos armados de esquerda recrutavam muitos quadros em tais segmentos sociais.

Uma parte dos óbitos resultou de tiroteios entre os guerrilheiros e as forças do Estado, entretanto um número maior ocorreu na prisão, no interior de dependências públicas, configurando crimes comuns e contra os direitos humanos, cometidos por servidores públicos. Importante registrar que locais clandestinos, em lugares afastados dos centros urbanos, também foram usados pelos agentes repressivos estatais como casas de detenção, o que era mais conveniente nos casos em que os presos estavam destinados à morte, com posterior desaparecimento dos corpos. Entre esses locais, os mais importantes foram a "Casa da Morte", em Petrópolis, e a fazenda "31 de Março", na região da serra do Mar, em São Paulo.[17]

As técnicas para fazer "desaparecer" os restos mortais das vítimas variaram entre incineração, enterro sem identificação e "descarte" em rios ou no mar. Desaparecer com os corpos poupava problemas à ditadura, pois evitava críticas e sanções internacionais e protestos públicos, além de significar a destruição da principal prova dos crimes cometidos. Uma vantagem adicional para o aparato repressivo era que o desaparecimento de pessoas era recurso extra para aterrorizar as organizações de esquerda e seus familiares.[18] Portanto, fazia parte da guerra psicológica movida pelo Estado.

Alguns presos morreram devido a ferimentos provocados pela tortura, o que levou certas agências de repressão a utilizarem médicos para monitorar o estado de saúde dos torturados. Mas, em muitos casos, os assassinatos foram premeditados pelos chefes do aparelho repressivo, quase sempre com a anuência dos líderes da ditadura. O assassinato premeditado dos presos ocorria quando se tratava de dirigentes revolucionários importantes, guerrilheiros treinados no exterior, banidos (trocados por diplomatas sequestrados) que ousaram voltar, ou como vingança por militares ou policiais baleados.

Em muitos casos, os assassinatos foram dissimulados para fazer parecer que resultaram de tiroteio ou resistência à prisão, sendo que às vezes a farsa consistia em forjar o suicídio da vítima ou seu atropelamento.[19] Os principais massacres envolveram os guerrilheiros da região do Araguaia e aqueles treinados em Cuba, quase todos mortos após a prisão. E o mesmo se passou com alguns dirigentes do PCB e do PCdoB, assassinados para desestruturar as respectivas organizações — ainda que o PCB, vale destacar, não tenha participado da luta armada, o que contraria a justificativa dos defensores da violência estatal.

Quanto às torturas, é mais difícil estimar o número de atingidos. As informações disponíveis permitem afirmar que a maioria das pessoas detidas sofreu algum tipo de abuso físico, especialmente na fase aguda, entre 1968 e 1977. Considerando todo o período da ditadura, seguramente milhares de pessoas foram torturadas, com as estimativas variando entre 2 mil e 20 mil.[20] Porém, nem todos os interrogados pelas forças de repressão foram torturados. Passar ileso fisicamente (psicologicamente é outra coisa) de uma "visita" aos aparatos repressivos dependia da condição social (alguns contavam com uma rede de proteção) e racial da pessoa, e também do seu grau de "periculosidade" na visão dos agentes estatais; se eles acreditassem que a pessoa tinha informações importantes sobre os alvos da repressão, mesmo com "costas quentes" a tortura era certa.

Os tipos de tortura mais comuns eram choques elétricos, afogamento, queimadura, socos, pontapés e golpes usando objetos como cassetetes, porretes e palmatórias, mas foram adotados também desde procedimentos horrivelmente simples, como empalamentos, até formas de tortura sofisticadas que não deixavam marcas físicas, como a "geladeira", uma pequena câmara capaz de alternar escalas extremas de temperatura e ruídos, gerando sensação de desconforto, isolamento e perda de noção de tempo. Havia ainda práticas bizarras de tortura, como o uso de animais (cobras, jacarés, ratos) para aterrorizar as vítimas,[21] e a ditadura tornou tristemente célebre o "pau de arara", que consistia em atar os membros da vítima de modo a deixá-la como que de cócoras e então pendurá-la, por trás dos joelhos, em uma barra suspensa, de ponta-cabeça, indefesa diante do torturador.[22] As técnicas simples vinham da experiência prévia da polícia brasileira, que obviamente não começou a ser violenta durante a ditadura militar, embora tenha se tornado mais violenta no período. Os aparatos mais complexos foram adquiridos no exterior, assim como algumas técnicas de interrogatório ensinadas por especialistas norte-americanos e franceses. Embora a maioria dos torturados tenha sobrevivido, grande parte ficou marcada para sempre com traumas físicos ou psicológicos.

A justificativa para a tortura era extrair informações de militantes revolucionários que não colaborariam voluntariamente com os agentes estatais. Entre os defensores da prática circulava um argumento para convencer de que ela era aceitável moralmente: as informações obtidas poderiam salvar vidas humanas inocentes. Tal arrazoado era apresentado em cursos sobre técnicas de interrogatório ministrados por especialistas estrangeiros a militares e policiais envolvidos na repressão política. A preocupação era convencer os que hesitavam diante da tortura, que afinal, além de ser uma prática desumana e covarde, tratava-se de crime mesmo na ditadura.[23]

Eticamente questionável, o raciocínio de que a tortura poderia salvar vidas inocentes era também bastante falacioso no caso do Brasil, pois a maioria dos torturados nada tinha a ver com atos ou organizações terroristas. Ademais, grupos de esquerda não armados foram desestruturados igualmente com base em tortura, cuja generalização ocorreu devido a objetivos pragmáticos e com a anuência dos chefes da ditadura, em primeiro lugar para obter informações, mas também para aterrorizar as forças de resistência. Paralelamente aos objetivos políticos do Estado, torturas foram ainda praticadas apenas por sadismo de certos agentes da repressão, que aproveitaram a ocasião para liberar impulsos violentos, inclusive de natureza sexual. Sob o manto do discurso de salvação da ordem contra os subversivos, perspectiva conservadora que implicava a defesa da família e da moral cristã, mas em clara contradição com tais preceitos, foram cometidos estupros e diversas outras formas de abuso físico moralmente inaceitáveis.[24]

As ações da esquerda armada e um balanço da violência política

Analisemos agora a atuação da esquerda armada entre o fim dos anos 1960 e o início dos anos 1970, para discutir se ela representava um desafio efetivo à ditadura e, principalmente, se tornava justificável a resposta repressiva lançada pelo Estado. Cerca de um ano após o golpe de 1964 surgiram os primeiros esboços de ação guerrilheira, como a coluna armada liderada pelo coronel do Exército Jefferson Cardim de Alencar Osório, um nacionalista de esquerda cujo grupo foi facilmente detido no sul do Brasil por forças a serviço do regime militar.[25] (A propósito, assim como ele, muitos militares expurgados pela ditadura iriam aderir à esquerda armada.) No campo das ações terroristas, no ano de 1966 ocorreu um ato isolado, a explosão de uma bomba no aeroporto de Recife. O alvo era o general Costa e Silva, que saiu ileso, mas a bomba matou duas pessoas.[26] Já no ano de 1967, o mais relevante episódio foi a prisão de um grupo guerrilheiro nacionalista radical (ligado a Leonel Brizola) na serra do Caparaó, sem que tenha ocorrido troca de tiros.

As ações mais efetivas dos grupos armados de esquerda começaram em 1968, em parte devido ao estímulo dos protestos antiditatoriais ocorridos naquele ano. Alguns líderes acreditaram que a rebeldia contra o governo mostrada nas manifestações de rua indicava apoio à luta armada. As suas principais ações naquele ano foram assaltos a empresas, para arrecadar fundos, e dois atos terroristas de impacto: a execução do capitão norte-americano Charles Chandler e o lançamento de um caminhão-bomba contra um quartel do Exército em São Paulo, que matou um recruta, Mario Kozel Filho. Em 1968 foi executado também o major alemão Otto von Westernhagen, confundido com o oficial boliviano considerado responsável pela morte de Che Guevara (ambos frequentavam um curso no Rio), porém o atentado não foi identificado como ação da esquerda. É importante frisar que em 1968 estiveram igualmente ativos alguns grupos terroristas de direita, em especial o Comando de Caça aos Comunistas e o grupo liderado por Aladino Félix (que tinha a proteção de oficiais de alto escalão do Exército), cujos atentados ajudaram a provocar a sensação de radicalismo e instabilidade política utilizados para justificar a edição do AI-5.[27]

As ações da esquerda armada foram principalmente assaltos para obtenção de dinheiro e armas, sequestros de diplomatas estrangeiros para trocar pela libertação de presos políticos e combates nas matas da região do Araguaia, em que o PCdoB havia instalado algumas dezenas de guerrilheiros, dos quais 67 seriam mortos por forças do governo, na maioria dos casos após serem detidos.[28] É importante registrar que quase todas as organizações pretendiam montar guerrilhas rurais, mas raramente ultrapassaram a fase de planejamento. A maior parte de suas ações teve natureza defensiva, para manter as organizações funcionando, evitar sua destruição pelas forças do Estado e libertar companheiros presos. Não se trata de minimizar seus atos, mas de esclarecer os limites da capacidade ofensiva dos grupos armados de esquerda, que se estima terem contado com cerca de mil combatentes no total. Além do já mencionado PCdoB, os grupos de maior destaque foram Aliança Libertadora Nacional (ALN, liderada por Carlos Marighella), Vanguarda Popular Revolucionária (VPR), Movimento Revolucionário 8 de Outubro (MR-8), Vanguarda Armada Revolucionária Palmares (VAR-Palmares) e Partido Comunista Brasileiro Revolucionário (PCBR).[29]

Uma das polêmicas envolvidas no tema é a relação entre as guerrilhas e o terrorismo. Auxiliada pela imprensa, a ditadura chamava todas essas organizações de terroristas, indiscriminadamente. Tratava-se de desqualificar aos olhos da população a resistência armada à ditadura, uma vez que terrorismo traz à mente ações covardes e violência contra inocentes, enquanto o guerrilheiro costuma ser visto como combatente valoroso e até heroico. Deixando de lado a propaganda e as paixões ideológicas, as guerrilhas de esquerda brasileiras realmente cometeram alguns atos terroristas, mas de pequena escala e minoritários se considerarmos o conjunto de suas atividades. Além disso, seus alvos não poderiam ser considerados inocentes ou desavisados, pois na maioria se tratava de militares ou policiais em um país convulsionado pela violência política.

Um balanço da violência cometida pela esquerda é ao mesmo tempo necessário e difícil de realizar. A dificuldade maior é a ausência de dados confiáveis sobre o número de mortes provocadas pelos grupos de esquerda armados. As comissões oficiais criadas desde os anos 1990, como a Comissão de Mortos e Desaparecidos Políticos (1995) e a Comissão Nacional da Verdade (2012), não se ocuparam deles, pois sua tarefa era esclarecer os desaparecimentos e identificar as vítimas das ações do Estado, para efeitos de reparação simbólica e financeira. É importante explicar que não cabia a tais comissões investigar os agentes estatais mortos pela esquerda. Primeiro, porque em geral suas famílias já haviam sido amparadas pelo Estado; segundo, porque nesses casos não havia corpos desaparecidos a localizar ou atos ilícitos de violência cometidos por agentes públicos a esclarecer.

As tentativas conhecidas de contabilizar as mortes provocadas pela esquerda foram feitas por grupos de militares de direita. Apesar das dificuldades e polêmicas, é necessário abordar esses números, tanto para evidenciar a atuação da esquerda armada — que não foi apenas vítima nessa história, mas também agente (que, entretanto, se tornava vítima diante da tortura e do assassinato premeditado) —, como para avaliar os discursos que defendem a violência do Estado como uma resposta justa e proporcional.

Segundo os números divulgados pelos militares responsáveis pela repressão, os guerrilheiros teriam matado aproximadamente 120 pessoas, principalmente policiais, militares e seguranças de estabelecimentos comerciais assaltados.[30] Esses dados devem ser considerados com cautela, pois nunca foram checados por investigações independentes. Na falta de outra opção vamos levá-los em conta, apenas para um exercício comparativo da violência política nos anos 1960-70. Das 120 pessoas apontadas, a maioria das mortes ocorreu por troca de tiros em situações de conflito, enquanto uma pequena proporção (cerca de 10% dos casos) teria morrido em ações terroristas ou vítima de assassinatos frios. Desses 10%, cerca de metade eram guerrilheiros mortos pelos próprios companheiros, que os "justiçaram" devido à suspeita de traição ou colaboração com as forças do Estado.[31]

Fazendo uma comparação simples entre esse número estimado de 120 mortos pela esquerda e os mortos pela ditadura, o resultado revela notável desproporção: de acordo com os dados oficiais, a ditadura provocou um número de mortes quatro vezes maior (mais detalhes adiante). É clara a assimetria de forças e de recursos entre os lados em disputa; afinal, tratava-se do aparelho do Estado contra um grupo pequeno de guerrilheiros precariamente armados. O argumento de que a esquerda armada recebeu ajuda de países estrangeiros, sobretudo Cuba, que treinou mais de uma centena de guerrilheiros, não muda esse quadro de desproporcionalidade, pois o Estado brasileiro contou com ajuda de Estados Unidos, Inglaterra e França, que venderam armas, equipamentos e assessoramento técnico.

Já analisamos, em outro capítulo, que o AI-5 não foi editado apenas para facilitar a repressão estatal à esquerda. Os alvos eram também os grupos de elite que vinham se afastando da ditadura, sobretudo parcelas da imprensa, do parlamento e do Poder Judiciário. A ofensiva armada da esquerda foi mais um argumento para justificar o AI-5 do que sua causa principal, tanto porque as ações armadas em 1968 não tiveram tamanha gravidade (intensificaram-se depois) como porque o Estado autoritário já dispunha de meios suficientes para reprimi-las. Nesse sentido, os guerrilheiros prestaram (inadvertidamente) um serviço à ala radical da ditadura, que os utilizou para justificar o incremento do autoritarismo. Mesmo assim, alguns aliados do regime militar entenderam na época que o AI-5 não era justificável ou necessário para reprimir os grupos armados de esquerda.

Em suma, não é verdade que a ditadura surgiu — ou se agravou — devido à necessidade de derrotar revolucionários armados; ao contrário, ela os provocou. As guerrilhas foram usadas como desculpa para o incremento do regime autoritário, que já tinha os elementos necessários para derrotá-las. As organizações armadas eram pequenas e não contavam com apoio popular relevante, o que tornava seu crescimento e sucesso impossíveis. Basta dizer que foram derrotadas rapidamente, com exceção parcial do Araguaia, nesse caso em razão das dificuldades para montar operações militares na região. Não eram necessárias uma ditadura e toda a violência extralegal que ela cometeu (tortura, assassinatos, desaparecimentos) para derrotar a luta armada. Como disse há alguns anos um general brasileiro que atuou na repressão e conhecia bem o assunto, eles construíram um martelo-pilão para matar uma mosca.[32]

Vale a pena lembrar, para efeito comparativo, que governos de outros países lidaram com situações semelhantes sem descambarem para a ditadura. Podemos pensar em exemplos na Europa, como Itália e Alemanha, que experimentaram movimentos armados de esquerda nos anos 1960-70, de grande intensidade e caráter eminentemente terrorista, e nem por isso recorreram a regimes autoritários para enfrentá-los; para que se tenha uma ideia da gravidade da situação na Itália, um chefe de governo (Aldo Moro) foi sequestrado e assassinado pela esquerda armada. Também na América Latina alguns governos lidaram com a violência política sem recorrer à ditadura, como no caso da Colômbia, país assolado por um conflito interno de grande intensidade durante décadas.

Fizemos até aqui uma comparação fria, sem levar em conta as diferentes motivações e objetivos dos agentes do Estado e dos revolucionários armados. Os últimos consideravam a ditadura ilegítima, já que derrubou à força um governo constitucional e reprimia seus adversários. Nessa linha, resistir com armas era perfeitamente legítimo, mesmo que muitas das organizações guerrilheiras pretendessem combinar a luta contra a ditadura com a revolução social. Podemos concordar com o argumento de que a violência da ditadura legitimava a resistência armada. Porém, com a vantagem de analisar o processo à distância no tempo, observamos que a opção pela guerrilha foi um erro político. Ela trouxe mais benefícios que dissabores ao oponente, além de pouco ter contribuído para a sua derrota. Quanto aos agentes do Estado, muitos também eram movidos por convicções ideológicas, particularmente a obsessão anticomunista. No entanto, no seu caso havia ainda o estímulo proporcionado pela ambição de fazer carreira e obter vantagens materiais.

GRAÇAS AO TRABALHO DAS ORGANIZAÇÕES de direitos humanos e dos órgãos de investigação criados pelo Estado brasileiro a partir dos anos 1990, podemos fazer um balanço numérico dos resultados da repressão da ditadura. Segundo os dados oficiais, a ditadura militar brasileira foi responsável por 434 mortes e desaparecimentos, sendo 191 os mortos e 243 os desaparecidos, entre os quais 33 tiveram seus restos mortais posteriormente localizados.[33] Recentemente, foram encontradas evidências de um tipo de crime até então desconhecido no caso do Brasil: o sequestro de crianças e jovens, principalmente filhos de guerrilheiros na região do Araguaia.[34] Sabe-se também que algumas agências repressivas levaram crianças aos locais em que seus pais eram torturados, para ameaçá-los e pressionar para a obtenção de informações. Em certos casos há denúncias de que algumas crianças chegaram a ser igualmente torturadas.

Entretanto, permanecem polêmicas sobre a tipificação da violência política da ditadura, especialmente a que atingiu camponeses e indígenas. Um dos pontos em discussão é se toda a violência praticada contra esses grupos pode ser atribuída diretamente ao Estado, já que muitas vezes os perpetradores trabalhavam para grupos privados. A depender do critério a ser aplicado, portanto, o montante de mortes sob responsabilidade da ditadura aumentaria substancialmente.[35] No seu relatório principal, a Comissão Nacional da Verdade

(CNV) preferiu contabilizar apenas as mortes provocadas diretamente pelo Estado e por razões políticas. Entretanto, alguns de seus relatórios complementares abordaram e contabilizaram também a violência contra indígenas e camponeses. Outra contribuição importante da CNV foi investigar um tema sensível e particularmente constrangedor para as vítimas: a violência sexual praticada por agentes do Estado, um aspecto terrível da repressão que é necessário encarar para a compreensão adequada dos processos de violência política estatal. Além disso, o relatório da CNV esteve atento à violência especificamente dirigida aos homossexuais.[36]

Durante a ditadura, a urgência em combater a esquerda, e de maneira sanguinária, levou à aproximação entre a violência policial comum e os agentes da violência política. Um dos caminhos foi o deslocamento de policiais que se destacavam na repressão violenta ao crime comum para o trabalho de repressão política. Muitas vezes, tratava-se de matadores experientes conectados aos esquadrões da morte, que, aliás, começaram a proliferar sob a cobertura do regime autoritário. Assim, a expertise policial contra o crime comum foi usada para turbinar a repressão política.[37] Por outro lado, a disposição do Estado em tolerar maior violência em nome do combate à "subversão" afetou também a repressão à criminalidade comum. O ambiente de autoritarismo e de censura favoreceu o aumento da violência policial de maneira geral, graças ao manto da impunidade.

Outro aspecto revelador do lado sombrio das políticas de segurança da ditadura foi a proximidade de seus agentes com práticas ilícitas. Segundo depoimentos de alguns deles, os técnicos em repressão a serviço da ditadura recebiam dinheiro fora da folha de pagamento do serviço público, uma espécie de incentivo à produtividade, provavelmente custeado por empresários simpatizantes.[38] Não é de espantar que o aparato de segurança política tenha resistido à redução da escala repressiva: para eles, não era apenas uma questão ideológica. Acrescente-se à lista de malfeitos o fato de que alguns agentes repressivos roubaram dinheiro de suas vítimas e às vezes cobraram propina de seus alvos (ou de seus familiares), enquanto outros se tornaram sócios ou agentes do crime organizado, especialmente o jogo do bicho.

Em síntese, as ações da esquerda armada não tornam justificável a resposta ditatorial. As guerrilhas foram estimuladas pelo Estado autoritário e dificilmente teriam ganhado relevância na ausência do regime militar. Em vista dos objetivos anunciados, a violência repressiva da ditadura teve caráter desumano e desproporcional. Os militantes de esquerda eram o alvo da repressão política, no entanto pessoas sem ligações políticas sofreram também, devido à mera suspeição ou por equívoco dos investigadores.

Para além da violência política e considerando a segurança pública de maneira geral, há quem defenda a ideia de que durante a ditadura as pessoas viviam mais seguras no Brasil. Trata-se de um argumento compensatório, como se a maior disposição do Estado para cometer violência implicasse maior segurança pública, ou como se a preservação da última justificasse os abusos cometidos. Um argumento falacioso, pois o aumento da violência estatal não garante maior segurança.

Além disso, certos processos decorrentes das políticas do regime autoritário, como a urbanização acelerada e precária, o aumento das desigualdades sociais e a crise econômica ao fim do período, legaram aos governos democráticos graves problemas de segurança e um quadro de crescente violência comum. O fato de que as forças policiais treinadas e doutrinadas pela ditadura não tenham conseguido controlar o aumento da violência e da criminalidade comuns atesta o fracasso das políticas de segurança do regime militar. Ele legou um país mais desigual, mais violento e menos seguro.

8. A "luta" contra a corrupção: muitos discursos, poucas realizações

UM DOS PONTOS MAIS MARCANTES nos discursos da ditadura, o combate à corrupção, se conecta tanto ao presente como a contextos políticos passados. Antes de analisar como a "luta" contra a corrupção foi mobilizada — e manipulada — nos discursos e nas práticas da ditadura, e quais os resultados alcançados, vale a pena destacar o peso que o tema assumiu no debate político brasileiro. Notadamente a partir dos anos 1940-50, acusações de corrupção contra líderes políticos constituíram-se em tema recorrente e de notável impacto no cenário público brasileiro. Daí não causar surpresa que, recentemente, em especial a partir da Operação Lava Jato, tenham voltado a ocorrer mobilizações anticorrupção, revelando a permanência de uma tradição política.

Discursos e denúncias contra a corrupção podem ser protagonizados indistintamente por lideranças de esquerda e de direita. Mas, ao menos no Brasil, a mobilização do tema tem sido particularmente marcante entre os segmentos de direita, que, apresentando-se como defensores da manutenção da ordem, mostram-se mais sensíveis às denúncias contra forças que pretenderiam corromper a sociedade e os valores tradicionais. Corromper e corrupção, em sentido amplo, significam decomposição e putrefação, mas também decadência, declínio e devassidão. A sensibilidade moral conservadora denuncia a corrupção na mudança de comportamentos trazida pelo mundo moderno, que ameaçaria a família e os valores tradicionais. Importante registrar que alguns discursos conservadores responsabilizam a esquerda pelos novos comportamentos, com o argumento de que interessa aos comunistas corromper tanto a moral como as práticas políticas, de modo a destruir a ordem e implantar um sistema revolucionário.[1]

Embora o tema da corrupção moral (incluindo os comportamentos sexuais) seja fundamental para entender os valores da direita conservadora, importa destacar a corrupção no sentido de desvio ou roubo de recursos públicos, e no sentido de uso de meios ilícitos para tirar vantagens pessoais. Com tal acepção, mais ligada às práticas administrativas e à condução dos negócios públicos, a corrupção foi tema candente no debate político brasileiro, em especial entre os anos 1940 e 1960, ecoando principalmente na imprensa e nas disputas eleitorais.

Naquele contexto, as lideranças que mais se destacaram nas denúncias contra a corrupção pertenciam à União Democrática Nacional (UDN), partido de direita liberal cujos inimigos principais eram o varguismo (trabalhismo) e o comunismo. Pode-se dizer que o batismo do discurso anticorrupção de perfil udenista se deu na campanha eleitoral de 1945. Naquela ocasião, o jornalista e futuro líder político Carlos Lacerda criou a imagem do "Rato Fiúza" para se referir ao candidato dos comunistas à presidência, o engenheiro Yeddo Fiúza, que foi acusado de desviar dinheiro de obras públicas rodoviárias em benefício próprio.[2]

Nos anos seguintes, as denúncias contra práticas corruptas tenderam a se concentrar na máquina sindical corporativista criada por Getúlio Vargas, considerada pelos udenistas um antro de favorecimentos ilícitos. Essas críticas dirigiam-se não apenas aos sindicatos de trabalhadores, mas também aos Institutos de Pensão, que geriam verbas para financiar aposentadorias. Para os udenistas, a máquina estatal corrupta construída durante o governo (e a ditadura) de Vargas explicava as grandes votações dos candidatos apoiados pelos trabalhistas. Essa avaliação, aliás muito exagerada, do impacto eleitoral da "máquina" varguista serviu de justificativa e consolo para as derrotas da UDN nas eleições presidenciais de 1945, 1950 e 1955.

Porém, a questão tornou-se mais grave no contexto da crise do segundo governo Vargas, que culminou no suicídio do então presidente da República em agosto de 1954. A denúncia de práticas corruptas cometidas pelo grupo varguista desestabilizou o governo do presidente gaúcho, que havia sido eleito em 1950 para um mandato democrático após ter governado o país como ditador (na maior parte do tempo) entre 1930 e 1945. Vargas e seus auxiliares foram acusados de se aproveitarem de verbas públicas em benefício próprio, enriquecendo à custa do tesouro nacional. Quanto à pessoa do presidente Vargas não havia muito que dizer, a não ser o fato de ter arranjado financiamento do Banco do Brasil para o lançamento do jornal *Última Hora*, criado para apoiá-lo num contexto em que a grande imprensa era hostil ao governo. As críticas mais pesadas dirigiram-se ao grupo palaciano em torno do presidente, e o próprio Vargas parece ter se assustado com a dimensão do problema.

Para representar a sensação de que o governo estava tomado pela corrupção foi cunhada a expressão "mar de lama",[3] que seria usada em contextos semelhantes no futuro. Mesmo tendo conseguido remover Vargas do poder — o suicídio foi cometido em resposta às pressões por sua renúncia —, os seus adversários tiveram novo dissabor nas eleições seguintes, em 1955, com a vitória de Juscelino Kubitschek. JK herdou parte do capital eleitoral de Vargas, mas também os inimigos. Ele foi visto pela oposição conservadora e liberal como um continuador do varguismo, por isso foi igualmente acusado de manipular a máquina pública em seu favor. O projeto desenvolvimentista do governo Kubitschek, cuja marca foi a realização de grandes obras, notadamente a construção de Brasília, forneceu aos opositores novos argumentos para denunciar corrupção, com frequência mencionando o próprio presidente.[4]

De maneira significativa, a campanha eleitoral de Jânio Quadros nas eleições de 1960 foi estruturada em cima da promessa de acabar com a corrupção no país. Apoiada pela UDN, a candidatura Quadros atraiu os votos dos setores sensíveis à maré de críticas contra o trabalhismo/varguismo. A adoção da vassoura como o símbolo de Jânio Quadros indicava o seu principal compromisso de campanha: varrer do Estado a corrupção e seus praticantes. A expressiva vitória alcançada por Jânio (ele teve 48% dos votos) pode ser explicada, ao menos em parte, pela boa receptividade da campanha anticorrupção.

No entanto, para desespero dos grupos de direita, a renúncia de Quadros levou ao retorno dos trabalhistas ao poder, com João Goulart. A inesperada reviravolta política colocou de novo o tema da corrupção no debate nacional. Parte da indisposição contra o governo Goulart deveu-se à convicção de que ele era tolerante com a corrupção, característica atribuída a seu grupo político. De acordo com seus adversários, a corrupção seria prática corriqueira na gestão Goulart, e esse foi argumento importante na mobilização liberal-conservadora responsável pelo golpe de 1964. Vale ressalvar que Goulart não foi o único líder acusado de práticas ilícitas nesse período. Os ataques a ele, no entanto, tiveram maior repercussão por ajudarem a abrir caminho ao golpe.

As primeiras acusações a Jango ocorreram logo no início de seu governo. Durante a fugaz gestão de Jânio Quadros, a retórica do combate à corrupção o levou a criar algumas sindicâncias para investigar atos ilícitos durante os governos Vargas e Kubitschek. Quando Goulart assumiu a presidência, seus adversários divulgaram que sua primeira ação no cargo foi cancelar inquéritos abertos por Quadros, numa acusação implícita de conivência com a corrupção para proteger seus aliados.[5]

O caso mais rumoroso de denúncia de corrupção no governo Goulart ocorreu, porém, em janeiro de 1964, em meio ao agravamento da crise política. As acusações envolviam a diretoria da Petrobras, e a repercussão na imprensa levou o Congresso Nacional a instalar uma CPI para investigar as suspeitas. Segundo as denúncias, recursos da empresa estatal teriam sido desviados para financiar atividades de grupos de esquerda, como organização de eventos e publicações, e uma outra parcela de dinheiro teria rumado diretamente para os bolsos de alguns diretores da Petrobras. O escândalo levou Jango a demitir o presidente da estatal, general Albino Silva, que saiu acusando o presidente de estar mancomunado com a esquerda, na sua visão a verdadeira responsável pelos problemas na Petrobras.[6]

Mesmo estando entre os principais elementos discursivos usados como motivação para o golpe de 1964, se analisarmos o debate público da época veremos que a corrupção foi assunto de segundo plano em meio às críticas a João Goulart e seus aliados. Primeiro, porque não havia denúncia envolvendo pessoalmente Goulart; segundo, por estar ainda muito próxima a sensação de decepção causada por Jânio Quadros, líder eleito para varrer a sujeira e cuja renúncia inexplicável deixou perplexos seus seguidores, tornando mais difícil mobilizar as ruas com base em discursos anticorrupção; finalmente porque, com o agravamento da crise política e a sensação de iminente ruptura institucional ou guerra civil, acusações sobre improbidade administrativa tornaram-se problema menor. Nos discursos e mobilizações públicas contra João Goulart, como vimos, predominaram as acusações de que ele conspirava com a esquerda visando um governo autoritário.

Assim, a temática da luta contra a corrupção somente adquire centralidade nos discursos dos líderes do golpe após terem ascendido ao poder. Nesse momento, para manter o clima de mobilização política e justificar a necessidade do Estado autoritário, os apoiadores da ditadura construíram o discurso sobre o inimigo duplo da "revolução". Pouco após o início do governo Castelo Branco, difundiu-se que seria preciso derrotar não apenas a esquerda e o comunismo, o problema principal, mas também um segundo alvo, a corrupção.

A imprensa favorável ao golpe teve papel-chave nessa operação discursiva, que percebemos em editoriais de meados de abril de 1964 publicados por jornais influentes como *O Globo* e *O Estado de S. Paulo*.[7] Após a ênfase inicial no tom anticomunista, ambos passaram a estimular o novo governo a se voltar também contra a corrupção. O argumento era que não bastava derrotar o comunismo: o novo regime precisaria também sanear a corrupção e os corruptos, até porque, afirmavam esses apoiadores da ditadura, os últimos seriam aliados dos vermelhos e igualmente tentariam minar o sucesso do novo regime. A chave para entender a real motivação desses discursos estava em um dos textos, que alertou o governo para o fato de o combate à corrupção ser uma das principais expectativas da sociedade. Esse era o ponto essencial. A "luta" contra a corrupção seria um dos caminhos para atrair apoio popular.

Tratava-se de encontrar outro inimigo para combater, já que a ofensiva anticomunista não seria suficiente como discurso legitimador para a ditadura e para suas ações e agentes repressivos. A "limpeza" e o "saneamento" do país passariam, portanto, pela eliminação dos dois inimigos. Assim, a campanha anticorrupção possuía forte motivação oportunista, já que o tema poderia ser explorado para atrair apoio social e garantir legitimidade à ditadura entre uma parte da população, ao menos. Seriam sensibilizados os mesmos grupos sociais empolgados pela retórica anticorrupção nos anos anteriores, que, significativamente, tinham uma tendência a perceber mais o problema quando os alvos estavam relacionados à esquerda. No entanto, é importante notar também a presença de elementos de convicção nessa luta contra a corrupção, cujo apelo moralizador era especialmente forte entre os militares.

O elemento oportunista fica claro quando observamos os resultados das ações do Estado para punir pessoas acusadas de corrupção, em que foi notável a interferência de critérios políticos. Em poucas palavras, os "corruptos" perseguidos em geral tinham ligações com grupos considerados inimigos políticos da ditadura, ou então eram figuras sem maior identificação com o regime de 1964. As lideranças políticas, administrativas e empresariais conectadas à ditadura e suspeitas de corrupção ou de práticas ilícitas foram protegidas pelo Estado, e, em muitos casos, as evidências contra elas não chegaram ao conhecimento público graças à censura ou à aliança com a imprensa.

As medidas da ditadura contra a corrupção

Para oferecer uma análise adequada do tema, com a devida atenção para sua complexidade, a melhor opção é abordar as iniciativas tomadas pela ditadura para lidar com a corrupção ao longo do tempo. À medida que avançarmos na análise das campanhas anticorrupção dos governos militares, mostrando como elas se desenrolaram durante as diferentes fases do regime autoritário, os resultados — e os fracassos — das promessas "saneadoras" dos seus líderes serão mais bem esclarecidos.

Na primeira ofensiva repressora da ditadura, nas semanas imediatas ao golpe, as ações concretas contra os suspeitos de corrupção foram a cassação de mandatos parlamentares e a perda de cargos públicos. O primeiro AI, de 9 de abril de 1964, autorizou o Poder Executivo a cometer tais medidas persecutórias durante prazo limitado de tempo, sessenta dias no caso das cassações políticas e seis meses no caso do expurgo no serviço público. As principais justificativas para tais medidas discricionárias tinham natureza política, como se vê na descrição das "faltas" que seriam passíveis de punição pelo AI: atentar contra a segurança do país e contra o "regime democrático", praticar crime contra a ordem política e social ou cometer atos de guerra revolucionária. Quanto aos suspeitos de corrupção, o AI previa punição para quem atentasse contra a probidade da administração pública ou praticasse crime contra o Estado ou seu patrimônio. O mesmo texto estabeleceu que investigações sumárias fundamentariam as punições.⁸ Significativamente, não se previu o direito dos suspeitos à justa defesa.

As investigações foram conduzidas por meio de Inquérito Policial-Militar (IPM), um processo previsto nos códigos militares, sendo que geralmente oficiais radicais assumiram a direção de tais inquéritos. Também foram criadas comissões de investigação em órgãos públicos civis, especialmente no Ministério da Educação. Para tentar coordenar os mais de setecentos IPMs abertos no período, que supostamente tinham em mira ao mesmo tempo o comunismo e a corrupção, o governo criou a Comissão Geral de Investigações (CGI), em 27 de abril de 1964, sob o comando do marechal Estêvão Taurino de Resende.⁹

A CGI teria a duração de seis meses, mesmo período estabelecido para o expurgo do serviço público. Essa primeira CGI teve dificuldades para atuar, pois tinha poucos funcionários frente à enorme demanda punitiva. Além disso, surgiram disputas envolvendo a chamada linha dura, o grupo de militares (que eram maioria) e civis que defendia o endurecimento nas punições aos "inimigos" e agiram como fonte de pressão sobre o governo Castelo Branco. A crise chegou à própria CGI quando o filho de Taurino de Resende, que era professor universitário em Recife, foi preso acusado de ligações esquerdistas, provocando a demissão de seu pai do cargo.

Para sucedê-lo foi nomeado o almirante Paulo Bosísio, que ao fim dos trabalhos da CGI, em outubro de 1964, emitiu um relatório cujo tom era de queixa contra a falta de tempo para corrigir a corrupção no país.¹⁰ Outros militares iriam se apropriar desse mote, e nos anos seguintes demandariam ações mais duras para "sanear" o país. De qualquer modo, os trabalhos de investigação tiveram pouco efeito em relação aos expurgos, pois em muitos casos não houve inquérito e a maioria dos atingidos não foi informada sobre o teor das acusações. Por isso, é difícil estimar quantos entre os milhares de servidores públicos (federais, estaduais e municipais) aposentados ou exonerados em 1964 eram suspeitos de corrupção ou de "comunismo". O mais provável é que a maioria tenha sido classificada na categoria de inimigo político.

Quanto aos líderes políticos cassados, tampouco há indicações conclusivas. Um caso notório foi o do deputado Moisés Lupion, cassado nos primeiros dias do golpe de 1964. Ele havia sido governador do Paraná entre meados dos anos 1950 e início dos 1960, período em que foi acusado de corrupção e de enriquecimento ilícito, especialmente devido ao apossamento de terras públicas. O escândalo tornou Lupion uma celebridade nacional no início dos anos 1960, de maneira que sua cassação em 1964 foi usada como exemplo do empenho da ditadura em "limpar" o país.[11]

A cassação do então senador e ex-presidente Kubitschek, em junho de 1964, alcançou ainda maior visibilidade. Além de ser acusado de práticas ilícitas, ele era odiado à direita por suas alianças eleitorais com os comunistas. Importante referir que, devido à forte pressão dos setores mais radicais da ditadura, JK foi cassado mesmo tendo apoiado o golpe e votado na eleição indireta de Castelo Branco. A adesão de última hora do ex-presidente mineiro ao barco golpista não foi suficiente para angariar a confiança dos novos donos do poder, que não perdoaram desavenças passadas. Para além da fúria moralizadora, interessava à ditadura cassar os direitos políticos de JK para evitar que fosse candidato nas eleições seguintes, pois se tratava de líder muito popular.

Investigações sobre o patrimônio de JK seguiram pelos anos posteriores, sem que se conseguisse provar enriquecimento ilícito. Significativamente, em maio de 1968 o STF derrubou ação da Procuradoria-Geral da República que pretendia confiscar um apartamento de JK sob alegação de que seria resultado de propina.[12] Situação semelhante foi enfrentada por João Goulart, acusado tanto de fomentar a ameaça comunista como de enriquecer na vida pública. A ditadura fez publicar acusações e suspeitas sobre a origem de seu patrimônio, para comprometer sua imagem pública, e investigou seus negócios (ele era fazendeiro) com lupa. Mas nada foi encontrado para provar as acusações.

Apesar do expurgo em larga escala em 1964, a direita radical permaneceu insatisfeita e achando que o trabalho estava incompleto. A pressão pela punição dos corruptos provinha sobretudo da linha dura. Para esse grupo, o "saneamento" tinha sido insuficiente por culpa das instituições liberais ainda vigentes, como o Poder Judiciário, que em muitos casos libertou pessoas presas sem culpa formada ou sem provas. O governo Castelo Branco também era criticado por suposta timidez nas punições, com acusações de que estaria traindo a "revolução".

A linha dura protestava contra a curta (a seu ver) duração dos dispositivos punitivos do AI, que expirariam em outubro de 1964, e exigia sua renovação e radicalização, ou seja, restringir ainda mais as liberdades e garantias individuais e aumentar o poder discricionário do Estado. Uma das motivações para instaurar o AI-5 foi exatamente fortalecer o Poder Executivo de modo a retirar os entraves à desejada "limpeza" do país.

Durante o expurgo inicial comandado pelo governo Castelo Branco, a situação mais irritante para a direita moralizadora envolveu o então governador de São Paulo, Ademar de Barros. Tal como no caso de JK, o governo federal sofreu forte pressão para cassá-lo, ainda que uma futura disputa presidencial não fosse um fator em jogo nesse caso. Os objetivos dos grupos que atacavam Barros tinham a ver com disputas regionais em São Paulo, mas era forte também o desejo de atender à ânsia moralizadora, que era sincera em alguns segmentos golpistas. Desde os anos 1940, quando fora interventor em São Paulo durante a ditadura do Estado Novo, Barros era considerado um político corrupto. Ele envolveu-se em vários escândalos e processos judiciais, o que não impediu sua eleição para a prefeitura e depois para o governo estadual, apesar da indisposição da grande imprensa paulista.

Como governador de São Paulo, Ademar teve papel importante na mobilização direitista prévia ao golpe de 1964, tanto na organização da primeira Marcha da Família com Deus pela Liberdade como na preparação de forças militares. Devido à sua posição destacada entre os líderes civis do golpe, era difícil cassá-lo, pois ele usava a "revolução" como blindagem.[13] Outro trunfo e garantia importante do governador era a polícia militar estadual, composta de 30 mil homens, que poderia ser mobilizada caso o governo federal agisse contra ele. Além disso, Barros manobrava bem nos bastidores para obter apoio. Segundo o consulado norte-americano de São Paulo, ele havia ganhado a simpatia de uma figura poderosa, o general Costa e Silva, então ministro da Guerra, pagando dívidas de jogo do militar.[14] Graças ao presidente Castelo Branco, que chegou a intervir nas comissões de investigação para blindá-lo, para profundo desgosto da linha dura, Ademar escapou do expurgo em 1964, apesar de todas as pressões contra ele.[15]

No entanto, a cassação de Ademar de Barros acabou sendo concretizada em junho de 1966, quando o governo voltara a ter o poder de suspender mandatos e direitos políticos graças à entrada em vigor do AI-2, em outubro de 1965. Mas a razão efetiva para a punição de Ademar não foi a corrupção, e sim a sua aproximação com o MDB e as articulações que vinha fazendo para influenciar as eleições indiretas em São Paulo e emplacar um candidato na sucessão estadual que ocorreria no final de 1966, o que contrariava a vontade de Brasília de impor um nome próprio.

O caso de Ademar de Barros é um exemplo de como o tema da corrupção foi manipulado pelos chefes da ditadura, pois os alvos atingidos sob a justificativa de serem corruptos eram definidos prioritariamente por motivação política. Situação semelhante ocorreu no setor empresarial, por exemplo com a empresa aérea Panair, então uma das maiores firmas brasileiras. A Panair foi perseguida e fechada por iniciativa da ditadura, com o argumento formal de má administração e envolvimento em corrupção. Mas o objetivo real era punir o grupo controlador da empresa, que tinha ligações com Juscelino Kubitschek e João Goulart.[16]

A entrada em vigor da Constituição de 1967 implicou a redução (temporária) dos meios discricionários à disposição da ditadura. Mas o recrudescimento autoritário após a edição do AI-5, em dezembro de 1968, permitiu aos agentes estatais retomarem a perseguição aos "inimigos". A reabertura da temporada de cassações, expurgos e prisões em larga escala propiciou um novo ciclo repressivo. O inimigo principal a ser abatido eram os grupos de esquerda, em especial os que pegaram em armas para lutar contra a ditadura. Porém, a ânsia repressiva abriu espaço também para a retomada da campanha contra a corrupção, tema que sensibilizava particularmente a direita radical, grupo que ganhou mais espaços de poder no Estado a partir da edição do AI-5.

Logo na sequência do AI-5, ainda em dezembro de 1968, foi criada uma nova CGI.[17] Outra medida que agradou aos defensores da moralização por meios autoritários foi a edição do Ato Complementar n. 42, que autorizava o presidente da República a confiscar bens de pessoas acusadas de corrupção e enriquecimento ilícito.[18] Tratava-se de uma demanda apresentada por coronéis da linha dura em 1965, que, ao ser atendida, permitiria dar consequências mais concretas às investigações contra a corrupção.

Diferentemente de sua primeira versão, a CGI criada no fim de 1968 não tinha prazo para encerrar as investigações, e seu foco restringiu-se a temas afetos à corrupção e às práticas administrativas ilícitas. Como o expurgo em 1964 gerou investigações pouco coordenadas, dessa feita os responsáveis pelo novo ciclo repressivo tentaram organizar melhor o trabalho. Para tanto, distinguiram as atividades de combate à subversão do trabalho de punição à corrupção. Para coordenar a investigação de crimes políticos foi criada a Comissão Geral de Inquérito Policial-Militar, distinta da CGI. Com foco exclusivo nos acusados de corrupção e enriquecimento ilícito, a nova CGI foi mais bem aparelhada que a anterior, contando com mais funcionários e representação nos estados.[19]

A comissão atuou durante cerca de dez anos, sendo encerrada junto com a extinção do AI-5, no início de 1979. Ela se concentrou basicamente na investigação de políticos e empresários suspeitos de atos ilícitos envolvendo direta ou indiretamente o poder público, embora tenha se ocupado de outros tipos de contravenção também (contrabando, por exemplo). Dentre as ações da CGI destacou-se a punição de alguns políticos, em grande parte ligados a desafetos da ditadura, como JK. No entanto, a maioria dos processos conduzidos pela comissão foi arquivada e não gerou consequências. Significativamente, nenhum dos grandes grupos empresariais que apoiavam a ditadura foi investigado. O saldo efetivo após a averiguação de milhares de pessoas foi o confisco dos bens de algumas dezenas de indivíduos e empresas,[20] um resultado modesto tendo em vista a escala da propaganda e dos discursos oficiais em torno da "luta" contra a corrupção.

Além da CGI, no início de 1969 foram instaladas Comissões de Investigação Sumária conectadas a alguns ministérios, como a Cisex (do Exército) e a Cismec (do MEC), que atuaram nas "investigações" que fundamentaram os expurgos de funcionários públicos das respectivas áreas. Ademais, os órgãos da comunidade de informações também se interessaram em apurar acusações de corrupção e atos ilícitos na administração pública, embora não tivessem poder de decisão. De todas essas iniciativas persecutórias resultou a aposentadoria compulsória ou a exoneração de algumas centenas de servidores públicos em 1969-70, com destaque para professores, cientistas e diplomatas. A maioria dos atingidos entrou na mira por razões políticas, mas, em alguns casos, suspeitas de "corrupção moral" levaram ao expurgo, notadamente a acusação de práticas homossexuais.[21]

Enquanto a CGI e demais órgãos se ocuparam de vigiar e punir "peixes pequenos" e políticos desafetos da ditadura, os grandes projetos de crescimento econômico tocados pelo Estado nos anos 1970 geraram muitas oportunidades para que figuras poderosas desviassem recursos públicos. As obras e demais empreendimentos econômicos de larga escala geridos pela ditadura mobilizaram enorme volume de dinheiro. Em meio a tantos negócios surgiram brechas para negociatas, e logo figuras de destaque dos governos militares envolveram-se em casos escusos, notadamente no segmento das grandes obras de infraestrutura.[22]

Além de ter ampliado os recursos públicos em circulação, a ditadura tinha outra faceta que favoreceu a corrupção: a censura. Muitas denúncias de irregularidades não chegaram ao conhecimento do público devido à pressão do Estado sobre os meios de comunicação. Somente quando a ditadura entrou em crise e as disputas entre seus apoiadores aumentaram foi que tais situações começaram a ser divulgadas mais amplamente, levando as campanhas anticorrupção conduzidas pelos militares ao descrédito.

As práticas corruptas de agentes e líderes do regime autoritário

Quando falamos de corrupção na ditadura, um dos casos mais notórios envolve o empresário e político Paulo Maluf. Na verdade, podemos dizer taxativamente que Maluf foi uma cria da ditadura, pois foi sob as asas do Estado autoritário que ele entrou na vida política. Após ter dirigido a Caixa Econômica Federal, ele foi o escolhido pelo general Costa e Silva para ocupar a prefeitura de São Paulo, em 1969. Teoricamente, quem deveria indicar o prefeito da capital era o governador do estado, mas o presidente impôs a sua vontade, gerando estranhamento e mal-estar em certos círculos da elite paulista, uma vez que Maluf era desconhecido publicamente e havia nomes disponíveis que contariam com maior reconhecimento popular.[23] A propósito, sua indicação mostra que, na ocasião — período inicial do AI-5 —, os dirigentes da ditadura se preocupavam pouco com a reação popular a suas decisões.

Na época circularam boatos de que a escolha de Maluf se devia a relações corruptas com o grupo em torno de Costa e Silva. Segundo algumas versões, a opção por seu nome se deveu à pressão da esposa do presidente, Yolanda Costa e Silva.[24] Mesmo que tenha sido apenas boato e sua ascensão ao posto de prefeito de São Paulo não envolvesse interesses escusos, o cargo lhe abriu caminho para uma carreira política notoriamente escandalosa. Ele se envolveria, ao longo dos anos, em muitas acusações de desvios e mau uso de recursos estatais, aproveitando-se sobretudo das oportunidades abertas por obras de infraestrutura realizadas em suas gestões. Esses negócios foram usados por Maluf para construir uma reputação popular de grande potencial eleitoral e, também, para obter o controle das bases da Arena de São Paulo.

Embora Maluf fosse uma cria da ditadura, alguns dos seus líderes preferiam que ele não ascendesse politicamente, pelo constrangimento que poderia causar ao regime militar. Em 1978, durante o processo de escolha dos governadores para o mandato que se iniciaria em 1979, Maluf se aproveitou da distensão para impor-se como candidato da Arena paulista, contra a vontade do presidente Ernesto Geisel, que preferia outro nome. Geisel fez um gesto público para mostrar-se distante de Maluf. Seguindo recomendação da CGI, ele determinou o confisco de bens da empresa Lutfalla, que era ligada à família da esposa de Maluf, assim como dos bens de seus diretores.²⁵ A acusação era de uso de influência política para obtenção de empréstimo junto ao Banco Nacional de Desenvolvimento Econômico (BNDE, depois BNDES, a partir de 1982) para empresa em estado de falência, gerando prejuízo público.

Mesmo assim, e apesar da pressão de aliados para que usasse o poder do AI-5 a fim de impedir a ascensão política de Maluf, Geisel evitou medida mais dura contra o político paulista. Entre outros possíveis motivos, a decisão foi determinada pela estratégia de fortalecer e popularizar o partido da ditadura, e Maluf tinha apoio de parcela da opinião pública devido à sua eficiência como tocador de obras. Mais adiante, tentaria ganhar a presidência na sucessão do general Figueiredo, para isso contando com o apoio da parte majoritária da Arena e de uma facção dos militares. No entanto, outros setores governistas preferiram marchar com a oposição, tema a ser analisado no final do livro.

Significativamente, para ser candidato à presidência em 1984 Maluf teve de derrotar outra figura que se celebrizou como tocador de obras da ditadura, Mario Andreazza, que disputou com ele o posto de candidato do partido oficial. Tal como o ex-prefeito de São Paulo, Andreazza se aproveitou da expansão econômica do período do "milagre" para construir alianças no mundo empresarial e amealhar recursos para financiar sua carreira política. Sua liderança foi construída após ocupar os ministérios dos Transportes (1967-74) e do Interior (1979-85), órgãos-chave na gestão dos grandes projetos de engenharia e infraestrutura. Andreazza nunca foi processado formalmente, mas teve de responder a denúncias de favorecimento ilícito a grupos privados e foi convocado a depor no Congresso Nacional no início do governo Figueiredo.[26] Já Maluf seria condenado e preso muitos anos depois do fim da ditadura, em 2017, após responder a inúmeros processos criminais.

Maluf e Andreazza são exemplos notórios da exploração de oportunidades de negócios escusos na ditadura. Mas houve também denúncias graves contra outro nome de destaque, Delfim Netto, o principal condutor da política econômica dos governos militares. Durante a presidência de Geisel, Delfim foi despachado para o posto de embaixador na França, para afastá-lo do país e reduzir sua crescente influência nos meios empresariais e políticos. Cerca de dois anos depois, em 1976, o adido militar da embaixada, coronel Raimundo Saraiva Martins, enviou a Brasília um relatório informando que o embaixador cobrava propina de empresários franceses com projetos econômicos no Brasil. O relatório acabou em uma gaveta do SNI, embora seu conteúdo circulasse nos meios políticos e gerasse acusações a Delfim. No final de 1978, por exemplo, líderes do MDB (entre eles o ex-deputado cassado Francisco Pinto) fizeram menção às denúncias, mas a imprensa tratou o caso de maneira discreta, às vezes criticando os denunciantes.[27] Apenas ao fim da ditadura os detalhes do relatório Saraiva vieram a conhecimento público.

Além desses casos mais notórios e de maior relevância em termos dos recursos financeiros envolvidos, existem muitos registros sobre corrupção e atos ilícitos de menor envergadura cometidos sob a sombra do regime militar, que são conhecidos hoje devido à abertura de arquivos oficiais. Além da CGI, ocasionalmente a comunidade de informações também se ocupou de investigar casos suspeitos de corrupção. A preocupação era evitar que as práticas administrativas ilícitas minassem a credibilidade do regime. Por exemplo, em 1976 agentes de informação federais em São Paulo foram removidos dos seus cargos devido a evidências de que favoreciam interesses de faculdades privadas em troca de propina,[28] no entanto os órgãos estatais não deram publicidade ao caso, para preservar a imagem da ditadura.

A propósito, o SNI também tentou acobertar escândalos de maior escala pública para evitar má repercussão para os governos militares, chegando a articular esquemas com alguns jornalistas escusos para ganhar publicidade favorável ao Estado. Um desses casos envolveu o jornalista Alexandre Baumgarten, assassinado como queima de arquivo em 1982.[29] Na área das agências de informação e repressão, também existem denúncias de corrupção envolvendo a venda de proteção em troca de propina, para tirar certos nomes das listas de cassação ou para liberar passaportes retidos por razões políticas. Além disso, segundo informações colhidas por diplomatas norte-americanos, algumas pessoas conseguiram evitar a punição pagando propinas a figuras poderosas do governo, inclusive a um ministro da Justiça.[30]

No período final da distensão, principalmente a partir de 1978, a maior liberdade de imprensa e os choques internos na ditadura permitiram que algumas denúncias contra autoridades estatais viessem a público. Uma das fontes de denúncia foi o general Hugo Abreu, que após ter ocupado a chefia do Gabinete Militar de Geisel rompeu com o presidente, por discordar da escolha do general Figueiredo para chefiar o governo seguinte. Além de ter se aproximado da oposição e ajudado a montar a candidatura presidencial do general Euler Bentes pelo

MDB, Abreu fez graves denúncias que chegaram à imprensa. Em outubro de 1978, ele enviou uma carta a um grupo de generais acusando o governo Geisel de estar envolvido em (ou ao menos tentar acobertar) casos de corrupção.[31] Foi punido com um período de encarceramento, mas o tema ganhou a imprensa de oposição, que usou a imagem do "mar de lama" para se referir ao governo Geisel, uma referência irônica à campanha anticorrupção dos anos 1950 contra Vargas, que foi movida principalmente pelos militares.

O principal alvo das denúncias de Abreu era o general Golbery do Couto e Silva, então chefe da Casa Civil, acusado de favorecer com verbas públicas a empresa multinacional Dow Chemical, da qual havia sido diretor. Diferentemente de Delfim Netto, que foi protegido pela imprensa — porque ela acreditava em sua inocência, ou por ter maior afinidade com o economista, ou por alguma outra razão —, Golbery mereceu menor complacência e precisou se esforçar para trazer explicações ao público.[32] Nesse momento, às vésperas das eleições parlamentares de 1978, outras lideranças e projetos da ditadura foram igualmente denunciados por práticas corruptas, em casos envolvendo empresas como Petrobras, Angra, BNDE e outros empreendimentos econômicos ligados ao Estado.

Na ausência de risco de punição para essas figuras, que contavam com a proteção do Estado autoritário, o que estava em jogo era preservar a imagem pública de um regime político que durante anos se apresentara como paladino da luta contra a corrupção. Portanto, em seus anos finais, a aura de regime empenhado em limpar o país da corrupção perdeu credibilidade. No início da década de 1980, no governo de Figueiredo, à medida que se ampliava a liberdade de expressão e que o regime autoritário se enfraquecia, episódios escusos ocorridos nos anos anteriores ou na própria gestão do último general presidente foram sendo apresentados à opinião pública, como os casos Capemi, Grupo Delfin e Coroa-Brastel, entre outros.

O PRINCIPAL OBJETIVO DAS CAMPANHAS anticorrupção foi conquistar popularidade para o governo, enquanto seu mais importante efeito foi remover desafetos do cenário político. As ações nunca atingiram lideranças importantes próximas ao campo governista, fossem políticos ou empresários. Na prática, as pessoas punidas efetivamente eram peixes pequenos do cenário político (como Moisés Lupion) ou então modestos funcionários públicos. Quanto ao órgão criado para organizar o combate à corrupção, a CGI, seus resultados após dez anos investigando milhares de pessoas foram limitados, já que o número de atingidos por suas ações foi modesto.

Figuras de destaque dos quadros administrativos da ditadura foram poupadas das investigações, embora houvesse suspeitas e denúncias contra elas. Significativamente, ao mesmo tempo que aliados eram poupados, o Estado agia de maneira assimétrica, expurgando certas personalidades por motivações que tinham menos a ver com corrupção e mais com a intenção de afastar adversários políticos do cenário público. Tal foi, claramente, a razão para as punições de Juscelino Kubitschek e Ademar de Barros, enquanto no caso de João Goulart as denúncias, nunca provadas, foram utilizadas para comprometer a sua imagem pública.

Enquanto a "luta" contra a corrupção era propagandeada para convencer a população de que se tratava de governo honesto e saneador de todos os males, lideranças corruptas se aproveitaram da máquina pública em benefício próprio, desviando dinheiro de forma ilícita e imoral sob o manto protetor do autoritarismo e da censura. Devido às pressões para que não fossem divulgados, é difícil avaliar a extensão dos casos de corrupção envolvendo órgãos públicos durante a ditadura, e consequentemente é complexo comparar a incidência de tais práticas com os períodos anteriores e posteriores.

De todo modo, não há qualquer evidência de que a ditadura tenha conseguido reduzir a corrupção pública. Mas podemos afirmar com certeza absoluta que o Estado autoritário não eliminou as práticas ilícitas, que continuaram a ocorrer nos altos escalões. Seria, portanto, ingênuo acreditar no discurso oficial de que a ditadura tornou a máquina pública mais limpa.

O controle das informações e a censura favorecem as práticas ilícitas, pela certeza da impunidade, enquanto nos regimes democráticos, ao contrário, é mais fácil denunciar os erros cometidos pelos poderosos.

9. O "milagre" econômico e a sua problemática herança

O ARGUMENTO DE QUE TERIA HAVIDO um "milagre" econômico durante a ditadura militar é bastante conhecido. E também muito manipulado, com a motivação de justificar o autoritarismo. As realizações econômicas no período da ditadura são apresentadas por seus defensores como um grande serviço prestado ao país. Em certos discursos, é como se fossem uma compensação pelo regime autoritário que os brasileiros tiveram de suportar. Nas versões elogiosas aparecem apenas os dados brutos de crescimento, sem levar em consideração os aspectos sociais do processo e tampouco os desequilíbrios econômicos gerados pela expansão rápida.

Por maior que seja nosso sentimento de rejeição à ditadura, principalmente devido a seu caráter violento e autoritário, não há como negar que durante aqueles anos ocorreu forte crescimento econômico. Duvidar dessa realidade seria pueril, pois os dados estatísticos são eloquentes. No entanto, é preciso aplicar um olhar capaz de abarcar um período mais amplo. A ditadura se inscreveu no grande crescimento experimentado pela economia brasileira a partir dos anos 1940, cujo carro-chefe foi a industrialização. A média de crescimento nas duas décadas anteriores ao regime militar foi de aproximadamente 7% do PIB ao ano,[1] o que colocou o Brasil entre os países com as maiores taxas de expansão econômica no mesmo período. No início do século XX éramos a 25ª nação mais rica do mundo, enquanto no seu final tínhamos passado à oitava colocação.

Assim, se fôssemos falar em "milagre", uma expressão questionável mas aplicada anteriormente aos casos de crescimento econômico acelerado do Japão e da Alemanha, teríamos de nos referir a um período mais largo para o caso brasileiro, e não apenas à fase da ditadura. Aliás, se fôssemos realmente comparar o suposto milagre da ditadura com os casos alemão e japonês (outros países poderiam ser acrescentados à lista), teríamos de apontar os diferentes resultados sociais alcançados por cada um, pois naqueles países, ao contrário do Brasil, o crescimento econômico foi acompanhado de melhoria nos indicadores sociais.

A ditadura militar herdou um arranjo econômico que foi estruturado inicialmente no período Vargas, baseado no intervencionismo e no planejamento estatal combinados com a participação de capital privado (nacional e internacional). O modelo foi aprofundado durante os anos de Juscelino Kubitschek, cujo Plano de Metas propiciou grande crescimento econômico, que ele procurou captar — e explorar — com o lema "50 anos em 5".[2] Importante mencionar que a expansão econômica sob o governo JK se deu em regime democrático, quando as forças de oposição eram respeitadas e tiveram o direito de disputar e ganhar o poder na sua sucessão, e, além disso, não foi acompanhada de arrocho salarial e repressão política.

Nesse sentido, o projeto da ditadura militar se assemelha mais ao desenho da ditadura varguista, que, da mesma forma, combinou modernização econômica com repressão e autoritarismo. As semelhanças entre as duas ditaduras nos permitem afirmar que ambas fizeram parte de um processo de modernização conservadora e autoritária. Em outras palavras, tratou-se de projetos políticos orientados para modernizar o aparato econômico mas, simultaneamente, evitar mudanças nas estruturas sociais com base na repressão política.

O "milagre" econômico do regime autoritário na verdade foi para poucos, promovendo concentração de renda e achatamento salarial. A gestão econômica da ditadura foi marcada por desperdício de recursos e projetos megalômanos, que, junto a outras opções equivocadas, no fim deixaram o país em situação dramática, com dívida externa impagável e hiperinflação fora de controle.

Planos e ações da ditadura no setor da economia

Antes de analisar os resultados econômicos da ditadura, vejamos como as políticas para a área foram montadas, com atenção para as suas diferentes fases. É importante perceber que as políticas econômicas do regime autoritário também possuem uma história, cuja análise é necessária para melhor compreensão do processo, que nada teve de linear. Afinal, as decisões dos líderes foram tomadas não somente devido a esquemas preconcebidos, mas também sob a pressão de diferentes contextos em que se conjugaram disputas de interesses (econômicos, burocráticos), objetivos ideológicos, cálculos políticos e o impacto do quadro internacional.

Assim como no caso de outros aspectos do desenho institucional da ditadura, o governo do general Castelo Branco foi decisivo no que toca às políticas econômicas adotadas entre

1964 e 1985. Muitas das suas opções marcaram os caminhos trilhados pelos generais presidentes seguintes, mesmo quando fizeram ajustes no modelo inicial. Significativamente, Castelo Branco presidiu o governo mais liberal da ditadura do ponto de vista econômico, em parte por ter sido o mais influenciado pelos Estados Unidos. Destaque-se, ademais, que em sua gestão foram notadamente influentes algumas lideranças conectadas ao Ipes, uma entidade empresarial com papel importante no golpe.[3] Os auxiliares-chave de Castelo Branco na área econômica foram os ministros Roberto Campos, do Planejamento, e Octávio Bulhões, da Fazenda, cabendo destaque ao primeiro, um diplomata de carreira e economista.

O principal instrumento de orientação em sua gestão foi o Plano de Ação Econômica do Governo (Paeg), que primou por implantar medidas de caráter liberal e recessivo. A maior preocupação era reduzir a inflação, que ultrapassara a marca de 90% ao ano no fim do governo Goulart. O índice era considerado intolerável naquela altura, mas o regime militar ofereceria ao país índices muito piores nos anos seguintes.

O outro grande desafio era o balanço de pagamentos, em que ocorria desequilíbrio entre a entrada e a saída de dólares. Esse era um problema desde os anos 1930, devido à queda da renda com a exportação de café (e outros produtos primários) e ao aumento da necessidade de recursos para importar bens indispensáveis à expansão industrial, além da crescente demanda para enviar ao exterior os lucros obtidos pelas empresas estrangeiras. Em outras palavras, os dólares que entravam no país pela exportação de produtos nacionais e pelo investimento estrangeiro não compensavam as saídas para pagar importações e para remunerar o capital investido. O problema se agravou no governo JK e ainda mais no de Goulart, gerando a proposta de limitar a remessa de lucros para tentar o equilíbrio das transações econômicas internacionais.[4]

As respostas liberais de Castelo Branco a tais desafios passaram pela negociação favorável ao capital estrangeiro — para atrair investimentos externos e tentar melhorar o balanço de pagamentos — e pela redução da atividade econômica como estratégia para conter os preços. As medidas anti-inflacionárias seguiram o padrão recomendado pelas instituições financeiras internacionais. O governo reduziu o dinheiro em circulação por meio da compressão de salários e do crédito às empresas, um remédio amargo que provocou uma recessão econômica no setor industrial, gerando quebra de empresas e desemprego. Para reduzir os salários reais, a autoridade econômica deixou a própria inflação fazer o serviço sujo. Bastava não os corrigir na mesma proporção do aumento no custo de vida, e para tanto foi criada uma fórmula de correção complexa que misturava a inflação passada com a expectativa de inflação (baixa) futura.[5] Importante reiterar que os instrumentos repressivos dificultavam uma resposta dos trabalhadores: além de temerem os riscos de fazer protestos públicos em tempos de ditadura, eles tinham perdido seus principais líderes, que estavam presos ou exilados.

Outra perda importante para os trabalhadores foi a de estabilidade no emprego, que era alcançada após dez anos de trabalho na mesma empresa. A ditadura cancelou esse direito e colocou no lugar o Fundo de Garantia do Tempo de Serviço (FGTS), um fundo baseado em contribuição patronal e em descontos nos salários dos próprios trabalhadores, gerando um valor a ser sacado no momento da demissão do empregado. As empresas ganharam, assim, facilidade para demitir — e com isso o poder de baixar os salários contratando gente mais jovem. Os recursos depositados no FGTS teriam notável impacto econômico nos anos seguintes, na medida em que irrigaram o Banco Nacional de Habitação (BNH), agência que financiaria a construção habitacional e alavancaria a indústria da construção civil.

No que toca à falta de moeda forte, a saída escolhida pela ditadura foi favorecer o capital estrangeiro e resolver os conflitos produzidos durante a gestão de Goulart. Castelo Branco cancelou o limite à remessa de lucros instituído pelo antecessor, retirou entraves a investimentos em áreas até então protegidas em nome do interesse nacional (sobretudo a mineração) e pagou generosamente pelas empresas estrangeiras em processo de desapropriação desde o governo anterior (ITT e Amforp).[6] Além disso, houve constante desvalorização da moeda brasileira para encarecer as importações e favorecer as exportações, medida que jogava lenha para a inflação, mas buscava reter dólares no Brasil. Porém, o principal plano para lidar com os problemas no balanço de pagamentos passava pela atração do capital estrangeiro, que seria seduzido pela expectativa de melhora no ambiente para os investimentos.

De início, o principal montante de dólares que entrou no Brasil era proveniente do setor público, mais precisamente empréstimos ou concessões de agências do governo norte-americano (Usaid e Eximbank), que estava muito empenhado em ajudar Castelo Branco.[7] Assim, o apoio político do governo estadunidense trouxe alívio imediato às contas externas, enquanto nos anos seguintes o capital privado estrangeiro também aumentou investimentos, atraído pelas possibilidades de lucro abertas pelo "milagre" (a partir de 1968). Mesmo assim o problema estrutural — rendas de exportação insuficientes para compensar a saída de dólares — permaneceu, pois o aumento das atividades do capital estrangeiro ampliaria a necessidade de exportar lucros no futuro, enquanto o crescimento industrial incrementaria a necessidade de importar insumos. Por isso, uma crise mais grave no balanço de pagamentos acabou ocorrendo ao fim da ditadura.

Outra medida de largo impacto implantada na gestão Castelo Branco foi a reforma tributária, com a criação de novos impostos e o aperfeiçoamento no sistema de arrecadação.[8] O aparato público de cobrança ficou mais eficiente e abrangente, mas não necessariamente mais justo, já que tributou mais as classes médias do que os ricos. De qualquer modo, as mudanças provocaram aumento nos recursos à disposição do Estado. A melhora da situação do erário deveu-se também à criação de mecanismos de indexação monetária, cujo objetivo era proteger contratos e dívidas em relação à inflação, o que deu mais credibilidade à venda de títulos públicos para financiar os gastos governamentais. Dessa forma, o governo passou a contar com recursos sem necessidade de emitir moeda, o que evitava pressionar mais a inflação.[9] Outra medida econômica marcante da fase inicial da ditadura foi a criação do Banco Central, para substituir as agências mais modestas até então existentes. O BC e a indexação monetária representaram as principais iniciativas para modernizar e fortalecer o mercado de capitais brasileiro.

No entanto, o governo Castelo Branco não agradou inteiramente aos defensores do liberalismo ortodoxo. Embora tenha sido o mais liberal de todos os governos da ditadura, ele avançou a intervenção do Estado em algumas áreas, como o já mencionado sistema habitacional e os sistemas elétrico e de telecomunicações, sendo que para controlar o último foi criada a Embratel, em 1965. Além disso, as estruturas corporativistas herdadas do varguismo se ampliaram, com a criação de um sistema previdenciário unificado — o Instituto Nacional de Previdência Social (INPS) — e a expansão do sindicalismo oficial ligado ao Ministério do Trabalho, que passou a incluir os trabalhadores rurais.[10] Esse modelo corporativista não agradava aos liberais, que preferiam relações de trabalho mais livres de controle estatal (o que inspirou, por exemplo, as reformas da ditadura de Pinochet no Chile).

O governo Castelo Branco alcançou seus principais objetivos econômicos, embora em alguns casos apenas parcialmente. A inflação foi de fato reduzida, mas não tanto como desejado, baixando a cerca de 39% em 1966 e a aproximadamente 27% em 1967, e a situação do balanço de pagamentos melhorou, graças ao apoio amigo do governo estadunidense. Castelo Branco resolveu os conflitos com o capital estrangeiro, criou condições institucionais e políticas favoráveis à atração dos dólares e melhorou a situação das finanças públicas. No entanto, o custo disso foi uma recessão no setor industrial, com quebra de empresas, desemprego, extinção de direitos sociais e redução nos salários reais dos trabalhadores. Por isso, Castelo Branco não gozou de muita popularidade, trazendo perda de apoio também para a ditadura comandada pelos militares. A política liberal minorou o problema da inflação, mas atravancou o crescimento e os investimentos produtivos. Além disso, as concessões feitas aos interesses norte-americanos trouxeram mal-estar ao orgulho nacional, o que afetou também a opinião militar.

O aumento das críticas ao governo, visível na imprensa, nas pesquisas de opinião e nos protestos estudantis, somado à insatisfação difusa com o quadro econômico, levou o governo seguinte, comandado pelo general Costa e Silva, a repensar os rumos. Para isso foi escolhido o jovem economista e professor universitário Antonio Delfim Netto, que fez ajustes importantes na política econômica. Delfim vinha de uma boa gestão à frente da Secretaria de Fazenda do Estado de São Paulo e, o que era mais importante, tinha boas relações com os empresários e priorizava o crescimento econômico. Promovido ao comando da economia nacional, ele manteve a estratégia de controle da inflação, mas, simultaneamente, enfatizou o crescimento econômico, tirando proveito da melhora das finanças públicas legada pelo governo anterior.[11] A expansão econômica e industrial visava também vantagens políticas, pois aumentaria o emprego e agradaria às classes média e alta. Do ponto de vista dos militares, o crescimento econômico, além de facilitar o domínio político — ao retirar uma bandeira importante das mãos da oposição, que vinha criticando a política recessiva de Castelo Branco —, importava à segurança nacional, uma vez que incrementava o potencial de defesa do país. Significativamente, durante o surto expansionista dos anos seguintes, os militares investiram no desenvolvimento da indústria de defesa, que passou a produzir armas, aviões e veículos blindados, em empreendimentos conjuntos entre empresas privadas e o Estado.

A nova política trouxe estímulos à economia a partir da expansão de crédito público para as empresas e captação de empréstimos no exterior (principalmente de bancos privados) para financiar grandes obras de infraestrutura, além de estímulos e subsídios à agricultura e à indústria, medidas também voltadas ao aumento de exportações.[12] Os resultados logo começaram a aparecer, mas é importante acrescentar dois elementos a essa equação: havia um quadro externo favorável, pois a economia global ainda se encontrava no ciclo dos "trinta anos dourados" do capitalismo, que se encerraria com a crise de 1973; e os investimentos econômicos e a acumulação de capital foram favorecidos por um Estado ditatorial, que reprimia as reivindicações salariais. De fato, os trabalhadores pouco se beneficiaram da expansão econômica, exceto alguns grupos situados na indústria de ponta. O público-alvo do "milagre" foram as camadas de renda média e alta, cuja capacidade de consumo foi ampliada e sustentou boa parte do impulso industrial.

Foi a partir de 1968 que o ritmo da economia começou a acelerar. No ano dos grandes protestos de rua e do aumento da violência política, que culminou no AI-5, o PIB brasileiro se expandiu a uma taxa de 10%, passando a 11% em 1971 e a 14% em 1973, seu ponto máximo. Mas o índice começou a baixar depois de 1974, quando o PIB cresceu a um ritmo menor que nos anos anteriores, 8%.[13] De qualquer forma, a taxa média anual durante os anos do "milagre" foi superior a 10%. A nova fase começou a ser desenhada na gestão de Costa e Silva, mas o grande beneficiário foi o governo do general Emílio Médici, que assumiu em outubro de 1969 e presidiu a fase de auge do surto econômico.

Naturalmente, para alcançar ganhos políticos, a ditadura valeu-se muito do desempenho econômico em sua propaganda. Foi um tempo de ufanismo tacanho, com músicas e jingles patrioteiros cantando loas de amor ao país verde-amarelo. A conquista futebolística do tricampeonato mundial em 1970 favoreceu a onda patriótica, devidamente explorada também em refrões musicais como "Eu te amo, meu Brasil, eu te amo", ou "Noventa milhões em ação, pra frente Brasil, no meu coração". A imprensa reverberava esse clima através de publicidade paga, tanto pelo Estado como por empresas privadas, ou às vezes de maneira voluntária. Para as crianças foram lançadas iniciativas propagandísticas específicas, como álbuns de figurinhas e desenhos animados patrióticos. Os discursos oficiais procuraram esconder o lado negativo da expansão econômica, que as abafadas vozes da oposição tentaram apontar, nadando contra a corrente.

A aceleração econômica foi planejada pelos tecnocratas civis e militares a serviço da ditadura. Aliás, essa foi a era de ouro dos tecnocratas, que os militares privilegiaram em detrimento dos políticos civis. Um bom engenheiro ou economista valia mais que uma liderança política experimentada, pois o tempo era de tocar grandes projetos de crescimento econômico. Além disso, os jogos da política faziam pouco sentido no momento em que a ditadura esteve mais distante do liberalismo, de modo que a elite parlamentar perdeu relevância. Vários planos de crescimento foram traçados pelos tecnocratas, seguindo uma tradição que se iniciara nos anos 1940-50. Mas, dessa feita, o Estado planejador era uma ditadura com mais recursos para perseguir seus objetivos.

Já mencionamos o Paeg da gestão Castelo Branco, mas sua meta principal era conter a inflação. Foi só a partir do Programa Estratégico de Desenvolvimento (PED, 1967-70), traçado no governo Costa e Silva, que a tônica passou a ser acelerar a industrialização e o desenvolvimento econômico com base no protagonismo do Estado. Na sequência vieram os Planos

Nacionais de Desenvolvimento (PND I, 1971-4; PND II, 1975-9), que eram mais ambiciosos em suas metas, por terem surgido em meio ao surto econômico. O último governo da ditadura, do general João Figueiredo, também teve o seu plano (PND III, 1980-5), mas de pouca relevância, porque então a economia já estava mergulhada na crise. Embora inócuo na prática, o PND III tinha como um de seus objetivos melhorar a distribuição de renda, partindo da constatação de que o crescimento anterior beneficiara desigualmente as diferentes classes sociais.

Importante destacar que os investimentos estatais incluíram o setor de ciência e tecnologia, devido à compreensão de que o desenvolvimento econômico implicava o conhecimento, a pesquisa e a formação de mão de obra qualificada. Por isso foram criados programas de financiamento à pesquisa, assim como se implantou um sistema nacional de pós-graduação com o objetivo de formar pesquisadores e docentes universitários, que por sua vez deveriam formar a mão de obra e os técnicos necessários a uma economia em expansão. Esse processo levou à ampliação das universidades, elevando o número de alunos de 140 mil em 1964 para 1,4 milhão em 1984 (números arredondados). A maior parte estudava nas instituições privadas, que tiveram crescimento exponencial no período, mas foi nas universidades públicas que se concentraram a pesquisa e a pós-graduação. Aqui temos um exemplo notável de modernização autoritária: se com uma das mãos o Estado aumentava recursos, bolsas e oportunidades de pesquisa, com a outra intensificava a vigilância e a repressão política. Como nas outras áreas em que a ditadura investiu, também nas universidades houve concentração de recursos e desequilíbrios regionais.[14]

Um dos setores mais beneficiados pelo "milagre" foi a indústria, cujos dados de crescimento foram superiores à expansão geral do PIB. A produção automobilística cresceu e se diversificou, assim como o setor de eletrodomésticos. A partir de meados dos anos 1970 a produção de bens de capital se ampliou com estímulos e planejamento estatal, o que gerou aumento na produção siderúrgica e também de máquinas para a indústria. Sem surpresa, o salto econômico demandou a expansão na produção de energia, o que foi propiciado principalmente por investimentos estatais. Mais uma área que se expandiu e modernizou nas mesmas bases foi a de telecomunicações, permitindo a disseminação do rádio e da televisão, assim como da telefonia. As novas tecnologias favoreceram a modernização do setor cultural, tanto das novas mídias como das empresas tradicionais (editoras e periódicos, por exemplo).

Outro segmento que viveu uma fase expansionista foi a construção civil, devido tanto aos investimentos habitacionais financiados pelo BNH quanto às grandes obras encomendadas pelo Estado, como hidrelétricas, pontes, estradas etc. O setor foi beneficiado pela proteção do Estado, que reservou as obras públicas para as empresas de engenharia brasileiras.[15] Nessa fase, algumas empreiteiras do país também começaram a conquistar mercados no exterior, sob o impulso do crescimento interno e de estímulos estatais.

A expansão econômica foi fomentada também pelo aumento dos investimentos estrangeiros no Brasil, principalmente nos setores industriais de ponta, como siderurgia, automóveis e produtos da "linha branca" (geladeiras, fogões…), assim como pela captação de empréstimos junto a bancos privados estrangeiros. Como esse era tema sensível para a opinião nacionalista, a ditadura procurou uma compensação simbólica em campanhas patrióticas e no aumento de investimentos estatais em setores estratégicos. No campo econômico, ela empreendeu grandes projetos de engenharia como a estrada Transamazônica, a ponte Rio-Niterói, a hidrelétrica de Itaipu, a Ferrovia do Aço e a construção da usina atômica de Angra dos Reis.

Além dos investimentos voltados ao crescimento industrial, também foram implantados projetos de modernização da agricultura. Os interesses estratégicos no setor agrícola envolviam: reduzir as tensões pela disputa por terras em algumas áreas; aumentar a produção visando baixar os preços dos alimentos e as pressões inflacionárias; e buscar alternativas de exportação com vistas a aliviar a situação do balanço de pagamentos. No início de seu governo, Castelo Branco ensaiou medidas na direção de uma reforma agrária, pensando em atenuar conflitos rurais e ampliar a produção agrícola. Para tanto, conseguiu o que o Congresso negou a Goulart: a aprovação de uma emenda à Constituição para desapropriar terras com pagamento em títulos públicos (e não mais em dinheiro). A reforma agrária era apoiada por grande parte da população e pelo governo dos Estados Unidos, que a viam como parte do processo de modernização econômica.

Porém, a oposição intransigente dos proprietários rurais, sócios importantes do golpe de 1964, levou ao abandono da ideia. Alguns líderes dos fazendeiros chegaram a ameaçar o governo de usar contra ele as armas adquiridas para combater os movimentos de esquerda. A ditadura preferiu não comprar essa briga e se encaminhou para outras saídas, principalmente a ampliação das áreas para exploração agrícola, a modernização tecnológica e o aumento de subsídios públicos.

A expansão da fronteira agrícola se dirigiu sobretudo à região Centro-Oeste e ao sul da Amazônia, com grande destruição ambiental. Vastas áreas foram desmatadas e tribos indígenas foram expulsas de suas terras ou colocadas em reservas criadas pela Funai — órgão instituído pela ditadura em 1967, em substituição ao antigo Serviço de Proteção ao Índio —, o que gerou sofrimento de variados tipos, inclusive a violência cultural. A política agrícola da ditadura trouxe ganhos econômicos, mas com grave custo ecológico, e data dessa época o surgimento de uma consciência ambientalista no Brasil e de movimentos nesse sentido.

Quanto à tecnologia, os investimentos realizados em proveito da indústria beneficiaram também o setor agrícola, pois foi ampliada a oferta de máquinas e outros implementos para o campo. Além disso, a ditadura criou a Embrapa, empresa dedicada à pesquisa de novas tecnologias para o setor, que deu notável contribuição ao aperfeiçoamento de grãos e sementes, bem como à correção de solos para a agricultura. Investimentos semelhantes beneficiaram a pecuária. Outro auxílio para a economia rural foi a política de financiamentos e subsídios públicos, além de proteção contra a concorrência externa, tornando mais estáveis as perspectivas de lucro para os fazendeiros.[16]

Os resultados desses investimentos no setor rural apareceram ainda na ditadura, mas teriam mais destaque em período posterior, com impacto na pauta de exportações. Os maiores beneficiários foram os setores de maior renda, que viram seus negócios e lucros crescerem. Os trabalhadores rurais não tiveram o que comemorar, exceto a sua inclusão no sistema previdenciário a partir dos anos 1970. A "modernização" do campo levou uma parcela significativa da população rural a migrar para as cidades, fosse porque as novas tecnologias demandavam menos mão de obra e reduziram o emprego, fosse porque imaginava-se encontrar melhores condições de vida no mundo urbano.

A crise do "milagre" e seu legado

O quarto presidente da ditadura, o general Ernesto Geisel, que assumiu o poder no início de 1974, não teve a mesma sorte de seu antecessor. Geisel herdou uma economia ainda em expansão, mas com graves problemas em gestação. Desde o ano anterior o sistema capitalista global entrara em crise, tendo como principal detonador o embargo da Opep, a Organização dos Países Exportadores de Petróleo, dominada pelos países árabes, que bloqueou a exportação do combustível para pressionar os países ocidentais — em especial os Estados Unidos — a interromperem o apoio militar a Israel na Guerra do Yom Kippur (outubro de 1973). A crise econômica resultante da explosão do custo do petróleo, junto a outros fatores, foi o começo do fim dos "trinta anos dourados" que os países capitalistas ricos viveram desde o fim da Segunda Guerra Mundial. Na sequência, abriu-se uma fase de inflação e recessão econômica na Europa e nos Estados Unidos, que iria cobrar seu preço também no mundo periférico.[17] A principal resposta à crise foi o neoliberalismo, que logo se tornaria hegemônico com suas propostas de desengajar o aparato estatal da economia, reduzir os gastos públicos e realizar privatizações. Em época de inflação, os economistas liberais, como sempre, recomendaram a redução da atividade econômica.

Porém, Geisel e seus assessores preferiram manter o ritmo e o rumo que vinha sendo seguido desde 1967, sem adesão às propostas econômicas neoliberais, mesmo com o risco de perder o controle sobre a inflação e sobre a dívida pública, principalmente a externa.[18] Na verdade, o governo Geisel acelerou investimentos e gastos, e inclusive aumentou a captação de empréstimos no exterior, aproveitando-se dos recursos resultantes do enriquecimento dos exportadores de petróleo, que emprestaram seus dólares aos bancos internacionais (os "petrodólares").

Como explicar essa decisão arriscada? Primeiro, a ditadura tornara-se dependente do crescimento econômico como fonte de legitimidade, em especial depois dos resultados negativos nas eleições de 1974, que mostraram a fragilidade do apoio social. Em segundo lugar, o crescimento econômico era uma meta ideológica e estratégica dos militares, devido à sua visão sobre a segurança nacional, que implicava industrializar e modernizar o país com o objetivo de melhorar os recursos de defesa e ampliar a ocupação do território. Terceiro, os economistas do governo alegavam que os investimentos na produção industrial reduziriam as importações e aumentariam as exportações no futuro, trazendo alívio à balança comercial.[19]

Dessa forma, o governo Geisel manteve níveis elevados de investimento público direcionados ao financiamento de projetos de impacto econômico e continuou oferecendo crédito generoso para empreendimentos privados. É importante destacar que sua política industrial enfatizou o setor de bens de capital, considerado necessário para a continuidade do desenvolvimento econômico. Assim, foram lançados projetos de investimento na siderurgia, na produção de papel e celulose, na mineração, na produção de energia hidrelétrica e também no setor de transportes.

Na área de energia, o governo Geisel investiu em alternativas para minorar os efeitos da crise do petróleo, combustível essencial que naquela altura era quase todo importado: cerca de 80% do volume consumido no Brasil vinha do exterior.[20] Para tanto, a Petrobras recebeu grandes investimentos, especialmente visando encontrar petróleo no lençol marítimo, ao mesmo tempo que o governo estimulou a participação de empresas estrangeiras na busca de novo poços. Essa estratégia passou pelos célebres contratos de risco firmados com petroleiras estrangeiras, que ao ganharem direito a perfurar certas áreas do litoral provocaram queixas dos nacionalistas. A outra ofensiva importante nessa área foi o investimento na produção de álcool combustível, uma alternativa ao petróleo.

Não obstante os esforços do governo Geisel, o ritmo de crescimento da economia caiu e os desequilíbrios se agravaram. Se a taxa do PIB chegou a 14% em 1973, último ano de Médici e auge do "milagre", em 1974, primeiro ano de Geisel, o índice caiu para 8%, e continuou baixando (exceto no ano de 1976): 5% em 1975, 10% em 1976, 4,9% em 1977 e novamente 4,9% em 1978, último ano de Geisel no poder. Em outro contexto esses seriam números elevados, mas, na comparação com o início da década, significavam declínio. Mais preocupantes eram os índices de inflação, que voltaram a assombrar o país após alguns anos de relativa tranquilidade. Entre 1969 e 1973, a taxa oficial de inflação variou de 15% a 19%, índices que foram contestados por denúncias de que o ministro Delfim Netto havia adotado subterfúgios para "maquiar" os resultados. De qualquer forma, a partir do período Geisel a inflação foi aumentando e saindo do controle, pois chegou a 27% em 1974 e continuou em ritmo ascendente, ultrapassando a faixa de 40% em 1976, patamar em que se manteve até o fim da gestão.[21]

Mesmo sofrendo pressões para reduzir o ritmo de investimentos a fim de conter a inflação, o governo Geisel não aceitou o caminho ortodoxo do choque liberal, provavelmente para não admitir o fracasso do "milagre" e assumir as consequências políticas, numa fase em que a oposição vinha crescendo. Além de marcar o fim do surto econômico da ditadura, o governo Geisel testemunhou também o encerramento da lua de mel entre os militares e o empresariado, importante esteio do Estado autoritário desde o princípio. Os empresários foram bem recompensados com políticas voltadas ao crescimento de oportunidades econômicas e à repressão das reivindicações dos trabalhadores. Mas a crise do "milagre" arrefeceu o entusiasmo e levantou dúvidas sobre o futuro, estimulando certo distanciamento.

No mesmo contexto, antigas preocupações a respeito do aumento do intervencionismo estatal ganharam mais volume, e líderes empresariais começaram a apresentá-las em público. Notadamente em 1977, importantes nomes do setor privado queixaram-se do Estado autoritário, em especial de seu intervencionismo econômico, e ensaiaram tímidas reivindicações liberais.[22] Estava claro que mesmo entre o grupo social mais ligado à ditadura começaram a surgir pressões em favor da abertura. Mas não se tratava de rompimento político, até porque o grupo majoritário (ligado à Fiesp, por exemplo) seguiu apoiando o regime autoritário, inclusive a sua pauta de liberalização limitada e restrita, de escasso conteúdo democrático.[23]

Comandado pelo general João Figueiredo, o último governo da ditadura teve início em 1979 e herdou "abacaxi" bem maior do que o recebido por Geisel a seu tempo. Além de precisar administrar a crescente perda de legitimidade política, o governo Figueiredo viu o legado negativo do "milagre" aflorar de maneira mais flagrante. Tornou-se cada vez mais difícil manter o ritmo de crescimento econômico, com destaque para a situação internacional adversa e a forte tendência de aumento nos preços. No primeiro ano do governo a inflação chegou perto de 80%, contra os 40% alcançados em 1978. E os índices dispararam nos anos seguintes, com aumento anual médio de preços de 100% entre 1980 e 1982, cerca de 210% em 1983 e mais de 220% em 1984, último ano de Figueiredo. Em toda a sua história, o Brasil jamais havia visto tamanha espiral inflacionária.[24]

Já ruim devido a desequilíbrios internos e a equívocos dos governos da ditadura, a situação piorou quando o quadro internacional voltou a se deteriorar a partir de 1979, com a segunda crise do petróleo e o aumento das taxas de juros nos EUA, o que provocou a crise da dívida externa nos países periféricos. A dívida brasileira, cujos contratos se baseavam em juros flutuantes, explodiu nesse contexto, pois, se em 1970 o montante era de aproximadamente 6 bilhões de dólares, em 1980 esse número havia decuplicado e passara a mais de 60 bilhões, continuando a crescer até o fim da ditadura, quando se aproximou da assustadora marca de 100 bilhões de dólares devidos a instituições estrangeiras.[25]

O aumento da dívida implicava crescimento do pagamento de juros em moeda forte, o que, junto ao aumento de gastos para importar petróleo, levou o balanço de pagamentos ao colapso, deixando o país sem reservas cambiais. Para responder à gravidade da situação, o governo criou mecanismos para dificultar as viagens de turismo internacional dos brasileiros, que levavam dólares para o exterior. Além disso, começou a adotar medidas para reduzir o crescimento econômico, com vistas a segurar a inflação e o déficit externo. Mais grave, inclusive politicamente, foi a decisão de submeter o país a acordos com o Fundo Monetário Internacional (FMI), já que a crise econômica internacional reduzira a disponibilidade de capital privado.[26] O FMI ofereceu socorro com crédito em dólares para o desesperado governo brasileiro, mas em troca fez exigências para garantir a continuidade do pagamento das dívidas.

Dentre as mais duras exigências destacavam-se medidas recessivas, que implicavam radicalizar ações já iniciadas pelo governo Figueiredo desde o fim de 1980. Tais medidas consistiam na retração da atividade econômica via cortes de gastos e investimentos públicos, assim como redução de créditos, aumento na taxa de juros e contração dos salários reais. Além disso, buscou-se baixar as importações e aumentar as exportações através da maxidesvalorização da moeda brasileira.[27] Tal política tinha como objetivo maior poupar recursos para o pagamento aos credores da dívida. É importante mencionar que o governo aguardou a passagem das eleições de 1982 para firmar oficialmente o acordo com o FMI, de modo que ludibriou os eleitores para poupar-se de mais prejuízos à sua popularidade, evitando favorecer a oposição.

Na verdade, as recomendações recessivas do FMI apenas agravaram uma tendência de queda do PIB verificada desde 1981. Vejamos os dados do crescimento bruto no período Figueiredo, para completar o desenho de um quadro econômico essencialmente negativo. O último governo da ditadura começou com crescimento econômico, que era fruto das obras e investimentos do período anterior. Assim, em 1979, o PIB se expandiu à proporção de 6,5%, enquanto em 1980 cresceu a 9%. Porém, em 1981, caiu 4,3% em relação à produção do ano anterior, ou seja, houve decréscimo da atividade econômica, provocado por políticas restritivas desenhadas para combater a inflação e reduzir as importações, dando início a uma recessão inédita na história brasileira. Em 1982 a atividade econômica ficou basicamente estagnada, com crescimento de 0,8%; já em 1983 o PIB voltou a cair, dessa feita 3% em relação ao ano anterior. No último ano da ditadura, 1984, a situação melhorou, inclusive devido à recuperação da economia mundial,[28] e o PIB cresceu à taxa de 5%. Porém, isso não mudou a rota de colapso do projeto econômico da ditadura, já que no mesmo ano a inflação ultrapassou a marca de 220%.[29]

O LEGADO ECONÔMICO PARA O PERÍODO pós-autoritário foi negativo, principalmente a hiperinflação, o descontrole das contas públicas, a dívida externa impagável e a permanente falta de reservas cambiais. Seriam necessários quase vinte anos de padecimentos e uma sequência de pacotes e planos econômicos para que tais problemas fossem finalmente equacionados. Dessa maneira, o salto industrial e a modernização tecnológica e de infraestrutura cobraram elevado preço à sociedade brasileira.

Importante ressaltar que o crescimento acelerado, tão propagandeado como um feito da ditadura, poderia ter sido alcançado sem um regime ditatorial. Além disso, o modelo econômico implantado, em essência, representava a continuação do esquema desenvolvimentista já vigente, com a diferença de que sob os militares tornou-se mais autoritário e socialmente excludente, contribuindo para impactos sociais negativos. O crescimento beneficiou os grupos de renda mais elevada; os mais pobres pouco ganharam. Além de terem maior acesso aos bens de consumo, as classes média e alta foram mais beneficiadas pelas políticas públicas, a exemplo do financiamento habitacional, que privilegiou imóveis mais caros. Na verdade, a concentração de renda era um elemento central do modelo econômico da ditadura, pois o incremento industrial foi impulsionado pelo achatamento dos salários.[30]

Os dados estatísticos mostram, sem sombra de dúvida, que as desigualdades sociais aumentaram muito durante o "milagre", e que os salários das camadas mais pobres caíram em termos reais, principalmente o salário mínimo. O problema era tão evidente que os próprios líderes da ditadura o reconheceram. Médici, por exemplo, deixou escapar em uma fala a sincera constatação "A economia vai bem, mas o povo vai mal",[31] e o texto do PND III, em suas oitenta páginas, mencionou a necessidade de distribuir a renda mais de vinte vezes.[32] Registre-se que não apenas as desigualdades sociais foram ampliadas, mas também as regionais, pois os investimentos beneficiaram mais as áreas já desenvolvidas, em especial o Sudeste.

Aspecto importante da ditadura brasileira, ainda mais notável em comparação com regimes políticos semelhantes no contexto latino-americano, é que ela promoveu uma grande centralização de recursos públicos. Durante a sua vigência, ocorreu não apenas um aumento da arrecadação de impostos como também uma concentração da receita em favor do governo federal, em prejuízo dos governos estaduais e municipais.[33] O impacto negativo dessa medida se fez sentir principalmente no setor da educação básica, que é atribuição de estados e municípios. A concentração de recursos públicos no governo federal dificultou o provimento de educação pública de boa qualidade nos níveis iniciais.

O crescimento econômico rápido e sem a devida atenção aos impactos sociais produziu outros tipos de problema, como a urbanização desenfreada e seu corolário negativo, como habitações e transportes precários, falta de saneamento e de serviços de saúde e aumento da violência urbana — acompanhada da violência policial, que foi incrementada pela ditadura. Além disso, houve aumento notável da poluição e a destruição de áreas naturais, principalmente a floresta amazônica. Vale a pena mencionar também o desperdício de recursos em alguns dos projetos faraônicos da ditadura, sendo que parte deles não foi concluída, além das perdas devidas à corrupção.

Por fim, na avaliação dos impactos sociais do crescimento econômico, é importante destacar os prejuízos para a renda dos trabalhadores. Enquanto as taxas inflacionárias foram controladas as perdas salariais eram menos sentidas, mas, com a tendência à hiperinflação a partir do fim dos anos 1970, a queda do poder de compra dos salários tornou-se acentuada. Com isso, o descontentamento social transbordou, gerando um ciclo grevista marcante no período 1978-80. O retorno das greves e dos protestos sociais criou uma situação política complexa, gerando desafios mais difíceis para os estrategistas da ditadura.

10. A distensão política e o projeto de estabilização da ditadura

A DISTENSÃO POLÍTICA QUE SE INICIOU EM 1974 — um momento fundamental da história da ditadura — abriu um período de lenta mudança no regime autoritário, que, após longos onze anos, seria substituído por um governo de transição, dirigido por civis. O fenômeno é complexo e demanda análise cuidadosa, uma vez que a escolha dos líderes da ditadura por fazer uma distensão no auge do seu poder não era caminho óbvio.

Antes de enfrentar a questão, vale a pena comentar que houve oscilação no uso dos termos "distensão" e "abertura" pelos agentes históricos. Posteriormente, convencionou-se chamar a fase entre 1974-9 de período de distensão e a fase seguinte, entre 1979-85, de abertura política, mas na época foram usadas as duas expressões, às vezes de maneira indistinta, bem como "descompressão", "institucionalização" e "liberalização". Para simplificar, vamos utilizar apenas *distensão* para nos referirmos à estratégia política do governo Geisel, que almejava criar ambiente político menos opressivo e gerar a sensação de que a ditadura iria amenizar-se após a fase extremamente violenta aberta pelo AI-5.

Por que a distensão? Colocar a questão é importante, pois a ditadura não tinha necessidade de adotar esse caminho na altura de 1973-4, afinal naquele momento ela estava poderosa como nunca. A resistência armada havia sido derrotada, a oposição institucional estava enfraquecida devido a resultados eleitorais ruins — o que levou à proposta de autodissolução do MDB — e a situação econômica era favorável, graças a índices elevados de crescimento. Nessas condições, por que iniciar uma estratégia de descompressão política? Se o Estado autoritário estava no auge, por que iniciar um caminho que levaria à redução do seu poder?

As razões e os objetivos do grupo de Geisel

Iniciaremos a reflexão mostrando que alguns argumentos utilizados para responder à questão têm pouca relevância. Em primeiro lugar, está claro que a ditadura não foi obrigada à distensão, tratou-se de uma escolha política. As oposições não tinham força naquele momento para exigir mudanças. A situação econômica também não foi uma fonte de pressão determinante no início do processo, tampouco o quadro internacional. Geisel foi anunciado como futuro presidente em junho de 1973, mas a decisão fora tomada no ano anterior, bem antes da crise econômica global e também da crise política nos Estados Unidos que levaria à renúncia de Richard Nixon e à futura ascensão dos democratas.

Na ocasião da sua escolha pela cúpula militar, Geisel já tinha definido sua estratégia política, pois integrou à equipe Golbery do Couto e Silva, uma figura execrada pela extrema direita militar por suas posições moderadas (e por sua ligação com empresas estrangeiras). Além disso, o plano econômico de Geisel consistiu em manter o elevado ritmo de crescimento, mesmo após a crise internacional que eclodiu em outubro de 1973. Os problemas econômicos teriam impacto na distensão política mais adiante, quando ficou claro que a estratégia de crescimento de Geisel estava provocando inflação e dívida externa descontroladas.

Outro argumento utilizado nas análises sobre a distensão é igualmente pouco pertinente. Trata-se da suposição de que o processo começou por pressão política dos Estados Unidos, onde a balança havia virado a favor dos democratas a partir de 1976. James Carter ganhou as eleições presidenciais naquele ano defendendo a pauta dos direitos humanos, o que gerou atritos com algumas ditaduras da América Latina, inclusive a brasileira. Porém há um anacronismo no argumento, pois, quando Geisel traçava seus planos de distensão e assumiu a presidência (1973-4), os Estados Unidos ainda eram governados pelos republicanos, que apoiavam golpes e violações aos direitos humanos, como aconteceu no caso do Chile em setembro de 1973. Aliás, como já foi comentado, os governos do Brasil e dos EUA agiram em conjunto para facilitar a derrubada do presidente Salvador Allende.

Mas o que explica então a estratégia política do governo de Ernesto Geisel? Se as pressões da oposição não eram fortes, por que "abrir"? Efetivamente, não foi a força da oposição o que impulsionou a distensão — mas o contrário, a sua fraqueza. De um lado, frente à oposição dizimada, o poder militar sentia-se mais seguro, com confiança para reduzir os instrumentos de repressão. Ademais, iniciar um processo de distensão ou abertura política naquele momento era o ideal, pois o governo partiria de uma posição dominante e, portanto, teria força para definir o ritmo e os objetivos. No período em que a cúpula militar decidia quem seria o sucessor do general Médici, esse ponto de vista foi apresentado e defendido por aliados "liberais" ou "moderados" da ditadura, que se articularam com alguns líderes militares considerados herdeiros do "castelismo", a exemplo de Golbery do Couto e Silva e Cordeiro de Farias.[1]

Tais setores vinham pressionando o Estado desde o princípio do AI-5, que muitos deles consideraram excessivo. Desde 1969 eles vinham fazendo manifestações críticas ao ato discricionário e em favor da descompressão política, embora em geral de maneira cuidadosa. Tais posições foram defendidas inclusive por líderes da Arena, como Luís Viana Filho, Magalhães Pinto e Milton Campos,[2] além de intelectuais como Roberto Campos e Gilberto Freyre, alguns deles identificados com a figura de Castelo Branco. No período pós-AI-5, construiu-se a imagem de que o "castelismo" representava um ideal a ser resgatado, pois o primeiro presidente teria respeitado mais a opinião liberal. Significativamente, inclusive, alguns aliados dos militares entendiam que a ditadura havia começado apenas com o AI-5. Portanto, o seu propósito ao criticar o ato institucional era retornar não à democracia plena, e sim ao arranjo legado por Castelo Branco e à Constituição de 1967.[3]

Esse foi o tom manifestado no período 1969-73 por alguns jornais da grande imprensa que, embora com muita cautela, reverberaram pressões discretas pelo retorno à situação anterior ao AI-5. É verdade que eles se mantinham na linha de apoio à "revolução" e concordavam com a repressão ao "terrorismo", mas prefeririam exaltar o exemplo supostamente deixado por Castelo Branco e sugerir que o AI-5 era um instrumento provisório a ser superado. Os editores dos jornais tradicionais sentiam-se particularmente incomodados com o recrudescimento da censura à grande imprensa. De maneira significativa, um dos maiores veículos jornalísticos do país, *O Estado de S. Paulo*, sofreu censura prévia a partir de setembro de 1972, como punição pela tentativa de interferir na sucessão presidencial e de pressionar por mudanças ao dar voz a líderes civis e militares inclinados à distensão.[4]

Durante a fase mais aguda da vigência do AI-5, no início dos anos 1970, os segmentos liberais e moderados que apoiavam a ditadura temiam uma possível fascistização do regime, ou sua transformação em uma espécie de ditadura totalitária. Não por acaso, durante o governo Médici alguns ex-integralistas (ou seja, antigos militantes da Ação Integralista Brasileira, partido fascista criado nos anos 1930) exerceram notável influência política, principalmente o ministro da Justiça Alfredo Buzaid e o deputado Raimundo Padilha, escolhido por Médici para governador do Rio de Janeiro. Foi por isso que, na mesma época, alguns líderes da extrema direita começaram a defender um modelo político próprio para o Brasil. Eles recusavam a liberal-democracia, considerada ultrapassada, e defendiam o que chamavam de "democracia autoritária", na prática um regime ditatorial preocupado em atender a algumas demandas sociais. Para essas lideranças, que faziam eco aos discursos fascistas e autoritários dos anos 1930, uma "democracia à brasileira" deveria buscar uma vocação social ausente no liberalismo.[5]

Em resposta a tais discursos, alguns jornais da grande imprensa começaram uma campanha discreta pela valorização do liberalismo político, com o argumento de que se tratava de uma tradição brasileira. Não que eles desejassem propriamente uma democracia plena — ou não teriam apoiado o regime militar —, mas também não queriam uma ditadura eterna.

Se o objetivo imediato do golpe de 1964 era derrotar a ameaça da esquerda e restabelecer a ordem, segundo esse ponto de vista não havia mais justificativa para repressão intensa. No início dos anos 1970, a esquerda estava destroçada e a ordem, garantida. Significativamente, pela mesma época intelectuais e cientistas políticos discutiam propostas de liberalização da ditadura, às vezes com o beneplácito de certos segmentos do aparelho estatal.[6]

Em suma, no momento em que os militares estavam discutindo quem seria o sucessor de Médici, setores aliados da ditadura defenderam mudanças políticas liberalizantes e a redução da escala repressiva, fazendo pressão sutil para que o escolhido aceitasse tal mudança de rumo. Outro argumento discursivo desses "liberais" do regime autoritário foi que o golpe de 31 de março havia sido concebido para salvar a democracia dos subversivos de esquerda, e não para instaurar uma ditadura. Não devemos exagerar a força dessas pressões, entretanto é preciso ressaltar que a ditadura necessitava do apoio da imprensa e da opinião liberal, por isso alguns líderes se interessavam em atender parte de tais demandas.

Concorreu também para a distensão o fato de estrategistas militares considerarem que não era interessante uma oposição institucional demasiado fraca, muito menos a autodissolução do MDB. A existência de um parlamento em atividade era parte da estratégia discursiva e de legitimação da ditadura, de modo que a descompressão política serviria para animar a oposição institucional a manter-se no jogo. Outra preocupação era o risco de o sistema repressivo (os "porões") sair do controle do Estado, o que poderia causar quebra de hierarquia, conflitos internos e divisões nas Forças Armadas. Assim, a distensão era desejada também para colocar limite à ação das agências repressivas do Estado e fortalecer a posição do presidente.⁷

Uma conversa de Geisel registrada por diplomatas norte-americanos é eloquente a esse respeito. Ao assumir, ele teria determinado que os assassinatos políticos fossem colocados sob controle, ou seja, as mortes só poderiam ocorrer com autorização superior, do chefe do SNI (general João Figueiredo, o futuro presidente). A decisão revela que a cúpula da ditadura estava ciente e autorizava os assassinatos políticos e que Geisel buscou controlar essa prática, tanto para limitar o poder dos agentes repressivos como para reduzir os danos à imagem pública da ditadura.⁸

Em resumo, podemos dizer que a distensão resultou da conjugação de alguns objetivos e interesses: renovar o apoio de setores liberais que vinham se afastando da ditadura; oferecer ânimo à oposição moderada, para que não abandonasse o jogo político do regime militar; estabelecer maior controle sobre os "porões" para evitar divisões internas nas Forças Armadas; institucionalizar e conferir maior previsibilidade às normas do Estado autoritário, para dar-lhe mais estabilidade. Acrescente-se que, embora não tenha sido a origem da distensão, o quadro de progressivo esgotamento do modelo econômico da ditadura estimulou a abertura política como forma alternativa de legitimidade. Para concluir, destaque-se que a distensão se deveu também à autoconfiança dos governantes em relação à aceitação popular, uma crença que logo seria colocada à prova.

Entretanto, não se deve exagerar o alcance da "descompressão" política almejada pelo governo Geisel — que estava longe de ser um democrata — e seus aliados. Aliás, no fim de seu mandato ele causou mal-estar na opinião liberal ao defender que o modelo adequado ao Brasil era uma "democracia relativa". O propósito inicial de Geisel era antes institucionalizar a ditadura e garantir sua estabilidade do que democratizar o país.[9] Além disso, a redução da repressão não era para todos os grupos contrários ao regime autoritário. Ela visava beneficiar, sobretudo, os aliados liberais e a oposição moderada. As organizações comunistas e revolucionárias continuaram a ser tratadas com truculência, e os assassinatos políticos seguiram ocorrendo, ainda que em escala decrescente.

O fato é que a escolha do sucessor de Médici foi entendida nos meios políticos e jornalísticos como uma opção pela abertura. Entretanto, havia dúvidas e ceticismo sobre as intenções em jogo, até porque os comentários de Geisel sobre seus planos políticos raramente foram claros, apenas indicações tênues de que a ditadura seria mais tolerante. Ainda assim, os contemporâneos sentiram que alguma coisa estava para mudar e entraram em expectativa positiva, embora alguns jornalistas sugerissem cautela, lembrando que também Costa e Silva e Médici haviam começado as respectivas gestões com a promessa de mudanças políticas.[10]

Geisel evitou esclarecer devidamente sua política de distensão por duas razões. De um lado, não desejava criar muitas expectativas na oposição e tampouco estimular seu ativismo; de outro, não queria provocar a direita mais autoritária e radical, que não estava convencida da necessidade de aliviar a repressão. Ao contrário, esse grupo seguia mobilizado na caça aos inimigos, fosse por convicção ideológica ou para manter seu poder e privilégios na máquina do Estado.

A manifestação mais contundente sobre a distensão, e ainda assim vaga, se deu no início do governo, em agosto de 1974, quando Geisel afirmou que faria uma distensão lenta, gradativa e segura.[11] Tal estratégia gradualista devia-se à intenção de manobrar e absorver as pressões provenientes tanto da direita como da esquerda. É possível que nessa altura o governo temesse mais as pressões da direita radical que as da esquerda, e que um dos objetivos da distensão fosse ganhar apoio das forças liberais e democráticas para conter os agentes dos aparatos repressivos. O mesmo pode ser dito sobre a decisão de reduzir a censura sobre a grande imprensa, pois Geisel iria necessitar do apoio dos grandes jornais para "enquadrar" os aparatos repressivos. Sobretudo, o grupo "geiselista" desejava evitar a situação vivida em 1968 por Costa e Silva, que teria se mostrado fraco e dado muito espaço à oposição, o que o levou a ser "emparedado" pela direita radical e a baixar o AI-5. Geisel não queria terminar na mesma situação, por isso falava grosso e dava a entender que os dispositivos repressivos estavam sempre à disposição.

Além disso, o processo de distensão gradualista inseria-se nas tradições da cultura política dominante no Brasil, permitindo uma acomodação das forças em disputa para evitar choques graves, que poderiam colocar em risco o sistema de dominação e a ordem econômica. Por outro lado, o planejamento para a saída suave do poder talvez gerasse menor impulso para retaliações de parte dos adversários e das vítimas da ditadura. Efetivamente, mesmo que essa não tenha sido a intenção inicial, a lenta transição política brasileira propiciou uma acomodação entre ex-apoiadores do regime militar e a antiga oposição, o que desestimulou iniciativas para punir ou julgar os primeiros.

A expectativa de que Geisel faria mudanças para desanuviar o quadro político aumentou quando foram anunciados os seus assessores, que incluíam nomes identificados com a distensão, como Ney Braga, titular do MEC, e os já mencionados Golbery do Couto e Silva (Casa Civil) e João Figueiredo (SNI). A distensão implicou também o aumento da participação dos políticos nas questões de governo, ao contrário do ostracismo em que viviam desde a decretação do AI-5. Geisel deu declarações sobre a importância da oposição, desde que se limitasse ao papel de fiscalizar atos do governo, e sobre a sua disposição de conversar com líderes do MDB. Na mesma linha, determinou que o senador Petrônio Portella ouvisse as bases da Arena sobre os melhores nomes a serem escolhidos para governar os estados a partir do início de 1975.

Essa primeira "missão Portella" gerou frustração entre os políticos, pois no final das contas quem escolheu a maioria dos nomes foi mesmo Geisel. Porém, ele elegeu alguns governadores afinados com o projeto de distensão, em especial para os estratégicos estados de São Paulo e Minas Gerais: respectivamente Paulo Egydio Martins e Aureliano Chaves. Enquanto o governo Médici priorizou tecnocratas para comandar os estados, Geisel começou a valorizar os políticos. Outro apoiador da distensão, Magalhães Pinto, ganhou o importante cargo de presidente do Senado, no início de 1975. Além disso, uma concessão significativa do governo Geisel à opinião liberal foi a redução do controle sobre a grande mídia, o que beneficiou especialmente *O Estado de S. Paulo*, que foi liberado da censura prévia em janeiro de 1975 (enquanto jornais de esquerda continuaram sofrendo sanções).

A estratégia distensionista impactou também as eleições parlamentares de 1974, pois o governo resolveu dar alento à opinião liberal e à oposição, tendo em vista o elevado número de votos nulos e brancos do pleito anterior (cerca de 30%). Para tornar as eleições mais atraentes, o MDB teve mais liberdade de ação, enquanto a Arena foi estimulada a empenhar-se na campanha e defender a "revolução" junto à população. A expectativa era de que o governo fosse consagrado por mais uma vitória nas urnas, mas dessa feita com mais legitimidade, dado o maior espaço de ação concedido ao MDB. Os chefes da ditadura pretendiam mostrar que tinham muito apoio social, de modo a depender menos das forças coercitivas para a manutenção do poder.

Significativamente, em 1974 ocorreu a primeira eleição em que candidatos ou militantes oposicionistas não foram presos durante o processo. O MDB aproveitou o clima menos cerceado para fazer uma campanha política mais agressiva, em que denunciou o autoritarismo da ditadura e também as mazelas sociais do país, questionando os resultados do propalado "milagre" econômico. Um fator decisivo para o sucesso do MDB foi o uso da propaganda eleitoral na televisão, que permitiu alcançar áreas antes inacessíveis aos discursos da oposição.[12]

O resultado das eleições de 1974 alarmou o governo, pois mostrou que a sua popularidade não era sólida como imaginava, e o levou a frear o ritmo da distensão. A decisão de manter as eleições parlamentares começou então a cobrar um preço. Perder para a oposição significava que o discurso de que a ditadura tinha legitimidade social para governar se desmanchava. Por isso, nos anos seguintes foram tomadas iniciativas para impedir novos sucessos do MDB e conferir vantagem eleitoral para a Arena. Tais iniciativas para evitar que a oposição controlasse o Congresso passaram tanto por ações repressivas como por estratégias propagandísticas e mudanças institucionais casuísticas. As instituições liberais permitidas pela ditadura — que esperava delas apenas a confirmação e legitimação do seu poder — começaram a mostrar-se uma alternativa para os que queriam lutar contra ela.

No campo da repressão, uma das principais ações foi intensificar a campanha contra o PCB, cujos dirigentes vinham sendo perseguidos e mortos de maneira mais sistemática desde o início de 1974, como resultado de uma operação planejada para desestruturar o partido. Porém, com o resultado das eleições, o apetite das forças repressivas aumentou ainda mais, levando ao assassinato de dezenas de militantes (na maioria dos casos oficialmente tratados como desaparecidos) e à prisão de centenas de outros ativistas, em verdadeira operação arrastão. O argumento era que o partido havia sido importante para a vitória do MDB, então seria necessário golpeá-lo para impedir que aproveitasse a situação e ampliasse a sua influência. Além disso, tratava-se de fazer propaganda contra o MDB e, com a ajuda da imprensa "amiga", mobilizar a forte tradição anticomunista do país.[13] Assim, as forças de repressão divulgaram evidências de envolvimento da oposição institucional com o clandestino PCB, de modo a assustar e afastar os eleitores do MDB e colocá-lo diante de um dilema: o partido de oposição tolerado pela ditadura era pressionado a fazer declarações de fé contra o comunismo, para não perder votos de setores moderados, mas, se o fizesse, perderia votos da esquerda.

Portanto, os resultados da eleição de 1974 provocaram um recuo na distensão, que a partir daí seguiu em ritmo pendular, marcada por avanços e retrocessos. As forças democráticas perceberam os limites da estratégia do governo, que aceitaria um crescimento leve da oposição mas não permitiria que tivesse chances reais de chegar ao poder. Afinal, tratava-se de uma ditadura. Além disso, o resultado eleitoral deu à direita radical a oportunidade de pressionar o governo para que tornasse a incrementar a repressão, com a justificativa do argumento anticomunista.

Outro desdobramento importante dos resultados eleitorais favoráveis à oposição foi a dinamização de uma tendência já em processo: o fortalecimento dos movimentos sociais. Os movimentos sindical e estudantil e o associativismo de base ganharam novo ânimo, e as respectivas entidades se tornaram mais potentes, graças também à percepção de derrota definitiva da estratégia de resistir à ditadura com armas. Militantes e lideranças que antes apostavam na luta armada passaram a investir nos movimentos sociais e às vezes no próprio MDB, devido ao entendimento de que a luta contra a ditadura passava pelo fortalecimento das instituições. Ao mesmo passo se ampliariam também o ativismo das mulheres (especialmente as feministas), o movimento negro, o movimento homossexual e entidades de camponeses e trabalhadores rurais. Além disso, o novo cenário favoreceu a organização de um movimento mais sólido pela anistia política.

Portanto, a partir de 1975 o governo Geisel passou a defrontar-se com movimentos democráticos mais amplos e enraizados, que logo o desafiariam com protestos de rua e greves de trabalhadores. O quadro de aumento da inflação e de redução das taxas de crescimento trouxe dificuldades adicionais, pois o desempenho na economia já não seria suficiente como fonte de legitimação. Questionavam-se também os resultados socialmente desiguais do crescimento econômico, que evidenciavam não haver razões para a população sentir-se agradecida em relação à ditadura. Desse modo, a estratégia distensionista do governo Geisel coincidiu com o incremento do ativismo de oposição, e o fortaleceu.

De um lado, a oposição política tornou-se mais forte, mais ousada e mais popular, crescendo junto com o ativismo social e alimentando-se das mazelas econômicas e sociais produzidas pela ditadura. De outro lado, a direita radical, fortemente representada nos órgãos de repressão, questionava a estratégia política do governo e o responsabilizava pelo aumento da "ameaça comunista", pressionando pelo recuo na distensão e pelo aumento na repressão. Frente a esse quadro desafiador, o governo Geisel traçou uma linha sinuosa, tentando um caminho do meio que significava pender para um lado ou outro conforme o momento. Ele não queria "abrir" demais, pois favoreceria as forças de oposição, mas tampouco pretendia ceder tudo às forças repressivas, pois seu objetivo era submetê-las e reduzir seu poder.

Além de não desejar uma escalada autoritária de grande porte, o governo Geisel dificilmente conseguiria fazê-lo se o pretendesse, pois faltaria o apoio de grupos influentes que não viam justificativa para tal ação. Afinal, a ameaça esquerdista que convencera muitos da necessidade de medidas autoritárias não parecia plausível em 1974-5. As guerrilhas de esquerda haviam sido aniquiladas e o MDB não era um partido comunista, embora abrigasse uma minoria de militantes dessa ideologia. O melhor caminho era prosseguir na estratégia pendular, o que implicava conter "excessos" dos dois lados, planejar ações para manter o sistema político sob controle e trabalhar (e torcer) para que a situação econômica não piorasse muito.

O zigue-zague da distensão

A partir do final de 1974, a tendência dominante foi o retrocesso na distensão e o aumento da repressão. Em meados de 1975, Geisel jogou água fria nas expectativas democráticas com afirmações de que novos avanços na distensão ficariam para o futuro e dependeriam do desenvolvimento econômico e social. Pela mesma época, ao longo de 1975 e 1976, a iniciativa principal coube ao polo repressivo, que seguiu reagindo contra a vitória do MDB com base no argumento de que os comunistas tinham ganhado terreno e se "infiltrado" no partido. Com a derrota das esquerdas armadas, as agências repressivas passaram a ter mais tempo e recursos para golpear os comunistas que apostavam na ação institucional e na luta democrática. Nesse período foi intensificada a operação de desmonte do PCB, que levou à detenção de centenas e ao assassinato de mais de vinte pessoas. O PCdoB já vinha sendo desmantelado devido à repressão à guerrilha do Araguaia, e no fim de 1976 alguns de seus dirigentes foram mortos no episódio do "Massacre da Lapa".[14]

Além de ser responsável por assassinatos, desaparecimentos, torturas e prisões, o governo Geisel cassou vários parlamentares da ala esquerda do MDB, fosse por suspeita de ligação com o PCB ou por discursos agressivos contra o governo. Entre eles estavam os deputados Marcelo Gato, Nelson Fabiano, Lysâneas Maciel, Nadyr Rossetti, Amaury Muller, Alencar Furtado e Marcos Tito, e os vereadores Marcos Klassmann e Glênio Peres (da Câmara de Porto Alegre).

Além disso, para dificultar as campanhas eleitorais do MDB, o governo baixou a chamada Lei Falcão, que ganhou esse nome em referência ao ministro da Justiça, Armando Falcão. A lei estabeleceu limites para o uso da TV e do rádio na campanha eleitoral, para impedir novo sucesso da oposição. A propaganda eleitoral poderia trazer somente informações sintéticas sobre o currículo dos candidatos, acompanhadas de uma foto, e estava proibido o uso tanto de músicas com letras quanto de imagens em movimento.[15] Em síntese, a lei proibiu o debate político na televisão, recurso que havia favorecido o MDB nas eleições de 1974.

Porém, no início de 1976 Geisel voltou a tomar medidas no sentido da distensão política, dessa feita mandando mensagem dura ao aparato de repressão: o governo aceitava o assassinato de lideranças comunistas consideradas perigosas, mas era menos tolerante no caso de militantes comuns, principalmente se isso acarretasse repercussão pública negativa. No final de 1975, em meio à campanha de desmonte do PCB, o DOI-Codi de São Paulo matara o jornalista Vladimir Herzog, provocando grande comoção pública, tanto mais porque os agentes repressivos tentaram forjar um improvável suicídio por enforcamento dentro da cela. Os militares responsáveis foram advertidos pelo governo, mas voltaram à carga no início de 1976, quando mataram mais um suspeito de ser militante comunista de base, o operário Manoel Fiel Filho.

Interpretando a situação como um desafio à sua autoridade, e entendendo que, se não reagisse, a extrema direita militar poderia virar um foco de poder alternativo, Geisel determinou o afastamento do comandante do II Exército, general Ednardo D'Ávila — um ato sem precedente na ditadura. O recado era para os "porões", que passaram a considerar Geisel (e Golbery) um adversário. Os radicais da ditadura responderam reativando os grupos terroristas dormentes desde 1968, que promoveram ações no segundo semestre de 1976, como uma bomba na Associação Brasileira de Imprensa (ABI) e o sequestro do bispo de Nova Iguaçu, d. Adriano Hypólito, considerado "vermelho".[16]

Após as eleições municipais de outubro de 1976, em que o MDB saiu vitorioso nas maiores cidades e a Arena nos pequenos municípios, surgiram, no início de 1977, notícias vazadas à imprensa sobre um pacote de reformas para substituir o AI-5, que inicialmente poderia ser negociado com o MDB. Entretanto, o que parecia um gesto a favor da distensão acabou sendo uma notável investida autoritária para evitar nova vitória oposicionista nas eleições parlamentares de 1978.

A intenção do governo era impedir que o MDB assumisse o controle do Congresso, assim como mudar o dispositivo constitucional que previa eleições diretas para governadores naquele mesmo ano. Havia na pauta também mudanças no sistema judiciário, mas o que importava mesmo era manter o controle sobre o Congresso e os governos estaduais. O que estava em jogo era a sucessão, pois se o MDB conquistasse a maioria no Congresso poderia escolher o próximo presidente. Sendo esses os objetivos da ditadura, não havia acordo possível com o MDB, mesmo que emissários governamentais (outra missão atribuída a Petrônio Portella) tivessem sugerido que haveria planos para suprimir o AI-5 até o fim do governo Geisel.[17]

Com a alegação de que o partido de oposição era intransigente, não queria negociar e tinha votos suficientes para bloquear a aprovação de emendas constitucionais (propostas pelo governo), Geisel usou os poderes que o AI-5 atribuía ao presidente (ditador) e baixou o pacote de medidas. Esse conjunto de mudanças institucionais ficou conhecido como "pacote de abril", e, para colocá-lo em prática, o governo decretou o recesso do

Congresso. O pacote de abril chocou parte da opinião pública, pois tamanha intervenção autoritária não ocorria desde 1968. O evento foi ainda mais decepcionante por significar grave retrocesso em relação às expectativas em torno da distensão.

As principais medidas do pacote foram: eleição indireta para um terço dos senadores (chamados ironicamente de biônicos pela oposição); instituição das sublegendas para a eleição de senadores, uma forma de acomodar conflitos na Arena, que poderia agora lançar até três candidatos para a mesma vaga, cujos votos seriam totalizados em favor do mais votado; aumento das bancadas de deputados federais dos estados menores, em que a Arena era mais votada; eleições indiretas para governadores em 1978; redução do quórum para aprovar emendas constitucionais (de dois terços para maioria simples), o que tirava o poder do MDB de bloquear iniciativas do governo; ampliação do mandato do futuro presidente de cinco para seis anos.[18]

Com esse pacote de medidas autoritárias a ditadura garantiu o controle sobre o sistema político, mas violentou as suas próprias regras e a vontade popular. Para quem tinha dúvidas, mais uma vez ficava claro que se tratava de uma ditadura sob controle da corporação militar. Também se evidenciou que a distensão de Geisel não era um projeto democrático, mas uma estratégia para manter e estabilizar o poder. O impacto público do pacote de abril foi muito ruim para o governo, que foi criticado em diversos quadrantes, inclusive entre apoiadores de primeira hora como empresários, elite política e grande imprensa. A popularidade de Geisel caiu bastante na sequência do pacote.[19] Esse foi um momento de inflexão na história da ditadura, que levou ao aumento da insatisfação e ao acúmulo de críticas e protestos de variada natureza.

Significativamente, tratou-se da última grande ofensiva autoritária da ditadura. A partir daí, o Estado se inclinaria na direção da abertura democrática. Em primeiro lugar, porque as medidas decretadas em abril de 1977 garantiram ao governo o controle do Congresso e da sucessão presidencial de Geisel, o que dava alguma tranquilidade a médio prazo para que ele seguisse investindo na distensão. Em segundo lugar, porque a perda de prestígio político que o pacote de abril trouxe ao governo, junto à sensação de insegurança sobre o futuro da economia, tornou o caminho da distensão uma rota sem retorno, embora conflitos e episódios repressivos de menor escala tenham continuado a ocorrer.

Na verdade, a insatisfação com os rumos do governo começara a aparecer publicamente ainda antes do pacote, já no início de 1977. Entre janeiro e fevereiro desse ano, importantes lideranças da indústria e do comércio deram declarações à imprensa defendendo normalização democrática e retorno ao Estado de direito. Não se tratava de fé democrática, afinal os mesmos líderes haviam apoiado o AI-5. A questão é que a economia estava em crise e o empresariado se queixava do excesso de intervenção estatal. Provavelmente imaginava que a democratização criaria uma situação econômica mais favorável a seus interesses. O governo respondeu demitindo o ministro da Indústria, Severo Gomes, considerado um representante dos interesses empresariais, além de favorável a uma democratização mais rápida e crítico da extrema direita.[20]

Porém, foi na sequência do pacote de abril que a ditadura enfrentou desafios públicos de maior grandeza. O primeiro deles veio do movimento estudantil, que voltou a fazer protestos de grande escala, pela primeira vez desde 1968. A partir de maio de 1977 começou uma série de mobilizações, trazendo preocupação às forças da ordem e um novo ciclo repressivo. Ao longo do ano, vários episódios graves tiveram lugar, com destaque para a ocupação militar do campus da UnB, o cerco à Faculdade de Medicina da UFMG e a invasão policial da PUC-SP, que foi particularmente violenta. No mesmo período, intelectuais e jornalistas se manifestaram contra a ditadura com abaixo-assinados de impacto, sendo o de maior repercussão a Carta aos Brasileiros, de agosto de 1977, elaborada por juristas e advogados paulistas.[21] Ademais, entidades representativas influentes como ABI, OAB, SBPC e CNBB também aumentaram a pressão contra a ditadura.

Nesse contexto, a campanha pela anistia dos presos políticos ganhou novo ritmo e visibilidade pública, e a grande imprensa aumentou a pressão pela extinção do AI-5 e o retorno à Constituição de 1967. Vale a pena reiterar que, para alguns dos jornais mais influentes, assim como para outros setores, a ditadura havia começado apenas em 1968 e representava uma traição aos ideais de 1964. Desse modo, eles pediam um retorno às origens, no caso ao arranjo político legado por Castelo Branco. Além disso, veículos prestigiosos como *O Estado de S. Paulo* e *Jornal do Brasil* começaram a defender a conciliação como saída política e caminho para o retorno do poder aos civis.[22] No ano seguinte, 1978, seria a vez da retomada das grandes greves de trabalhadores, o que aumentaria ainda mais a complexidade dos desafios colocados à política de distensão.

Na outra ponta, Geisel enfrentou crescente oposição da direita militar radical. Tal setor acusava o governo de leniência com a infiltração comunista, inclusive na máquina estatal, e de suspeita simpatia pelo bloco socialista, por reconhecer diplomaticamente a China comunista e os governos marxistas da África.²³ As acusações expressavam anticomunismo sincero, mas também eram parte de manobra retórica na disputa pelo poder. Em meados de 1977, a extrema direita lançou campanha pela indicação do general Sylvio Frota, ministro do Exército de Geisel, para sucedê-lo na presidência. A desenvoltura dos frotistas chegou ao ponto da formação de uma bancada de deputados na Câmara em apoio ao general, que se tornaram vozes civis em favor das posições da extrema direita. Tratava-se de um desafio ao poder de Geisel e, ao mesmo tempo, de uma demonstração de que a ditadura estava em crise, correndo o risco de cindir-se. Geisel tinha outros planos: queria indicar como sucessor o general João Figueiredo, uma garantia da manutenção do seu grupo no poder e também da continuidade da distensão.

Pressionado à esquerda e à direita, no segundo semestre de 1977 o governo Geisel agiu para retomar a iniciativa política e voltar ao polo liberalizante. Para estancar a perda de popularidade e não ser abandonado pelas elites econômicas e sociais, ele precisava avançar algumas casas no caminho da distensão política. Porém isso exigia resolver a disputa com a extrema direita militar, que, além de almejar o poder, era um obstáculo a reformas liberalizantes. A saída encontrada foi a remoção do general Frota do comando do Exército, em outubro de 1977, um ato arriscado que demandou a mobilização de tropas e gerou forte tensão nos quartéis. Quando ficou claro o significado da queda de Frota — uma vitória do grupo de Geisel na disputa interna na ditadura e o fim de obstáculo importante às mudanças políticas liberalizantes —, os setores interessados no prosseguimento da abertura comemoraram.²⁴

Retomando o caminho da distensão, no início de dezembro de 1977 Geisel utilizou discurso em evento da Arena para anunciar reformas políticas a caminho, o que acendeu novas esperanças, inclusive de que o fim do AI-5 estivesse próximo.[25] Um dos objetivos de Geisel era animar a Arena para vencer a disputa eleitoral de 1978, que seria decisiva para o futuro do regime autoritário. Pela mesma época, entre final de 1977 e os primeiros meses de 1978, o senador Petrônio Portella foi encarregado mais uma vez de negociar com a oposição, em busca de um acordo para uma fórmula que substituísse o AI-5. Além de negociar com líderes do MDB, Portella procurou também lideranças da OAB e da CNBB para ampliar o diálogo e remover as resistências do partido de oposição, que se mostrava cético (e escaldado) quanto às intenções de Geisel.[26]

O governo aceitava abolir o AI-5, pedra de toque em qualquer conversa sobre abertura política, porém exigia algum tipo de salvaguarda que garantisse a manutenção da (sua) ordem. Ele temia que, frente a um quadro de maior liberdade, as forças de oposição e as esquerdas cometessem "excessos", por isso queria outro tipo de instrumento coercitivo, embora menos poderoso e discricionário que o AI-5. Era a lógica da estratégia gradualista. A fórmula acabou sendo a criação do estado de emergência, que o governo poderia decretar em caso de ameaça de subversão grave à ordem. Para a oposição, naturalmente, qualquer acordo passava pela limitação dos efeitos da nova medida autoritária, e, ao mesmo tempo, ela tentava convencer o governo da necessidade de aprovar uma lei de anistia. Outra bandeira do MDB era a eleição de uma Assembleia Constituinte para elaborar uma nova Constituição, mas tal demanda nem sequer era discutida pelo governo, que nesse ponto contava com o apoio da grande imprensa, crítica aos defensores da ideia.[27]

As ações estratégicas da ditadura a partir daí deram origem ao mito de Golbery, principal assessor político de Geisel, que a imprensa começou a tratar como bruxo ou mago, inclusive em representações caricaturais.[28] Se o senador Portella era o político e negociador, Golbery era a cabeça pensante, o estrategista, embora como em todo mito nesse também haja exagero. De qualquer modo, Golbery teve papel importante nas estratégias para ceder espaço à oposição sem deixar de manter o poder dos militares.

Em 1978, último ano do governo Geisel, a distensão ganhou agilidade e efetividade, gerando a sensação de que as mudanças dessa vez seriam para valer. O medo em relação à repressão diminuiu e na mesma proporção aumentou a disposição de testar os limites da tolerância governamental e correr riscos. Não é coincidência que as greves tenham voltado a acontecer a partir do início de 1978. O ambiente parecia mais favorável para protestar e fazer demandas, inclusive no caso dos trabalhadores, que vinham sendo vigiados de perto (e reprimidos) desde 1964.

O primeiro episódio de maior repercussão foi a greve dos metalúrgicos de São Bernardo do Campo, em maio de 1978. O impacto foi grande, pois, além de ser a primeira paralisação de grandes proporções desde 1968, tratava-se do coração da indústria brasileira. Foram mais de 50 mil operários envolvidos, já que fábricas de cidades próximas também aderiram ao movimento. Ali despontou a figura de Luiz Inácio da Silva, uma liderança de novo tipo, sem vínculos com as tradições sindicais anteriores (comunista e trabalhista). Fugindo às expectativas, o governo reagiu de maneira moderada e evitou usar os mecanismos repressivos à disposição, deixando que patrões e empregados negociassem um acordo salarial.[29] Bater forte na greve não combinaria com o momento do governo, que apostava em ampliar o diálogo com as lideranças civis e também em melhorar a sua popularidade, com vista às eleições parlamentares do fim de 1978. Mas era uma escolha difícil, pois a direita conservadora esperava uma resposta mais dura e temia-se que novas greves pudessem despontar, como acabou ocorrendo, o que gerou ações repressivas mais intensas, em especial na greve do ABC de 1980, como se verá.

Dessa forma, o quadro político e social foi se tornando cada vez mais complexo para o governo, na medida em que a piora dos indicadores econômicos coincidia com o incremento dos movimentos sociais e as demonstrações de ousadia perante a máquina repressiva. Frente a essa situação, a principal linha de ação de Geisel foi negociar o fim do AI-5 e de outros atos discricionários, além de pensar estratégias para popularizar o regime autoritário e seus líderes, de olho na continuidade no poder por vias eleitorais. Não seria fácil ter sucesso nesse caminho, porém não parecia haver alternativa melhor. Na pior das hipóteses, os líderes da ditadura conseguiriam prolongar sua permanência no poder e negociar a retirada para os quartéis em condições favoráveis.

Outro movimento foi continuar adotando medidas casuísticas para dificultar o sucesso eleitoral das forças de oposição, e também para dividi-las. Nesse sentido, a ditadura preparou nova reforma partidária, que a pretexto de aceitar reivindicações pela liberdade de organização visava a desmantelar a sigla MDB, que ganhara forte apelo eleitoral. Outras demandas democráticas da oposição foram sendo aceitas, como o retorno dos exilados e a anistia aos condenados e perseguidos políticos. No entanto, por serem de caráter mais espinhoso, elas acabaram sendo legadas por Geisel ao governo Figueiredo e foram utilizadas também a favor da ditadura, como logo explicaremos.

Em outubro de 1978, foi enfim aprovada e promulgada pelo Congresso a emenda constitucional extinguindo o AI-5 a partir de janeiro de 1979, sem os votos do MDB, que discordou da criação do estado de emergência. Mas, como desde o pacote de abril o governo não precisava mais de dois terços de votos para alterar a Constituição, os votos da Arena bastaram. Além do AI-5 foram extintos os outros atos institucionais e complementares, o que implicou o restabelecimento do habeas corpus para crimes políticos. Também foram extintos a pena de morte, o banimento e a prisão perpétua. Como parte do pacote de mudanças, foi alterada a LSN, que ganhou versão menos dura no final de 1978, mas, obviamente, permanecia um instrumento de exceção. É importante registrar também que, no mesmo período, foi suspensa a censura prévia sobre os últimos periódicos ainda sob controle, todos eles considerados de esquerda pelo governo.

Na mesma medida, o debate político foi se tornando mais intenso e livre, dificultando o controle pela ditadura. Junto ao crescimento da oposição, as bases de apoio do regime autoritário estavam se esvaindo, ao ponto de o outrora fiel empresariado buscar afastamento do governo, o mesmo se passando com outros setores. Entre os militares as divisões também se intensificaram, inclusive após o enquadramento do grupo vinculado ao general Frota. Significativamente, durante a corrida presidencial surgiu outra candidatura militar, só que dessa feita apoiada pela esquerda do MDB: a do general Euler Bentes. O general era ligado à corrente nacionalista do Exército, o que permitiu a aliança com a ala progressista do partido de oposição. Já o grupo moderado do MDB hesitou em aceitar o candidato militar, que poderia trazer o apoio de uma ala do Exército insatisfeita com os rumos da ditadura e com a candidatura do general Figueiredo. Os apoiadores de Bentes criaram uma Frente de Democratização, cujo propósito era buscar apoio para além do MDB e tentar mobilização popular para incrementar o apelo político da candidatura.[30]

Ao contrário de 1973, quando o MDB lançou a (anti)candidatura de Ulysses Guimarães para marcar posição e denunciar o arbítrio, dessa vez havia expectativas de cindir a Arena e ganhar as eleições indiretas. Porém as esperanças foram frustradas pela realidade. O candidato apoiado por Geisel ganhou as eleições indiretas de outubro de 1978, recebendo aproximadamente 60% dos votos, contra 40% a favor de Bentes. De qualquer modo, a disputa mostrou que a desagregação da ditadura era grave ao ponto de gerar um candidato de oposição militar.

A candidatura de Bentes pelo MDB foi um prenúncio e um ensaio para a vitoriosa candidatura indireta de Tancredo Neves em 1985, com a diferença de que este último conseguiu produzir uma cisão maior entre os apoiadores da ditadura. Ainda no fim do governo Geisel, outro episódio que mostraria as dificuldades da ditadura para controlar o sistema político foi a eleição (indireta) de Paulo Maluf para o governo de São Paulo em 1978. Ele não era o candidato do governo, mas conseguiu convencer as bases da Arena paulista a apoiá-lo, impondo derrota a Geisel e a Figueiredo, que aceitaram o fato consumado.

Quanto às eleições parlamentares de 1978, os resultados para a oposição não foram tão bons como seria de esperar em vista da crise. Para tentar tirar votos de seus adversários, mais uma vez o governo manipulou o medo, explorando o tema da infiltração comunista no MDB. Mas ele contava também com os casuísmos do pacote de abril de 1977, planejados justamente para favorecer o partido oficial nas eleições de 1978. No pleito desse ano, a Arena conseguiu eleger mais deputados federais — 231, contra os 189 eleitos pelo MDB — em parte porque era dominante nos estados menores, cuja representação parlamentar o governo havia aumentado. Por seu lado, o MDB ganhou largamente nas áreas mais urbanas e desenvolvidas, sendo que lideranças mais à esquerda e mais conectadas aos movimentos sociais ampliaram presença no partido.[31] No Senado, os biônicos, ou seja, os senadores escolhidos pelo governo sem consulta popular, garantiram maioria para a ditadura, anulando o efeito dos 5 milhões de votos a mais conquistados pelo MDB.

Assim, o pacote de abril de 1977 conseguiu reduzir o crescimento da representação parlamentar da oposição, dando mais tempo para a abertura controlada pelos militares e aliados civis. Entre o fim de 1978 e o início de 1979, às vésperas da posse do general Figueiredo, os líderes da ditadura começaram a planejar os próximos passos de sua estratégia política. Sem o AI-5 a partir de janeiro de 1979, seria mais difícil controlar o sistema político e as forças de oposição, de maneira que as alternativas passavam por tentar dividir a oposição e aumentar a popularidade das figuras governistas, especialmente do general João Figueiredo.

A DISTENSÃO DE GEISEL NÃO VISAVA restabelecer a democracia, e sim garantir mais estabilidade e maior duração ao regime autoritário, ainda que em versão menos severa em comparação com o quadro anterior. No entanto, as ações de oposição e de resistência, bem como os efeitos da crise econômica, reduziram a capacidade do governo de controlar o processo, que abriu caminho à desagregação da ditadura. O debate político tornou-se mais livre e a oposição colocou em pauta temas não desejados pelo governo, como o lado negativo do "milagre" econômico e a urgência da anistia. O regime autoritário, porém, conseguiu manter o poder por mais tempo, pelo menos durante os seis (longos) anos do mandato de Figueiredo, com a possibilidade de um mandato adicional caso tivesse sucesso na estratégia de aumentar o cacife eleitoral do partido governista.

Para usar a linguagem militar, o plano do grupo de Geisel era promover um recuo organizado das forças da ditadura, entregando posições ao inimigo mas mantendo terreno suficiente para evitar a debandada da tropa. As Forças Armadas iriam se "desengajando" das funções governamentais e entregando mais poder aos civis, mas o regime de 1964 poderia ter alguma sobrevida se a estratégia eleitoral funcionasse bem.

No fim das contas, o último governo dirigido por um militar, Figueiredo, seria um fiasco e levaria à decadência final da ditadura. No entanto as forças autoritárias e a corporação militar conseguiram limitar os efeitos da abertura democrática graças a uma transição negociada. Essa acomodação possibilitou uma saída suave da ditadura, que evitou investigações e punições para os militares e policiais responsáveis por crimes contra os direitos humanos, gerando uma "nova" República tutelada pelos quartéis e incapaz de enfrentar o legado do regime autoritário.

11. A abertura, o "fim" da ditadura e a precária democratização

Neste momento em que escrevemos, no qual forças autoritárias e nostálgicas do regime militar retornaram ao poder e mostram-se dispostas a nele permanecer por qualquer meio, percebemos o custo da transição política conciliada dos anos 1980, cuja prioridade de acomodar os conflitos bloqueou o devido enfrentamento do legado da ditadura.

Por isso, um dos propósitos aqui é analisar aspectos da abertura política e da transição que nos ajudem a entender as razões da fragilidade da nossa experiência democrática recente. Para empreender tal análise é necessário voltar os olhos especialmente para o período a partir de 1978, com atenção para as estratégias dos líderes do regime autoritário, cujo objetivo era controlar o processo de abertura política com vistas a manter o poder e evitar futuras punições por seus atos. Também é fundamental analisar as escolhas das forças de oposição, pois o formato da transição resultou dos conflitos e dos jogos de acomodação que envolveram segmentos dos dois lados.

Para alcançar nosso objetivo é indispensável abordar o governo Figueiredo, que recebeu a missão de dar continuidade aos planos traçados na gestão anterior. Em grande medida, a estratégia de manter no poder os herdeiros da ditadura fracassou nas mãos do sucessor de Geisel. Na presidência de Figueiredo ocorreu a desagregação final do bloco que apoiou 1964, tanto devido às disputas políticas como pelo colapso econômico. Por outro lado, foi nesse período que se consumou o plano esboçado ao final do mandato de Geisel de abrir caminho à saída dos militares do poder de maneira indolor (para eles). Nessa medida, o governo "democrático" que sucedeu ao último governo militar representou o "fim" da ditadura, mas não significou uma verdadeira ruptura com ela. Antes de aprofundar a análise desses temas faz-se necessário nos determos em alguns aspectos da gestão do quinto e último general presidente.

O governo Figueiredo e os percalços da abertura

O compromisso de Figueiredo com a estratégia traçada no governo Geisel se evidenciou em promessas públicas de "fazer deste país uma democracia"[1] e na manutenção de duas figuras-chave do período anterior: Golbery do Couto e Silva, que continuou na mesma função, chefe do Gabinete Civil (ou Casa Civil), e Petrônio Portella, que assumiu o Ministério da Justiça. Entretanto, a "democracia" prometida por Figueiredo pertencia à linhagem de Castelo Branco, já que ele pretendia manter o esquema das eleições indiretas para presidente e garantir que os herdeiros da ditadura continuassem controlando o Estado. Seus gestos concretos na direção da liberalização foram a instituição de eleições diretas para governador, em 1982, e a iniciativa de aprovar uma lei de anistia que, não obstante, foi utilizada para tentar deter o crescente poderio das forças de oposição.

João Figueiredo herdou um quadro desafiador ao assumir a presidência em março de 1979, quando as oposições estavam mais fortes e agressivas e a grande imprensa atuava livremente. Ele era um ditador, pois havia chegado ao governo graças à decisão do ditador anterior e dependia das forças repressivas para se manter no poder. Com o fim do AI-5, porém, o Executivo não tinha mais poder ilimitado. Ademais, Figueiredo enfrentava uma crise econômica cada vez mais grave, o que tornava desafiante conservar a situação política sob controle, pois as greves se intensificaram, assim como as críticas à ditadura. Nesse contexto, foi mantida a estratégia de recuo organizado, ou seja, cedia-se espaço para os adversários, mas tentava-se preservar as próprias forças unidas para entregar o mínimo de terreno possível.

Essa estratégia abrigava um projeto orientado ao futuro, pois não se pretendia entregar o poder à oposição, e sim eleger o próximo presidente em 1984. Para tanto, era preciso investir na popularização dos líderes e das instituições da ditadura, na expectativa de ter bom desempenho nas eleições de 1982 e manter o controle do Congresso, e consequentemente do processo sucessório indireto. Tal estratégia implicava revigorar a Arena, ou talvez refundá-la, pois seria necessário um partido governista forte e com imagem pública positiva para disputar as eleições. Não era um caminho fácil. De qualquer modo, na pior hipótese se esperava adiar ao máximo a entrega do poder à oposição e garantir que as forças militares se mantivessem unidas e protegidas contra futuras punições. Assim, os pilares da estratégia política do governo Figueiredo eram buscar popularidade, aprovar uma lei de anistia aceitável para os líderes da ditadura, fazer uma reforma partidária e dividir a oposição.

Quanto ao tema da popularização, investimentos nessa direção começaram ainda no período Geisel. É certo que tal preocupação foi constante nos governos da ditadura, mas a partir de 1974 a questão se tornou mais complexa e estratégica devido ao resultado eleitoral adverso, que obrigou o governo a reagir para evitar derrotas piores no futuro. A repressão e a manipulação oportunista da legislação foram largamente utilizadas, porém eram medidas insuficientes, especialmente em quadro de distensão política. Era preciso melhorar o desempenho eleitoral, inclusive porque os mecanismos discricionários seriam reduzidos após o fim do AI-5. O novo rumo político ficou claro já em 1978, quando Geisel escolheu nomes "bons de voto" para ocupar os governos estaduais, na expectativa de que ajudassem o desempenho eleitoral da Arena.[2] Os tecnocratas ficaram em segundo plano, e os políticos definitivamente voltaram a ser valorizados pelos líderes da ditadura.

Cálculos da mesma natureza influenciaram a política salarial após 1978, dada a preocupação de evitar prejuízos eleitorais para o partido do governo e também como tentativa de conter os movimentos grevistas em ascensão. Dessa maneira, no fim de 1979 foram adotadas medidas de reajuste mais generosas para os trabalhadores de baixa renda, em contraste com o período inicial da ditadura, em que prevaleceu o arrocho. Pela nova regra, quem recebia até três salários mínimos seria reajustado pelo índice oficial de inflação e mais um acréscimo de 10%. Ademais, foi instituído o mecanismo de aumento semestral, para proteger melhor os assalariados contra a corrida inflacionária.[3] Porém os efeitos dessas ações foram limitados, já que a inflação galopante tornava qualquer política de recomposição dos vencimentos inócua para os trabalhadores, que em resposta intensificaram as greves. Além disso, o acordo com o FMI nos anos finais do governo Figueiredo levou a novo arrocho salarial, com o propósito de segurar a inflação descontrolada.

Outra iniciativa de destaque na linha da popularização foi tentar criar imagem pública mais favorável para Figueiredo. Era uma tarefa difícil, pois se tratava de um general sisudo oriundo dos serviços de informação. Mesmo assim, os publicitários e assessores de comunicação se esforçaram. Além da óbvia providência de retirar os seus habituais óculos escuros, que traziam uma marca sinistra, os publicitários oficiais investiram em mostrá-lo como um sujeito popular, o "João", e não um militar egresso das entranhas da ditadura. Em resposta a essa manobra publicitária, tanto na oposição como entre aliados liberais da ditadura ouviram-se vozes denunciando que ela parecia sucumbir à tentação populista.[4]

A estratégia de criar uma imagem popular, conciliadora, de tolerância política e generosidade com os trabalhadores, acabou em grande fracasso. Figueiredo não cabia bem no papel, pois além de autoritário era pouco chegado ao "povo", ao ponto de em certa ocasião dizer que preferia o cheiro dos cavalos. Além disso, o fiasco político e econômico de seu governo tornou a estratégia inviável. Mesmo assim, o esforço de popularização em busca de votos era um sinal de mudança de estratégia. Vale registrar que "João" procurou agradar também ao empresariado, que vinha criticando o aumento do intervencionismo econômico estatal. Para seduzir os homens de negócio, Figueiredo fez juras de amor à iniciativa privada e prometeu simplificar a vida das empresas, para o que foi criado em seu governo um inusitado Ministério da Desburocratização.[5]

Porém, os pontos mais importantes da agenda política eram a anistia e a reforma partidária, duas iniciativas que se conectavam na estratégia da ditadura. Se, por um lado, era preciso atender às demandas democráticas e avançar a abertura, de outro, o governo aproveitava a ocasião para tentar dividir e enfraquecer a oposição. Demandas por anistia já tinham sido apresentadas anteriormente — por exemplo, nos governos Castelo Branco e Costa e Silva —, mas em tais ocasiões não havia qualquer viabilidade política para a proposta.

Foi a partir da distensão e do crescimento do sentimento oposicionista que surgiu a oportunidade de organizar uma campanha mais forte pela anistia, que se consolidou por meio das ações de entidades como o Movimento Feminino pela Anistia (1975) e o Comitê Brasileiro pela Anistia (1978).[6] Graças a esse ativismo, que protagonizou campanhas de impacto, o tema pôde entrar definitivamente no debate político entre 1977 e 1978. A nova realidade fez com que a anistia fosse incluída também na pauta de preocupações da ditadura, cujos líderes se dividiram entre a aceitação de uma anistia limitada ou a sua rejeição total, sendo esta posição defendida pela extrema direita.

A opinião dos editores de jornais influentes como *O Estado de S. Paulo*, *Jornal do Brasil* e *O Globo* é reveladora do rumo assumido pelo debate nos meios de elite. Importante destacar que o desenho da anistia foi a pedra de toque da abertura e da transição, pois envolveu questões centrais como a reintegração dos expurgados ao sistema político, as atitudes frente aos crimes cometidos pelos agentes repressivos e a memória a ser cultivada em relação à ditadura. Desde 1977, mas especialmente a partir de 1978, a imprensa começou a se posicionar sobre as demandas por perdão aos perseguidos políticos, e, com frequência, o tema era associado à proposta de encontrar alguma fórmula de conciliação para sair do regime autoritário.[7] Não faltou quem lembrasse a tradição conciliatória brasileira, propondo que ela fosse recuperada e aplicada novamente. Porém não se acrescentou que tal tradição era particularmente forte entre as elites políticas e sociais, como estratégia para superar conflitos evitando a participação popular nas grandes decisões. E tratava-se exatamente disso: construir um acordo entre os grupos dominantes que garantisse a liberalização política sem riscos de radicalização, e sem chances de real democratização. Tal projeto poderia unir as elites sociais que vinham apoiando a ditadura aos setores moderados da oposição, abrindo uma rota suave para se sair do regime autoritário. E foi esse, afinal, o caminho seguido pela transição brasileira.

Não era viável falar em reconciliação e retorno ao Estado de direito sem discutir como as lideranças expurgadas voltariam a ter direito à participação política. Porém, os líderes da ditadura estabeleceram dois limites: as ações mais violentas (o "terrorismo") não poderiam ser anistiadas; e não seria aceito "revanchismo" contra os agentes dos governos militares. A maioria da grande imprensa concordava com o setor dominante da ditadura quanto a esses dois pontos e, de certa forma, serviu como canal para vocalizar as condições impostas pelo Estado.

Entre 1977 e 1979, jornais influentes defenderam que a anistia não poderia beneficiar atos violentos praticados pela esquerda, especialmente os de caráter terrorista.[8] Alguns chegaram a argumentar que certas ações da esquerda armada não seriam crimes políticos, mas crimes comuns, e que anistias amplas só aconteciam quando os governos eram derrubados, o que não seria o caso.[9] Afirmou-se também que o governo não poderia anistiar os crimes dos "terroristas", pois isso significaria perdoá-los e esquecê-los. Perdoáveis seriam apenas os delitos de opinião, não os atos violentos.[10] Vale notar um aspecto significativo: os mesmos grupos que defenderam tais posições concordaram com o perdão aos atos violentos cometidos pelos agentes da ditadura — aceitando portanto, devido a um viés ideológico antiesquerdista, um argumento assimétrico. Esses eram pontos de vista caros à direita autoritária e ao aparato repressivo, que atuaram como fonte de pressão contra a anistia ampla, geral e irrestrita defendida pelos movimentos sociais e pela oposição.

Quando o sucesso das campanhas públicas ampliou a opinião favorável à suspensão das penas contra crimes políticos, um argumento sutil entrou em circulação, representando uma tentativa de acomodar as pressões dos dois lados. Nas entrelinhas de seus textos, alguns articulistas sugeriram um artifício que ajudaria a superar a resistência de setores militares e da direita radical à anistia ampla e irrestrita, resistência decorrente de não tolerarem o perdão aos crimes de "sangue" cometidos pela esquerda. A sugestão sutil era que, depois da aprovação de uma lei de anistia restrita, ou seja, de perdão apenas para os crimes de "opinião", o presidente poderia indultar os condenados por atos violentos e crimes de sangue.

Havia uma nuança política e jurídica envolvida na questão, pois o indulto não significa perdão do crime cometido, ao contrário da anistia. Indultar é um ato de clemência do Estado, que extingue o cumprimento da pena mas não anula o crime cometido. Assim, tirar alguns presos da cadeia por meio de indulto seria menos escandaloso para certos setores da direita. Em outros casos, algumas penas poderiam ser revistas pelo Poder Judiciário, de maneira a contemplar o grupo não beneficiado pela lei.[11]

Com isso, não se ofenderia a opinião contrária à anistia ampla, desbloqueando a aprovação de um perdão limitado. Os indultos presidenciais e a revisão de condenações após a aprovação da lei atenderiam na prática às demandas da oposição, mas sem conflito maior com os radicais da direita. Tal estratégia acabou marcando o processo de anistia, como se verá.

Do ponto de vista dos militares, outra pauta quando emergiu a discussão sobre anistia, a partir de meados de 1977, era o "revanchismo", palavra que começou a circular (inclusive em charges) na mesma época. No contexto do debate sobre a anistia, os líderes da ditadura passaram a se preocupar com a possibilidade de punições no futuro aos crimes contra os direitos humanos que haviam sido cometidos. Um sinal de alerta importante ocorreu com a cassação, em julho de 1977, do mandato do líder do MDB na Câmara, deputado Alencar Furtado, após um discurso na televisão. Tratou-se de ato até certo ponto surpreendente, pois na ocasião o governo buscava investir de novo na distensão e recuperar o prestígio perdido com o pacote de abril. A explicação mais provável para a cassação de Furtado reside num detalhe da sua fala na televisão: ele insinuou que os militares envolvidos em crimes poderiam vir a ser julgados.[12] Nos meses seguintes, a imprensa começou a divulgar que a conciliação exigia esquecer o passado e evitar qualquer tipo de "revanchismo" contra os militares. Em textos discretos, alguns articulistas comentaram que os "excessos" cometidos contra a "subversão", a exemplo da tortura, eram vistos pelos militares como um serviço à pátria, por isso não admitiam punição.[13]

Ao abraçar a rejeição ao "revanchismo", setores da imprensa, do Judiciário e das elites econômicas e políticas aceitaram a ideia de que deveria haver um tipo de anistia "recíproca". Em outras palavras, a anistia a ser aprovada deveria incluir o esquecimento dos crimes cometidos a serviço da ditadura. Mas a aparente reciprocidade escondia uma situação problemática e assimétrica. Em primeiro lugar, agentes do Estado não podem ter permissão para cometer crimes, já que são supostamente defensores da lei. Além disso, certos crimes são imprescritíveis e imperdoáveis. Quanto à assimetria, a grande maioria dos "subversivos" tinha sido punida, direta ou indiretamente, o que não era o caso dos agentes públicos.

De qualquer forma, a tese do perdão recíproco prosperou entre segmentos da elite, mantendo sua força até os dias atuais. Na ocasião, o entendimento favorável ao esquecimento dos crimes dos agentes estatais derivava também da força da ditadura, que, afinal, ainda estava no poder. Naquelas condições, seria difícil imaginar um outro desfecho. Por isso mesmo, os setores democráticos se concentraram em tentar ampliar o escopo da anistia em benefício dos alvos da ditadura, deixando para segundo plano a demanda por punição dos crimes cometidos pelos agentes do Estado.

Em junho de 1979, o governo Figueiredo enviou ao Congresso seu projeto de lei regulando a anistia. O primeiro artigo anistiava "os crimes políticos ou conexos com estes" cometidos entre o início do governo Goulart (setembro de 1961) e agosto de 1979. A pedra de toque do perdão aos agentes do Estado estava na figura do crime conexo, que era definido no parágrafo seguinte, de maneira vaga, como crime de qualquer natureza relacionado a crimes políticos ou praticado por motivação política.[14] Nos bastidores do poder, do aparelho judiciário e das redações dos jornais, ficava entendido que crimes conexos eram os praticados por militares e policiais. Já para a esquerda não havia a mesma complacência, pois o segundo parágrafo do mesmo artigo excluía da anistia os crimes de terrorismo, assalto, sequestro e atentado pessoal.

Diante de tamanha injustiça e falta de equilíbrio, as forças de oposição tentaram emendar o projeto de lei na direção de uma anistia ampla e irrestrita, e quase conseguiram vencer. Uma parte dos presos políticos juntou-se à campanha contra a anistia restrita do governo, fazendo greve de fome para pressionar contra a sua aprovação. A tentativa mais viável de emendar a lei foi capitaneada por um deputado da Arena, Djalma Marinho, cujo texto substitutivo mantinha o perdão para os agentes do Estado mas o ampliava para os crimes de "sangue" cometidos por ativistas de esquerda. A soma entre os votos dos dissidentes do governo e dos parlamentares do MDB quase foi suficiente, mas no fim o projeto do governo venceu por apenas cinco votos de diferença.[15] O resultado apertado mostrou a força do movimento pela anistia ampla e irrestrita. Um segmento da oposição protestou contra a lei, porém parcela majoritária acabou por aceitá-la, entendendo que era a conquista possível no momento. A ditadura estava em recuo, mas ainda estava no comando.

A maior parte das forças de oposição acabou se acomodando à situação, porque a maioria dos perseguidos políticos foi beneficiada imediatamente. Além disso, aquelas sugestões sutis que apareceram no debate da imprensa influenciaram o governo, que indultou alguns presos não beneficiados pela lei, enquanto outros foram liberados devido à revisão das penas pelo Poder Judiciário. A lei de anistia permitia ainda o retorno ao serviço público dos expurgados, desde que o respectivo ministério concordasse com a volta do servidor afastado do cargo. Os militares punidos não voltaram ao serviço ativo, pois o setor que assumiu o comando em 1964 não permitiu o retorno da esquerda aos quartéis. Mas, nos ministérios civis, muitos funcionários voltaram ao trabalho, ou pelo menos tiveram as aposentadorias reajustadas com a inclusão do tempo de afastamento. O benefício para os servidores expurgados atendia a uma reivindicação do movimento pela anistia e foi um artifício para tornar a lei mais atraente para a oposição. As pessoas não contempladas naquele momento, especialmente os militares punidos, seguiram em luta pelo reconhecimento de seus direitos, que em parte foram atendidos apenas décadas depois.

O caso da anistia é emblemático da transição brasileira, em que as disputas foram temperadas com acordos e acomodações. Houve conflito pela definição da amplitude do perdão, mas, apesar de a lei aprovada ter caráter restrito, todos os presos acabaram liberados após alguns meses. E o bizarro "autoperdão" para os agentes do Estado prevaleceu, inclusive porque a maioria da oposição, preocupada com problemas mais prementes, o tratou como um tema secundário. A demanda de que os agentes repressivos fossem julgados por seus crimes, defendida por uma parte do movimento pela anistia,[16] encontrou pouca viabilidade devido ao frágil apoio político e à presença dos militares no comando do Estado. Junto com a questão da busca de informações sobre os desaparecidos, só futuramente tais demandas se tornariam pautas mais relevantes. A acomodação que prevaleceu no processo de anistia, sobretudo envolvendo as elites políticas e sociais, apesar do protesto de um setor da oposição, acabou pavimentando o caminho para situações semelhantes, que seriam a marca da transição brasileira.

Com a aprovação da lei de anistia, a partir de agosto de 1979 centenas de exilados voltaram ao Brasil, pela certeza de que não seriam mais presos ou processados. Na verdade, o movimento de retorno já havia começado no início do ano, quando foram extintos o AI-5 e as penas de banimento, mas a aprovação da anistia era garantia mais segura. Os grandes líderes da oposição de esquerda voltaram em setembro e outubro de 1979, com destaque para Leonel Brizola, Miguel Arraes e Luiz Carlos Prestes. O retorno desses e de outros exilados ilustres gerou recepção entusiasmada e festiva, além de renovar a esperança no campo das oposições. Para o governo, tratava-se de uma fonte de preocupação, pois o ativismo de esquerda iria se incrementar, mas, por outro lado, era também uma oportunidade para dividir os adversários.

Nesse contexto, os condutores do Estado colocaram em pauta a reforma do sistema partidário, outra pedra angular da estratégia oficial de abertura. Nos anos anteriores o MDB havia crescido, após tornar-se destino certo dos votos oposicionistas e de todos os insatisfeitos, em eleições que se tornaram verdadeiros plebiscitos pró ou contra o governo. Para livrar-se do bipartidarismo, que passou a ser mais frutífero para a oposição, o governo atrelou a anistia a um plano de reforma partidária. O discurso oficial era atender ao desejo de liberdade do povo, mas, na prática, o objetivo era dividir a oposição e tentar criar um partido oficial com cara nova, de preferência mais popular. Pretendia-se acirrar as divisões já existentes no MDB, que tinha diferentes alas ideológicas em constante conflito, com a entrada em cena de líderes exilados que iriam ocupar — e disputar — espaços no campo da oposição.

A estratégia foi escancarada quando o projeto de lei do governo foi divulgado, em outubro de 1979. Um dos artigos exigia que as futuras agremiações incluíssem o termo "partido" em sua denominação, para forçar uma mudança na legenda do MDB. E, para quem tinha dúvidas, o tratamento dado aos partidos comunistas deixou claro que o objetivo do governo não era instituir o pluralismo partidário. Se assim fosse haveria que se colocar em discussão a legalização dos partidos comunistas, ponto pacífico em qualquer democracia. Mas a aceitação dos comunistas no sistema político continuava a ser um tabu, dividindo inclusive a opinião liberal. Alguns achavam que a melhor forma de controlar os partidos comunistas era legalizá-los, enquanto outros afirmavam ser suficiente permitir a circulação de suas ideias, mas continuar proibindo que disputassem o poder.[17] Os comunistas tiveram que aguardar o fim da ditadura para sair da clandestinidade, pois a maioria dos militares e parte de seus aliados civis não aceitavam sua presença no cenário público e continuavam a vê-los como inimigo principal, tal como em 1964.

Previsivelmente, uma parcela da oposição foi atraída pela possibilidade de organizar novos partidos, e o projeto de lei foi aprovado, sem maiores dificuldades, no fim de 1979.[18] No MDB, o grupo majoritário batalhou para manter a sigla unida, denunciando a manobra do governo. No final, o plano de dividir o partido e forçar a mudança de legenda não teve o efeito esperado, pois foi adotada a sigla PMDB, para não deixar dúvida de que se tratava de uma continuação do partido anterior. Além disso, a maioria das lideranças permaneceu na legenda, que foi reforçada pela entrada de uma parte dos exilados. A princípio o PMDB iria perder um setor da ala moderada, que, com Tancredo Neves à frente, juntou-se a dissidentes da Arena (liderados por Magalhães Pinto) para criar um partido de centro-direita, o

Partido Popular (PP). Mas os líderes do PP desistiram de manter a sigla, e a maioria de seus integrantes acabou voltando para o PMDB. A decisão de extinguir o PP deveu-se a novos casuísmos aprovados pelo governo para beneficiar eleitoralmente seu novo partido (o Partido Democrático Social, PDS): a exigência do voto vinculado (o eleitor tinha de votar no mesmo partido para todos os cargos em disputa) e a proibição de coligações partidárias.[19] Com isso, a ditadura favoreceu o PDS, mas também o PMDB, ao estimular a permanência de sua ala à direita.

A reforma partidária levou à formação de dois outros partidos importantes no campo das oposições, o Partido Democrático Trabalhista (PDT), liderado por Leonel Brizola, e o Partido dos Trabalhadores (PT), liderado pelo metalúrgico e líder sindical Luiz Inácio da Silva. Na ocasião foi recriado o PTB, sigla disputada por Brizola, mas perdida para o grupo liderado por Ivete Vargas, que refundou o partido de seu tio-avô, Getúlio. Difícil classificar o novo PTB como força de oposição à ditadura, porém ao menos em um momento-chave ele ficou ao lado das forças democráticas: ao votar em peso (com uma exceção) pela emenda que restabeleceria as eleições diretas para presidente.

A agremiação criada em 1980 para apoiar o governo, o já mencionado PDS, deixava pelo caminho a sigla Arena, desgastada nos últimos anos. O nome improvável para um partido de direita que apoiava uma ditadura militar foi escolhido exatamente para escamotear suas origens e tentar atrair votos. Com o PDS, o governo esperava ter desempenho favorável nas eleições de 1982, decisivas não apenas por definirem a sucessão presidencial de 1984, mas também porque os governos estaduais seriam disputados pelo voto direto, algo que não ocorria desde 1965.

Antes de enfrentar as eleições, em que pretendia conter o crescimento das forças democráticas e de esquerda, o governo teve de lidar com pressões provenientes da direita radical. Tal como Geisel alguns anos antes, o governo Figueiredo foi intimidado pela extrema direita militar. Inconformados com o rumo da abertura, os radicais buscaram tumultuar o quadro político realizando ações terroristas contra alvos considerados de esquerda. Siglas da extrema direita armada que haviam atuado nos anos 1960 voltaram ao cenário público, como CCC e MAC, ao lado de nomes novos como Vanguarda de Caça aos Comunistas, Comando Delta e Falange Pátria Nova.

Entre 1979 e 1981, esses grupos colocaram centenas de bombas em automóveis, residências, bancas de revista, sedes de jornais e de movimentos sociais, para amedrontar lideranças de esquerda e tentar impedir a circulação de periódicos de mesma orientação. Dentre os mais significativos — e mortíferos — atentados a bomba cometidos nesse período destacam-se os que, no dia 27 de agosto de 1980, no Rio de Janeiro, provocaram a morte de Lyda Monteiro da Silva, funcionária da sede da OAB, e mutilaram um assessor parlamentar da Câmara Municipal.[20]

Porém, a mais ambiciosa ação terrorista terminou em revés para os radicais de direita, nesse caso dois militares do Exército lotados no DOI-Codi carioca. Na noite de 30 de abril de 1981, o capitão Wilson Dias Machado e o sargento Guilherme Pereira do Rosário estavam em um automóvel estacionado nas imediações do Riocentro, local usado para shows e eventos situado na região da Barra da Tijuca, Rio de Janeiro. Naquela noite, o Riocentro abrigava um espetáculo comemorativo do 1º de maio, organizado e estrelado por intelectuais e artistas de esquerda. A intenção dos terroristas era causar pânico, com um atentado que poderia ter custado muitas vidas, e atribuir a autoria a organizações de esquerda, para tumultuar o ambiente político. Mas, por imperícia, uma das bombas estourou dentro do automóvel e no colo do sargento Rosário, que morreu na hora, enquanto o capitão sofreu graves ferimentos.

Em meio à abertura não havia como abafar o caso, e o governo teve de encomendar um processo de investigação oficial. Porém, em atitude diferente de seu antecessor, Figueiredo escolheu contemporizar com os militares rebeldes em lugar de puni-los. Provavelmente pesou o fato de ele mesmo ter atuado anteriormente nos órgãos de informação e repressão. O inquérito presidido por um coronel do Exército concluiu que a bomba havia sido plantada no carro por terroristas de esquerda, uma versão que afrontava as evidências e a inteligência do público. A gravidade do escândalo gerou divisão no governo e aumentou seu descrédito junto à opinião pública, culminando na saída de Golbery do Couto e Silva, que discordou da decisão de proteger os militares terroristas.[21] Com isso, o então presidente perdeu uma peça-chave dos projetos de distensão e abertura. Ou mais uma, pois Petrônio Portella havia falecido meses antes.

O fortalecimento dos movimentos democráticos e a saída negociada da ditadura

A repercussão do caso Riocentro fragilizou ainda mais um governo que enfrentava uma situação econômica terrível, com inflação acelerada, crise da dívida externa, falta de reservas cambiais e, ainda por cima, uma recessão grave que provocava desemprego. Em meio a esse quadro ocorreram as decisivas eleições de 1982, que, sem surpresa, trouxeram um resultado ruim para o governo Figueiredo, complicando seus planos de manter a abertura e a sua sucessão sob controle.

Nas eleições para governadores, o novo partido da ditadura venceu em doze estados. No entanto, o desempenho da oposição foi proporcionalmente mais positivo, pois, além de ter tido mais votos em termos nacionais, ela ganhou em dez estados, entre eles os de maior peso político, econômico e populacional (SP, RJ, MG). Quanto aos resultados das eleições proporcionais, no Senado os casuísmos continuaram a beneficiar o governo. Não haveria mais a figura do senador "biônico", e todas as vagas abertas em 1982 foram disputadas em voto direto, mas os que ganharam o cargo por eleição indireta em 1978 continuariam no Senado até 1986, garantindo a vantagem do governo. Vale destacar também que o território de Rondônia foi transformado em estado alguns meses antes da eleição, com isso garantindo três vagas senatoriais para o PDS. No total, o partido do governo elegeu quinze senadores e a oposição, dez (nove do PMDB e um do PDT), mas esta teve votação bruta maior por ter mais apoio nos estados populosos.

Mais significativo é destacar a Câmara. O PDS conseguiu eleger 235 deputados federais, mostrando que a ditadura ainda tinha força e representatividade, embora em parte o resultado tenha se devido às vantagens propiciadas pela máquina do Estado e pela legislação de exceção que beneficiava os governistas. Mesmo assim, pela primeira vez o partido da ditadura perdeu a maioria na Câmara. O PMDB confirmou sua condição de maior partido de oposição ao eleger uma bancada de duzentos deputados, enquanto o PDT fez 23, o PTB, treze, e o PT, oito. Era uma mudança significativa em relação ao pleito de 1978 (quando a Arena fez 231 deputados e o MDB, 189), e uma confirmação do declínio da ditadura.

Como o número de cadeiras na Câmara aumentou entre 1978 e 1982, para comparar os resultados é melhor observar os dados proporcionais. Em 1978, a Arena elegeu 55% dos deputados e o MDB, 45%, enquanto em 1982 o PDS elegeu 49%, o PMDB, 42%, e os outros partidos elegeram os 9% restantes. Em outras palavras, o governo teve uma queda de 6% na representação da Câmara entre 1978 e 1982, o que deu à oposição a maioria da Casa (51%). A diminuição proporcional do PMDB foi compensada pelas posições ocupadas pelos outros partidos de oposição.

Os resultados de 1982 mostraram que o declínio político da ditadura se mantinha, apesar das manobras e casuísmos, aumentando a pressão pela redemocratização do país. Os líderes do regime militar não detinham mais o controle do Congresso e teriam dificuldade para comandar o processo de escolha indireta do próximo presidente. No entanto, mesmo em minoria na Câmara, os parlamentares fiéis à ditadura eram em número suficiente para barrar iniciativas da oposição para emendar a Constituição, o que se evidenciaria a seguir.

Pelo mesmo período, os movimentos sociais seguiam em rota ascendente, ampliando demandas democráticas e salariais e investindo na organização de suas entidades representativas. O ciclo grevista inaugurado em 1978 teve sequência em 1979 e 1980, trazendo dores de cabeça também ao governo Figueiredo. O dilema era similar ao enfrentado na gestão Geisel. Era preciso lidar com as demandas do aparato repressivo e ao mesmo tempo evitar que o governo se tornasse muito impopular e perdesse o controle do processo de abertura. A repressão gerou episódios de confrontos violentos nas ruas, incluindo os assassinatos do metalúrgico Santo Dias, em São Paulo, e do trabalhador da construção civil Orocílio Martins Gonçalves, em Belo Horizonte, ambos em 1979. Além disso, houve intervenção em alguns sindicatos e a prisão temporária de seus líderes, notadamente Lula e seus companheiros do Sindicato dos Metalúrgicos de São Bernardo do Campo, em 1980.[22] Mas, ao mesmo tempo, ocorreram negociações, e os sindicatos alcançaram conquistas importantes.

Em meio a esse quadro de ampliação das lutas dos trabalhadores foram criadas as centrais sindicais, que derivaram da Conferência Nacional das Classes Trabalhadoras (Conclat) realizada em agosto de 1981. Como havia diferenças de concepção e disputas políticas pelo comando do movimento sindical, acabaram surgindo duas grandes centrais rivais nos anos seguintes: a Central Única dos Trabalhadores (CUT) e a Central Geral dos Trabalhadores (CGT). Mesmo com essa divisão, o movimento sindical viveu uma fase de ascensão no período, em que a luta por reajustes salariais se combinou à luta por democracia. Nas zonas rurais, militantes pela reforma agrária criaram o Movimento dos Trabalhadores Rurais Sem Terra (MST), que veio se juntar a outras entidades representativas preexistentes, e, nas grandes cidades, o associativismo de bairro proliferou.

Revigoradas pelos resultados eleitorais de 1982, pelo crescimento dos movimentos sociais no campo e nas cidades, e também pelo enfraquecimento progressivo do governo, as forças democráticas tomaram a iniciativa para reformar as instituições vigentes e dar cabo do regime autoritário. Para tanto foi lançada uma campanha popular pelo restabelecimento de eleições diretas para presidente, com a expectativa de que geraria a pressão política necessária para aprovar uma emenda à Constituição nesse sentido apresentada ao Congresso pelo deputado Dante de Oliveira. Para que a campanha tivesse sucesso era necessário contar com o apoio de dissidentes do PDS, já que a exigência de dois terços de votos para alterar a Constituição voltara a valer após a anulação dos principais efeitos do pacote de abril de 1977.

O movimento Diretas Já começou em 1983, quando foram organizados comícios que reuniram dezenas de milhares de pessoas, mas deslanchou efetivamente nos primeiros meses de 1984, momento em que o público presente aos eventos chegou a ultrapassar a marca de 1 milhão em algumas das grandes cidades, particularmente nas capitais dos estados governados pela oposição.[23] A campanha pelas eleições diretas originou uma frente ampla de forças oposicionistas que reuniu lideranças de esquerda e de centro, sindicalistas, intelectuais e artistas, contando com apoio de parte minoritária da grande imprensa. Junto com as eleições para governador de 1982, o movimento Diretas Já marcou o retorno dos cidadãos às ruas, após anos de repressão e medo.

Foi sob o impulso dessa pressão democrática que os deputados votaram a emenda Dante de Oliveira, em 25 de abril de 1984. Embora a ditadura estivesse enfraquecida e dividida, seu setor dominante não estava disposto a aceitar o restabelecimento de eleições diretas. Nessa altura, o governo Figueiredo não tinha mais força para comandar o rumo da abertura, mas ainda podia bloquear o retorno das diretas, cuja realização lhe traria mais riscos e incertezas. Uma disputa direta poderia radicalizar o processo de superação da ditadura e, quem sabe, resultar em um governo menos disposto a aceitar a acomodação com os militares e seus aliados.

Por isso, o governo trabalhou para evitar uma debandada de votos de deputados do partido oficial em favor da emenda. Decerto o grupo no poder agiu discretamente para garantir votos, mas também adotou medidas de força para evitar que lideranças de oposição e populares pressionassem os deputados em Brasília. Para tanto, o governo lançou mão do dispositivo que substituiu o AI-5, o estado de emergência, decretado em Brasília e em nove cidades vizinhas no período em que se previa a votação (de meados de abril a meados de maio de 1984), sob o comando do general Newton Cruz. Tropas foram utilizadas para amedrontar manifestantes favoráveis à aprovação da emenda, e as emissoras de TV e rádio foram proibidas de registrar a sessão da Câmara. Disposto a mostrar serviço, Newton Cruz protagonizou uma das cenas mais patéticas da ditadura. No dia da votação, apareceu a cavalo na área central de Brasília, ameaçando com seu rebenque os automóveis que faziam buzinaço pela aprovação da emenda Dante de Oliveira.[24]

A pressão pelo retorno à democracia gerou de fato dissidências no PDS, pois mais de cinquenta deputados do partido votaram a favor da emenda, junto com todos os deputados dos partidos de oposição (com exceção de um deputado do PTB). Porém, não foi suficiente. A emenda teve 298 votos favoráveis, quando eram necessários 320. Faltaram 22 votos, portanto. A maioria dos que não votaram pela emenda preferiu se ausentar, por medo da repercussão pública: houve 113 ausências e três abstenções, e apenas 65 deputados presentes que votaram contra.[25] Mesmo que tivesse sido aprovada na Câmara, a emenda enfrentaria ainda outra batalha pesada no Senado, que o governo controlava com a presença dos biônicos (cujos mandatos vigoravam até 1986).

O resultado frustrou os que desejavam o retorno à democracia e trouxe desolação aos jovens que tiveram seu "batismo democrático" na campanha das Diretas Já. Porém o caminho de um acordo entre setores da ditadura e da oposição para uma saída negociada fora pavimentado. Como estava claro que a ditadura não tinha mais futuro, para o seu setor mais lúcido — e também mais oportunista — a opção era caminhar para o colapso ou então fazer concessões de maneira a obter uma mudança suave. Na verdade, negociações entre uma ala do governo e parte da oposição começaram ainda antes da campanha das Diretas, tendo o desfecho da votação da emenda tornado o acordo mais viável.

Outro fator decisivo que levou a uma saída negociada foi a divisão entre os líderes da ditadura quanto à sucessão de Figueiredo, em parte porque ele mesmo não se empenhou, ajudando a gerar indecisão nas hostes oficiais. É sintomático que a maioria dos postulantes do PDS ao cargo fossem civis, sendo que o único deles com passado militar, Mario Andreazza, era mais conhecido como o tocador das grandes obras de infraestrutura da ditadura. A vitória de Paulo Maluf na disputa interna pela candidatura oficial dividiu de vez os apoiadores da ditadura.[26] Como alguns grupos não o aceitavam, a hipótese de fazer um acordo com a oposição tornou-se muito atraente, tanto mais porque o prestígio do regime militar estava no chão.

A partir daí abriu-se caminho para reeditar a estratégia que o MDB tentou sem sucesso em 1978: disputar o colégio eleitoral com um candidato capaz de dividir os apoiadores da ditadura.

Só que, dessa vez, o candidato seria um civil realmente egresso da oposição, ainda que da ala moderada: Tancredo Neves, um herdeiro da tradição (e do mito) de que os mineiros seriam os políticos mais habilidosos. Se houvesse eleições diretas, o candidato do PMDB provavelmente seria Ulysses Guimarães, principal líder do partido. Mas, para um arranjo de acomodação, a melhor opção era Tancredo, que aliás já vinha ensaiando o papel desde 1977, quando começou a aparecer na Câmara dos Deputados defendendo a conciliação.[27] Sua eleição para o Senado, em 1978, e para o governo de Minas, em 1982, aumentou ainda mais seu cacife no cenário político nacional.

Assim, os discursos pela conciliação que alguns segmentos da elite vinham proferindo há alguns anos acabaram por concretizar-se. O objetivo, reiterando, era acomodar a oposição e uma parte do governo para uma saída suave da ditadura. As premissas do jogo eram evitar punições para os crimes (e os criminosos) da ditadura, manter certas estruturas de poder e de privilégios intactas e, fundamentalmente, evitar a participação popular no processo político, dado o temor despertado pelo crescente protagonismo dos movimentos sociais. Era a velha fórmula usada desde o século XIX, já integrada à cultura política do país: negociar disputas entre os grupos de elite para evitar que choques entre eles abrissem caminho à participação popular e a mudanças sociais agudas. Tancredo Neves encarnou tal papel na ocasião, mobilizando com eficiência a arte da negociação e o discurso da mineiridade, despertando esperanças de que conduziria um processo de democratização sem rupturas.

Tendo a garantia de que com Tancredo as mudanças seriam limitadas e de baixo risco, setores significativos da ditadura, tanto civis como militares, abandonaram o barco antes que ele afundasse. A costura política da "Aliança Democrática" passou pela indicação para a vice-presidência de um político da Arena, depois do PDS: José Sarney, uma figura que sempre havia sido fiel à ditadura, mas sem ter se identificado com suas alas mais autoritárias. Além de Sarney (que se filiou ao PMDB), um grupo numeroso de parlamentares abandonou o partido da ditadura para fundar a Frente Liberal, que depois se tornaria um partido, o PFL. Essa dissidência permitiu uma vitória acachapante de Tancredo Neves contra Paulo Maluf (480 × 180 votos).[28]

A manutenção de partidos e casas parlamentares em funcionamento, assim como a participação de políticos civis na eleição indireta dos presidentes — medidas que serviam para legitimar a ditadura e gerar espaço para acomodar aliados liberais e oposicionistas moderados —, acabou por abrir caminho à saída pactuada do regime militar. O projeto de distensão política iniciado em 1974 não previa a entrega do poder aos civis tão cedo, mas acabou viabilizando a eleição indireta de Tancredo Neves e seu vice, José Sarney, em janeiro de 1985. O caráter lento e gradual do processo contribuiu para que uma transição conciliada fosse sendo desenhada aos poucos, conforme os militares perdiam prestígio e capacidade de liderança e a oposição se fortalecia. Ainda assim, os líderes da ditadura recuaram de maneira organizada e mantiveram posições de poder, o que foi suficiente para evitar as eleições diretas.

A oposição derrotou o regime autoritário usando as instituições que ele havia criado para legitimar-se, em especial o colégio eleitoral e a eleição indireta. Porém, não foi uma derrota completa, dadas a manutenção de quadros da ditadura entre os novos ocupantes do poder e as garantias de que nenhuma conta seria apresentada aos militares. Aceitando esse arranjo, o preço pago por esse setor oposicionista foi evitar uma ruptura com o legado da ditadura. Se a acomodação já estava acertada com Tancredo Neves, essa rota política ficou ainda mais garantida com José Sarney, que acabou assumindo a presidência depois que Tancredo, adoecido, morreu sem poder tomar posse.

Foge aos nossos objetivos abordar em detalhe o governo Sarney. O que interessa aqui é analisar a densidade da democracia construída no processo de transição. Primeiramente, não há dúvida de que as franquias democráticas foram ampliadas durante o primeiro governo pós-ditadura. Ele enfrentou e resolveu temas que eram tabus para as forças de direita, como a legalização dos partidos comunistas, o restabelecimento de relações diplomáticas com Cuba e a convocação de uma Assembleia Constituinte, embora tenha optado pelo formato mais convencional de uma constituinte congressual (ou seja, os parlamentares eleitos para a legislatura de 1986 fariam a Carta, junto com suas outras atribuições) no lugar de uma assembleia exclusiva para fazer a Constituição.[29] Daí resultou a Constituição de 1988, a carta mais avançada que o Brasil já teve, em termos tanto de direitos políticos como de direitos sociais.

Porém, ao mesmo tempo, não somente foram evitadas punições aos líderes que trabalharam a favor da ditadura como alguns deles tiveram a oportunidade de adaptar-se aos novos tempos e aderir formalmente aos discursos democráticos. Quanto às Forças Armadas e às agências repressivas, mantiveram-se intocadas no governo Sarney, especialmente o SNI e as agências de informação dos ministérios militares. Alguns órgãos de informação e de repressão foram sendo fechados paulatinamente, mas a cabeça do sistema continuou ativa e operante até o governo seguinte, de Fernando Collor.

Ao contrário do que aconteceu em outros países que superaram ditaduras pela mesma época, o poder e a unidade das Forças Armadas foram preservados na Nova República brasileira. Os líderes militares foram saindo do cenário político aos poucos, porém seu prestígio permaneceu basicamente intacto, e eles continuaram sendo fonte de pressão poderosa nos bastidores e sentindo orgulho da ditadura que protagonizaram, ao contrário da maioria de seus aliados civis, que preferiram se esquecer dos compromissos passados. Significativamente, as novas gerações de oficiais continuaram a ser ensinadas que as Forças Armadas salvaram o Brasil do comunismo e o transformaram em uma grande potência.

Tal desfecho foi possível porque o arranjo transicional brasileiro implicou evitar o enfrentamento do legado autoritário da ditadura, tanto no plano da memória quanto no aspecto criminal. Nenhum militar envolvido em crimes contra os direitos humanos foi nem sequer julgado, exceto o coronel Carlos Alberto Brilhante Ustra, condenado em uma ação civil declaratória aberta por algumas de suas vítimas, mas com efeitos apenas simbólicos.[30] E, mesmo ele não tendo sofrido sanções efetivas, os nostálgicos da ditadura trataram Ustra como vítima de perseguições (revanchismo, nos seus termos) da esquerda, transformando-o em símbolo das bandeiras da direita autoritária no quadro recente.

Na verdade, os primeiros governos pós-ditadura tentaram fingir que ela não existira, empreendendo uma política de esquecimento no lugar de políticas de memória. Somente dez anos após o retorno dos civis ao poder tiveram início as primeiras ações oficiais para esclarecer e reparar os crimes da ditadura: em 1995 foi criada a Comissão Especial de Mortos e

Desaparecidos,³¹ que mesmo assim agiu de maneira discreta. E no final de 2002 foi criada a Comissão da Anistia, que se ocupou de oferecer compensações financeiras e simbólicas aos perseguidos políticos do regime autoritário.³² Foram necessários mais dez anos, ou 27, se contarmos desde o fim da ditadura, para que o Brasil criasse uma comissão oficial de maior envergadura para investigar os crimes contra os direitos humanos cometidos pelo regime militar, a Comissão Nacional da Verdade, que atuou entre 2012 e 2014.³³ A lei de criação da CNV definiu um período amplo a ser investigado, de 1946 a 1988, ou seja, os anos entre as duas últimas Constituições democráticas brasileiras, mas na prática ela se concentrou na ditadura, a fase mais violenta.

Diferentemente das iniciativas oficiais anteriores, o papel da CNV não era tratar de reparações às vítimas, mas focar sobretudo nos crimes cometidos, buscando esclarecer as práticas violentas (torturas, assassinatos, desaparecimentos forçados, ocultação de cadáveres), mas também identificar os locais e as instituições responsáveis. A comissão produziu um relatório de mais de 3 mil páginas, resultado de suas próprias investigações e da compilação de pesquisas anteriores de acadêmicos, jornalistas e ativistas de direitos humanos. O texto disponibiliza informações sobre 434 mortos e desaparecidos, mas também dados sobre outras formas de violência que atingiram milhares de pessoas, de diferentes grupos sociais, além de identificar quase quatrocentos responsáveis diretos e indiretos por tais violações.

Mesmo que a CNV tivesse a atribuição de recomendar políticas públicas para prevenir a violação de direitos humanos, e que alguns de seus membros pretendessem ir mais fundo nas investigações, na expectativa de produzir indícios para futuro uso judicial, o caráter conciliatório da transição e a força dos militares nos bastidores continuaram operando. Significativamente, a lei que instituiu a comissão determinou que seu trabalho não poderia gerar efeitos penais e tampouco contrariar a lei de anistia de 1979. Ainda assim, as atividades da CNV e de comissões de investigação semelhantes criadas em outras esferas estatais geraram reação de lideranças militares e de figuras fiéis à memória da ditadura, o que contribuiu para a guinada à direita vivida pelo país nos últimos anos.[34]

A LENTA TRANSIÇÃO QUE LEVOU ao fim da ditadura gerou, portanto, uma democracia precária, cuja debilidade ficaria clara no impeachment de Dilma Rousseff, em 2016, quando uma parte do sistema político e da população aceitou a remoção da presidente com base em justificativa frágil (as "pedaladas" fiscais). Naquele dramático episódio, o respeito às instituições democráticas pesou menos que a paixão política e ideológica, além do oportunismo de algumas lideranças. O escasso apreço à democracia ficou mais evidente ainda nas eleições de 2018, quando a maioria elegeu um candidato não apenas identificado com a ditadura, mas que defendeu publicamente o uso de métodos autoritários e violentos contra os adversários e tratou com menosprezo os partidos políticos e o próprio Congresso.

O fato é que faltou aos líderes da Nova República enfrentar mais decididamente o legado da ditadura, para expor os seus crimes e mostrar à população a sua herança negativa. As elites civis que ocuparam o governo após 1985, junto com os líderes que haviam servido à ditadura, preferiram esquecer o passado a encará-lo, seja por conveniência pessoal, já que muitos auxiliaram o regime autoritário, seja por temor de comprometer a transição negociada.

Assim, a opção pela política de esquecimento e por não dar ouvidos às vozes demandando justiça contribuiu para a precária educação democrática da população. Não se trata de responsabilizar apenas as lideranças políticas. Nessa história, as elites judiciárias também têm seu papel, haja vista a decisão do STF de impedir a revisão dos efeitos da lei de anistia, mesmo sob pressão de instituições internacionais para uma mudança de atitude. O mesmo pode ser dito da imprensa e das lideranças empresariais, que igualmente apoiaram a política de esquecimento.

Pode-se argumentar que as responsabilidades são coletivas, pois parte da população parece ter se acomodado à situação também, já que os rumos teriam sido outros se a maioria assim o tivesse exigido. Porém a opinião popular depende muito do posicionamento das lideranças, tanto mais em um país com fraca tradição de organização política e de pouco respeito às instituições democráticas. De maneira que, na lógica da responsabilização, a maior parte da conta deve ser apresentada às elites políticas e sociais, que dispõem de mais recursos para influenciar o processo político.

De qualquer forma, não adianta nos lamentarmos. E tampouco alimentar complexos de inferioridade nacional. O melhor é refletir sobre a nossa história recente, considerar os custos das soluções autoritárias e tentar encontrar saídas políticas democráticas para o Brasil.

Epílogo

Em março de 2021, a memória e o legado da ditadura marcaram sua presença no cenário público, mais uma vez. Nesse sentido, vale a pena destacar alguns episódios: o presidente entrou na justiça para ter o direito de comemorar a vitória sobre a esquerda em 1964, e o recém-nomeado ministro da Defesa, general Braga Netto, publicou nota alusiva ao 31 de março, como se tornou normal no governo Bolsonaro, usando o tom (auto)elogioso habitual. Segundo o general, a data deveria ser comemorada pois em 1964 as Forças Armadas teriam assumido o controle para "pacificar o país" e com isso garantido "as liberdades democráticas de que hoje desfrutamos". Tal maneira de referir-se ao golpe que instaurou um regime político ditatorial, cujo poder foi mantido à base de violenta repressão política, é lamentável, mas, infelizmente, não surpreende. Como se não bastasse, nesse 31 de março de 2021, quando a pandemia de covid-19 já havia matado mais de 300 mil brasileiros em um ano, grupos de militantes em verde e amarelo, saudosos de 1964, saíram às ruas pedindo uma nova intervenção militar.

Embora essas reiteradas demonstrações de afinidade com a ditadura sejam alarmantes, o momento também é marcado pelo agravamento da crise na base de apoio do governo Bolsonaro, sobretudo devido à sua atuação criminosa frente à crise sanitária. Um dos sinais foi o aparente estremecimento da aliança entre os militares e o presidente, às vésperas do 31 de março de 2021, quando ele demitiu o general Azevedo e Silva do Ministério da Defesa e empossou Braga Netto, provocando a saída dos comandantes das três Armas.

As rachaduras no bloco direitista que ganhou o poder em 2018 aparecem também nas críticas de setores empresariais ao governo, na perda de aliados políticos importantes no campo da direita e no aumento de seu índice de impopularidade, trazendo obstáculos ao projeto autoritário do presidente. Não obstante, Bolsonaro sonha com um regime político assemelhado ao de 1964, pois, diante das dificuldades — as reais e as que ele mesmo cria —, ameaça decretar o estado de sítio, ou alguma outra fórmula para aumentar o seu poder (como a fracassada ideia de um "estado de mobilização nacional") e segue incentivando seus seguidores radicais para que demandem coisas semelhantes, de modo a contribuírem para o clima de tensão política. Além disso, faz acusações graves e infundadas ao sistema eleitoral, apontando fraude nas urnas eletrônicas e sugerindo que as eleições de 2022 só ocorreriam se fosse reintroduzido o sistema de voto impresso (proposta que no entanto foi derrotada na Câmara dos Deputados).

Uma ameaça golpista começou a se desenhar, portanto, e o fator militar passou a ser decisivo novamente, tornando-se um enigma a ser decifrado por estrategistas e analistas políticos. A substituição da cúpula militar em março de 2021 gerou impressão de crise entre governo e Forças Armadas e de refluxo do bolsonarismo nos quartéis. Por outro lado, na ocasião os principais cargos militares foram entregues a figuras mais fiéis ao ex-capitão, enquanto o governo e as empresas públicas permaneceram abarrotados de oficiais, da reserva e da ativa, implicando grau de militarização do Estado virtualmente superior ao da ditadura, se considerarmos o número de cargos ocupados pelo grupo. A dúvida é se as Forças Armadas apoiariam de maneira coesa uma aventura golpista de Bolsonaro — por exemplo, uma intervenção contra as eleições de 2022 —, ou se para um golpe o presidente teria de contar somente com oficiais de baixa patente, policiais e as milícias que o apoiam. Opera também contra a hipótese de golpe a associação entre Bolsonaro e o "Centrão", um arranjo cujo objetivo é barrar eventual processo de impeachment pois esse bloco político tende a preferir a manutenção do sistema eleitoral, que é mais favorável a seus negócios. Ademais, a mobilização bolsonarista de 7 de setembro de 2021 mostrou os limites de eventual tentativa golpista. Milhares de manifestantes foram às ruas apoiar as demandas autoritárias do presidente, mas em número insuficiente para criar ambiente favorável a uma ruptura institucional, o que o obrigou a recuar, ao menos momentaneamente.

Mesmo que fosse possível dar um golpe de Estado, a essa altura não parece que um regime autoritário "clássico" funcionaria adequadamente. É difícil imaginar que Bolsonaro conseguiria uma base de poder estável para uma ditadura sem apoio das elites tradicionais (empresariado, mídia, Judiciário, elite parlamentar) e das classes médias, ou da maioria da população. Tampouco o quadro internacional seria auspicioso, já que ele teria dificuldade para obter suporte das grandes potências. Além disso, ele se mostrou um governante totalmente inepto, gerando dúvidas sobre se conseguiria liderar de maneira eficiente uma ditadura, caso em que não contaria mais com os outros poderes da República, os quais, bem ou mal, o ajudaram a sustentar o governo. De qualquer forma, uma tentativa de golpe é um cenário nefasto a ser evitado, pois certamente provocaria violência e desorganizaria ainda mais a situação sanitária e econômica.

Independentemente do rumo que o país seguirá, e oxalá não tenhamos que enfrentar outro regime autoritário, seja lá de que tipo for, a história da ditadura militar continuará sendo tema central no debate público. Ela não originou todos os males, pois alguns deles já existiam, mas sem dúvida piorou certos problemas, como a desigualdade social e o autoritarismo estatal. Estudar, compreender e divulgar a história da ditadura é fundamental — mas com vistas à negação e à superação da sua herança, e não para comemorá-la em chave positiva.

Afinal, se as principais lideranças militares de fato não se mobilizarem para sustentar uma nova ditadura, não será tanto por amor à democracia, mas por temor frente aos riscos que uma aventura autoritária fracassada traria para sua corporação, e também pelo medo de atar seu destino a um governo cada vez mais impopular internamente e considerado um pária no plano internacional. Independentemente do destino do governo Bolsonaro, é provável que a maior parte dos fardados seguirá com visões parecidas às dele a respeito da ditadura.

Tal fidelidade ao legado do regime autoritário é problemática não apenas por bloquear o reconhecimento dos erros (e crimes) cometidos — gesto fundamental no sentido da integração plena da corporação militar à institucionalidade democrática —, mas também porque ela alimenta entre as Forças Armadas e as corporações policiais um antiesquerdismo visceral, que é primo-irmão do autoritarismo, pois tal sentimento (ou obsessão) fundamentou não apenas a ditadura de 1964 como o Estado Novo de Getúlio Vargas, além de ter servido, ao longo de décadas, de justificativa para a repressão aos movimentos sociais. Uma revisão na memória (e na atitude) dos militares em relação à ditadura poderia contribuir, também, para uma mudança de perspectiva ainda mais necessária e urgente em vista dos descaminhos do governo Bolsonaro: as Forças Armadas precisam aceitar que não é seu papel dirigir os destinos políticos do país, mas apenas cuidar da sua defesa contra eventuais inimigos externos.

Assim, um olhar mais atento — e crítico — sobre a história da ditadura pode ajudar a exorcizar certos fantasmas. E também a ensinar o valor positivo das instituições e da convivência democráticas, o que implica, necessariamente, o respeito ao pluralismo político e à diversidade de ideias.

Ditadura não. Nunca mais.

Belo Horizonte, setembro de 2021

Notas

Introdução [pp. 9-18]

1. Editorial de *O Globo*, 7 out. 1984, p. 1.
2. É o que se depreende do depoimento do general Villas Bôas, comandante do Exército nos governos Dilma e Temer. O general foi autor de um célebre tuíte às vésperas da votação pelo STF de um pedido de habeas corpus em favor de Lula (abril de 2018), que exerceu grande pressão sobre os juízes do Supremo, embora ele negue ter tido tal intenção. Celso Castro (Org.), *General Villas Bôas*, pp. 154-9, 185-91.
3. Ver <https://oglobo.globo.com/brasil/toffoli-diz-que-nao-usa-mais-golpe-nem-revolucao-mas-sim-movimento-de-64-23116536>. Acesso em: 24 maio 2021.
4. Ver <noticias.uol.com.br/politica/eleicoes/2018/noticias/2018/09/28/general-ligado-a-bolsonaro-fala-em-banir-livros-sem-a-verdade-sobre-1964.htm?cmpid=copiaecola>. Acesso em: 24 maio 2021.
5. Ver <www1.folha.uol.com.br/educacao/2019/04/livros-didaticos-vao-negar-golpe-militar-e-ditadura-diz-ministro-da-educacao.shtml>. Acesso em: 24 maio 2021.
6. Ver <www1.folha.uol.com.br/poder/2019/03/planalto-e-eduardo-bolsonaro-divulgam-video-que-celebra-golpe-de-64.shtml>. Acesso em: 11 maio 2021.
7. Ver <www.correiobraziliense.com.br/app/noticia/politica/2020/03/31/interna_politica,841564/bolsonaro-diz-que-nao-houve-golpe-militar-em-1964.shtml>. Acesso em: 25 maio 2021.

1. O golpe de 1964 e o "perigo vermelho" [pp. 19-48]

1. Trechos da fala de um vídeo divulgado pela presidência da República em 31 de março de 2019. Disponível em: <www1.folha.uol.com.br/poder/2019/03/planalto-e-eduardo-bolsonaro-divulgam-video-que-celebra-golpe-de-64.shtml>. Acesso em: 11 maio 2021.

2. Ver <www.em.com.br/app/noticia/politica/2021/04/11/interna_politica,1255858/bh-carreata-pro-bolsonaro-pede-constituicao--que-criminalize-o-comunismo.shtml>. Acesso em: 7 maio 2021; <revistaforum.com.br/redes-sociais/foto-onde-manifestante-compara-covidismo-com-comunismo-bomba-nas-redes>. Acesso em: 7 jun. 2021; <www.diariodocentrodomundo.com.br/essencial/nao-e-pandemia-e-comunismo-dizem-manifestantes-pro-bolsonaro-no-rio>. Acesso em: 7 maio 2021.
3. Editorial de *O Globo*, 2 abr. 1964, p. 3.
4. Editorial do *Jornal do Brasil*, 3 abr. 1964, p. 6.
5. Proclamação do general Amauri Kruel, comandante do II Exército. Citado em Hélio Silva, *1964*, p. 387.
6. Manifesto da Conferência Nacional dos Bispos do Brasil, 3 jun. 1964.
7. Bilac Pinto, *Guerra revolucionária*, p. 166.
8. Rodrigo Patto Sá Motta, *Em guarda contra o perigo vermelho*.
9. Angela Gomes e Jorge Ferreira, *Jango*, pp. 50-1.
10. Citado em Bilac Pinto, *Guerra revolucionária*, p. 221.
11. Ruth Leacock, *Requiem for Revolution*, p. 199.
12. Ver editoriais de *O Estado de S. Paulo*, 26 out. 1962, p. 3, e do *Correio da Manhã*, 22 fev. 1963, p. 6.
13. Argelina Cheibub Figueiredo, *Democracia ou reformas?*, pp. 113-28.
14. Marcos Napolitano, "O golpe de 1964 e o regime militar brasileiro", p. 42.
15. René Armand Dreifuss, *1964*, p. 268; e *Estado de Minas*, 25 out. 1963, p. 1.
16. *O Globo*, 14 jan. 1964, p. 3.
17. Daniel Aarão Reis Filho, *Ditadura e democracia no Brasil*, p. 40.
18. João Goulart, *Mensagem ao Congresso Nacional Remetida pelo Presidente da República na Abertura da Sessão Legislativa de 1964*. Brasília: Biblioteca da Presidência da República, 1964.
19. *O Estado de S. Paulo*, 20 mar. 1964.
20. *Correio da Manhã*, 29 mar. 1964, pp. 1-2.
21. Anderson da Silva Almeida, *Todo leme a bombordo*, p. 77.
22. *Jornal do Brasil*, 29 mar. 1964, p. 1.
23. Jorge Ferreira, *João Goulart*, p. 540.
24. Os documentos encontram-se nos National Archives and Records Administration, na unidade situada em College Park, Maryland (Nara II), RG 59, caixa 3836, pasta 3; e RG 59, caixa 1909, pasta 4. Os do-

cumentos do governo dos Estados Unidos citados no livro podem ser encontrados no site do Laboratório de História do Tempo Presente da UFMG, disponível em: <www.fafich.ufmg.br/lhtp/nara>.
25. Denise Rollemberg, *O apoio de Cuba à luta armada no Brasil*, p. 23.
26. José Antonio Segatto, *Reforma e revolução*, pp. 121-48.
27. Elio Gaspari, *A ditadura envergonhada*, p. 53.
28. RG 59, caixa 1944, pasta 4, Nara II.
29. A Guanabara foi um estado criado na área do antigo Distrito Federal (correspondente à cidade do Rio de Janeiro) em 1960, quando da inauguração de Brasília. Em 1975 ela deixou de existir ao ser reunida ao estado do Rio de Janeiro.
30. RG 59, caixa 1944, pasta 4, Nara II.
31. Jean Rodrigues Sales, *A luta armada contra a ditadura militar*, p. 48.
32. Flávio Gordon, *A corrupção da inteligência*, pp. 203-6.
33. O principal divulgador foi o deputado Bilac Pinto. Bilac Pinto, *Guerra revolucionária*.
34. João Calmon, *Duas invasões*, p. 260.
35. Em pesquisa realizada em 1955, nas cidades do Rio de Janeiro e São Paulo, sob responsabilidade da United States Information Agency, os entrevistados foram questionados se o comunismo era bom ou ruim para o povo. Apenas 2% responderam que era bom. RG 306 — 250 — 67/8/4, caixa 2, pasta 1.

2. Sobre as razões e motivações dos golpistas [pp. 49-72]

1. Sylvio Frota, *Ideais traídos*, p. 631.
2. Carlos Barbé, em Norberto Bobbio et al., *Dicionário de política*, pp. 545-7.
3. Trecho do preâmbulo do Ato Institucional de 9 de abril de 1964 em que o "Comando Supremo da Revolução" se dirige à nação para explicar seus objetivos e motivações. Disponível em: <http://www.planalto.gov.br/ccivil_03/ait/ait-01-64.htm>. Acesso em: 24 maio 2021.
4. Para um balanço das análises acadêmicas sobre as origens do golpe, ver Lucília de Almeida Neves Delgado, "O governo João Goulart e o golpe de 1964"; Marcelo Badaró Mattos, "O governo João Goulart"; e Marcos Napolitano, "O golpe de 1964 e o regime militar brasileiro".
5. Maria Celina d'Araújo, Gláucio Ary Dillon Soares e Celso Castro (Orgs.), *Visões do golpe*, p. 18.

6. Marcos Sá Corrêa, *1964 visto e comentado pela Casa Branca*.
7. Mário M. C. Mesquita, "Inflação, estagnação e ruptura, 1961-1964". In: Marcelo de Paiva Abreu (Org.), *A ordem do progresso*, p. 191.
8. Ibid., p. 180.
9. *O Estado de S. Paulo*, 12 nov. 1963, p. 3, e *O Globo*, 28 jan. 1964, p. 1.
10. O tema foi particularmente explorado nas caricaturas da grande imprensa. Rodrigo Patto Sá Motta, *Jango e o golpe de 1964 na caricatura*, pp. 142-56.
11. Editorial do *Jornal do Brasil*, 31 mar. 1964, p. 6.
12. Editorial de *O Estado de S. Paulo*, 21 nov. 1963, p. 3.
13. Edi de Freitas Cardoso Jr., *"O Brasil que há de ser!"*, p. 254.
14. Ibid., p. 278.
15. Citado em Jorge Ferreira, *João Goulart*, p. 436.
16. Octavio Ianni, *O colapso do populismo*, pp. 126, 145, 154.
17. RG 59, caixa 1929, pasta 6, Nara II.
18. Notadamente empresas da área de engenharia. Pedro Henrique Pedreira Campos, *Estranhas catedrais*, p. 411.
19. René Armand Dreifuss, *1964*.
20. Instituto de Pesquisa Econômica Aplicada, *Ipea, 46 anos*, pp. 11-2.
21. Luiz Aranha Correa do Lago, "A retomada do crescimento e as distorções do 'milagre', 1967-1974". In: Marcelo de Paiva Abreu (Org.), *A ordem do progresso*, pp. 217-8, 233.
22. Octavio Ianni, *O colapso do populismo*; Francisco Weffort, *O populismo na política brasileira*.
23. Francisco Weffort, *O populismo na política brasileira*, p. 78.
24. Ângela de Castro Gomes, "O populismo e as ciências sociais no Brasil". In: Jorge Ferreira (Org.), *O populismo e sua história*, pp. 17-57.
25. Ver editorial de *O Globo*, 21 out. 1963, p. 1.
26. Maria Celina d'Araújo, Gláucio Ary Dillon Soares e Celso Castro (Orgs.), *Visões do golpe*, p. 9.
27. *Manchete*, 13 jan. 1962, pp. 32-3.
28. Antônio Lavareda, *A democracia nas urnas*, p. 177.
29. Regina Bruno, "O Estatuto da Terra".
30. Rodrigo Patto Sá Motta, *Em guarda contra o perigo vermelho*, p. 302.
31. Uma perspectiva próxima à de Jacob Gorender (*Combate nas trevas*, p. 67), embora em nossa visão ele tenha superestimado a força dos movimentos sociais e das esquerdas no contexto de 1961-4, o que o levou a imaginar um quadro pré-revolucionário.

3. O papel dos Estados Unidos e de outras forças estrangeiras no golpe e na ditadura [pp. 73-96]

1. Olavo de Carvalho no prefácio ao livro de Mauro Kraenski e Vladimír Petrilák, *1964*.
2. Gerson Moura, *Relações exteriores do Brasil, 1939-1950*.
3. RG 59, caixa 6, pasta 10, Nara II.
4. Gerson Moura, *Relações exteriores do Brasil, 1939-1950*, p. 221.
5. Martha K. Huggins, *Polícia e política*, pp. 126-35.
6. Philip Agee, *Dentro da "companhia"*.
7. RG 59, caixa 1901, pasta 5, Nara II.
8. Stanley Hilton, *Brazil and the Soviet Challenge, 1917-1947*, pp. 203-19.
9. *Jornal do Brasil*, 29 maio 1962, p. 5.
10. Mauro Kraenski e Vladimír Petrilák, *1964*.
11. Luiz Alberto Moniz Bandeira, *Presença dos Estados Unidos no Brasil*, p. 404.
12. Larissa Correa, *Disseram que voltei americanizado*.
13. A maioria desses registros encontra-se na seção RG 59 dos arquivos norte-americanos situados em College Park, Maryland (NARA II).
14. RG 286 — 150 — 41 — 23 — 7/4, caixa 1, Nara II.
15. RG 59, caixa 3833, pasta 4, Nara II.
16. Herbert Klein e Francisco Vidal Luna, *Brazil, 1964-1985*, p. 4.
17. RG 59, caixa 3839, pasta 3, Nara II.
18. RG 59, caixa 1943, pasta 1, Nara II.
19. RG 59, caixa 1943, pasta 1, Nara II.
20. Caio Navarro de Toledo, *O governo Goulart e o golpe de 1964*, p. 106.
21. James Green, *Apesar de vocês*.
22. Stephen G. Rabe, *The Most Dangerous Area in the World*, pp. 148-72.
23. A. J. Langguth, *A face oculta do terror*, pp. 108-9.
24. RG 59, caixa 1944, pasta 4, Nara II.
25. RG 59, caixa 1944, pasta 4, Nara II.
26. RG 59, caixa 1944, pasta 4, Nara II.
27. Exposição de motivos n. 88, 29 nov. 1975 (caixa 74/B, Fundo do Conselho de Segurança Nacional, Arquivo Nacional).
28. RG 59, caixa 1931, pasta 1, Nara II.
29. João Roberto Martins Filho, *Movimento estudantil e ditadura militar, 1964-1968*, pp. 151-3.
30. Rodrigo Patto Sá Motta, *As universidades e o regime militar*, p. 132.

31. Ruth Leacock, *Requiem for Revolution*, p. 241.
32. Tanya Harmer, *Allende's Chile and the Inter-American Cold War*, pp. 98, 126, 264.
33. Paulo F. Vizentini, *A política externa do regime militar brasileiro*, pp. 238-58.
34. Decreto n. 79 376, 11 mar. 1977.

4. A máquina política da ditadura [pp. 97-121]

1. Trechos de entrevista do então ministro da Educação, Ricardo Vélez Rodríguez, em abril de 2019. Disponível em: <valor.globo.com/politica/noticia/2019/04/03/velez-quer-alterar-livros-didaticos-para-resgatar-visao-sobre-golpe.ghtml>. Acesso em: 29 jun. 2021.
2. Mário Stoppino, em Norberto Bobbio et al., *Dicionário de política*, pp. 368-79.
3. Maria José de Rezende, *A ditadura militar no Brasil*.
4. Ver, por exemplo, a charge de Biganti em *O Estado de S. Paulo*, 13 jun. 1968, p. 4.
5. Thomas Skidmore, *Brasil*, p. 49.
6. Artigo 139 da Constituição de 1946.
7. Ver <www.camara.leg.br/noticias/430605-camara-homenageia-deputados-cassados-em-1964>. Acesso em: 28 maio 2021.
8. Segundo dados da CNV, apenas em abril de 1964 foram nomeados 235 interventores. Comissão Nacional da Verdade, *Relatório*, v. II, texto 2, 2014.
9. Maria Helena Moreira Alves, *Estado e oposição no Brasil (1964-1984)*, pp. 63-5.
10. A lei n. 1802, de 5 de janeiro de 1953, define os crimes contra o Estado e a ordem política e social; a lei n. 38, de 4 de abril de 1935, define crimes contra a ordem política e social.
11. Mariana Joffily, *No centro da engrenagem*.
12. Artigo 4 do Ato Institucional de 9 de abril de 1964.
13. *Jornal do Brasil*, 17 jul. 1964, p. 1.
14. João Roberto Martins Filho, *O palácio e a caserna*; Maud Chirio, *A política nos quartéis*.
15. Thomas Skidmore, *Brasil*, p. 99.
16. João Roberto Martins Filho, *O palácio e a caserna*, pp. 104-5.

17. Respectivamente Partido Social Democrático, União Democrática Nacional, Partido Trabalhista Brasileiro, Partido Republicano, Partido Socialista Brasileiro, Partido Social Progressista, Partido Democrata Cristão e Partido de Representação Popular.
18. Maria D'Alva Gil Kinzo, *Oposição e autoritarismo*, pp. 27-36.
19. João Roberto Martins Filho, *O palácio e a caserna*, pp. 118-9.
20. Daniel Aarão Reis Filho, *Ditadura e democracia no Brasil*, pp. 63-4.
21. João Roberto Martins Filho, *O palácio e a caserna*, p. 119.
22. Sebastião C. Velasco E. Cruz e Carlos Estevam Martins, "De Castello a Figueiredo". In: Bernardo Sorj e Maria Hermínia Tavares de Almeida (Orgs.), *Sociedade e política no Brasil pós-64*; João Roberto Martins Filho, *O palácio e a caserna*, pp. 140-2.
23. Elio Gaspari, *A ditadura envergonhada*, pp. 277-98.
24. Daniel Aarão Reis Filho, *Ditadura e democracia no Brasil*, p. 67.
25. Maria Ribeiro do Valle, *1968*, pp. 165-201.
26. A CNV reconheceu o assassinato de catorze pessoas por agentes estatais em 1968. Comissão Nacional da Verdade, *Relatório*, v. III, 2014.
27. Marcos Napolitano, "O golpe de 1964 e o regime militar brasileiro", p. 93.
28. Jayme Portella de Mello, *A revolução e o governo Costa e Silva*, pp. 640-50.
29. RG 59, caixa 1900, pasta 1, Nara II.
30. Rodrigo Patto Sá Motta, "Sobre as origens e motivações do Ato Institucional 5".
31. Ato Institucional n. 5, 13 dez. 1968.
32. As três primeiras medidas entraram em vigor em 1969. A censura foi incrementada com a edição do decreto n. 1077, de 1970, que criou a censura prévia para livros e periódicos.
33. Dados coligidos a partir do relatório da CNV. Comissão Nacional da Verdade, *Relatório*, v. III, 2014.
34. As pressões (discretas) pela reabertura do Congresso transparecem em textos e charges da grande imprensa, por exemplo em *O Estado de S. Paulo*, 18 maio 1969, p. 3, e na *Folha de S.Paulo*, 06 abr. 1969, p.4.

5. Uma análise do apoio social à ditadura [pp. 122-49]

1. Daniel Aarão Reis Filho, *Ditadura e democracia no Brasil*, pp. 7-8.

2. Denise Rollemberg, "Memória, opinião e cultura política". In: Daniel Aarão Reis Filho e Denis Roland (Orgs.), *Modernidades alternativas*.
3. Giacomo Sani, em Norberto Bobbio et al., *Dicionário de política*, p. 240.
4. Patrizia Dogliani, "Consenso e organização do consenso na Itália fascista". In: Denise Rollemberg e Samantha Quadrat (Orgs.), *A construção social dos regimes autoritários*, p. 187.
5. Carlos Fico, *Reinventando o otimismo*, pp. 92-5; Nina Schneider, *Brazilian Propaganda*, p. 24.
6. Alzira Alves de Abreu, "1964". In: Marieta Ferreira (Org.), *João Goulart*.
7. Rodrigo Patto Sá Motta, "A ditadura nas representações verbais e visuais da grande imprensa (1964-1969)".
8. Beatriz Kushnir, *Cães de guarda*, pp. 192-203.
9. Dados coligidos a partir de registros da Justiça Eleitoral.
10. Os dados das pesquisas citadas a seguir foram retirados do acervo documental do Ibope depositado no Arquivo Edgard Leuenroth da Unicamp. A única exceção, que foi localizada em um texto jornalístico, será devidamente assinalada em nota.
11. *Jornal do Brasil*, 20 maio 1966, p. 15.
12. Lúcia Grinberg, *Partido político ou bode expiatório*.
13. Janaína Cordeiro, *A ditadura em tempos de milagre*, pp. 163-4.
14. Daniel Aarão Reis Filho, *Ditadura e democracia no Brasil*, p. 112.
15. RG 59, caixa 1928, pasta 4, Nara II.
16. RG 59, caixa 1943, pasta 4, Nara II.
17. RG 59, caixa 1931, pasta 1, Nara II.
18. RG 59, caixa 1927, pasta 2, Nara II.
19. Ana Carolina Zimmermann, *O golpe vira uma festa*, p. 74.
20. Adjovanes Thadeu Silva de Almeida, *O regime militar em festa*.
21. Janaína Cordeiro, *A ditadura em tempos de milagre*.
22. Carlos Eduardo Novaes, *O quiabo comunista*.

6. Aderir, resistir ou acomodar-se? [pp. 150-73]

1. Por exemplo: Robert Paxton, *La France de Vichy, 1940-1944*; Philippe Burrin, *La France à l'heure allemande, 1940-1944*; Pierre Laborie, *L'Opinion française sous Vichy*; Daniel Lvovich, "Los que apoyaron reflexiones y nuevas evidencias sobre el apoyo difuso a la dictadura militar en su primera etapa (1976-1978)"; Gabriela Águila, *Dictadura, represión y sociedad en Rosario, 1976/1983*.

2. Respectivamente Pierre Laborie, *L'Opinion française sous Vichy*, e Philippe Burrin, *La France à l'heure allemande, 1940-1944*.
3. Por exemplo, *O Estado de S. Paulo*, 1º jan. 1971, p.4 (artigo de Flávio Galvão).
4. RG 59, caixa 1910, pastas 1 e 2, Nara II; René Armand Dreifuss, *1964*.
5. René Armand Dreifuss, *1964*, p. 444. Em represália, guerrilheiros assassinaram um desses empresários (H. Boilesen) em abril de 1971.
6. O caso mais notório, mas não único, foi o da Volkswagen. Comissão Nacional da Verdade, *Relatório*, v. II, texto 2, 2014.
7. Manifesto da Conferência Nacional dos Bispos do Brasil, 3 jun. 1964.
8. Tatyana de Amaral Maia, *Os cardeais da cultura nacional*, 2012.
9. Decreto-lei n. 477, 26 fev. 1969.
10. Danielle Lima, *O Comando de Caça aos Comunistas (CCC)*.
11. *Veja*, n. 601, 12 mar. 1980, p. 24.
12. Jacques Semelin, *Sans armes face à Hitler*, pp. 18-9.
13. Maria D'Alva Gil Kinzo, *Oposição e autoritarismo*, p. 162.
14. Jacob Gorender, *Combate nas trevas*.
15. Marcelo Ridenti, "Resistência e mistificação da resistência armada contra a ditadura". In: Daniel Aarão Reis Filho, Marcelo Ridenti e Rodrigo Patto Sá Motta (Orgs.), *O golpe e a ditadura militar, 40 anos depois (1964-2004)*, pp. 54-8.
16. Carolina Dellamore Scarpelli, *Forjando lideranças*; Marta Rovai, *Osasco, 1968*.
17. Ricardo Antunes, *A rebeldia do trabalho*, pp. 14-5.
18. Para o caso dos indígenas, Rubens Valente, *Os fuzis e as flechas*; para o dos camponeses, Leonilde Servolo de Medeiros, "Trabalhadores do campo, luta pela terra e o regime civil-militar". In: Milton Pinheiro (Org.), *Ditadura*.
19. Eder Sader, *Quando novos personagens entraram em cena*.
20. Angélica Müller, *O movimento estudantil na resistência à ditadura militar (1969-1979)*, pp. 129-40.
21. UNE, 1987.
22. Rodrigo Patto Sá Motta, *As universidades e o regime militar*.
23. Marcelo Ridenti, *Brasilidade revolucionária*, pp. 103-6.
24. Ibid., p. 158.
25. Leonardo Seabra Puglia, "Gramsci e os intelectuais de direita no Brasil contemporâneo", p. 43.
26. Rodrigo Patto Sá, *As universidades e o regime militar* e "Cultura política e ditadura".

7. Sobre a violência repressiva estatal: uma resposta proporcional à violência da esquerda? [pp. 174-98]

1. "Através do voto você não vai mudar nada nesse país, você só vai mudar infelizmente se um dia nós partirmos para uma guerra civil aqui dentro e fazendo um trabalho que a ditadura militar não fez, matando uns 30 mil", disse Jair Bolsonaro em um programa televisivo quando ainda era deputado. Disponível em <https://youtu.be/21lQ84pnuwo?t=1870>. Acesso em: 7 jul. 2021.
2. Comissão Nacional da Verdade, *Relatório*, v. III, 2014.
3. RG 59, caixa 1944, pasta 1, Nara II. Alves sugeriu um número mais elevado de presos nos dias do golpe, cerca de 50 mil. Maria Helena Moreira Alves, *Estado e oposição no Brasil (1964-1984)*, p. 59.
4. RG 59, caixa 1944, pasta 1, Nara II.
5. Artigos 2º, 3º e 11º da lei n. 1802, 5 jan. 1953 (define os crimes contra o Estado e a ordem política e social).
6. Elio Gaspari, *A ditadura envergonhada*, p. 132.
7. Dados coligidos a partir do relatório da CNV. Comissão Nacional da Verdade, *Relatório*, v. III, 2014.
8. Maria Helena Moreira Alves, *Estado e oposição no Brasil (1964-1984)*, p. 72.
9. Carlos Fico, *Como eles agiam*, pp. 83-94.
10. Mariana Joffily, *No centro da engrenagem*, pp. 40-59.
11. Comissão Nacional da Verdade, *Relatório*, v. I, cap. 4, 2014.
12. Jacob Gorender, *Combate nas trevas*, pp. 229-30.
13. Ato Institucional n. 13, 5 set. 1969.
14. Dados coligidos a partir do relatório da CNV. Comissão Nacional da Verdade, *Relatório*, v. III, 2014.
15. Ato Institucional n. 5, 13 dez. 1968.
16. Dados coligidos a partir do relatório da CNV. Comissão Nacional da Verdade, *Relatório*, v. III, 2014.
17. Arquidiocese de São Paulo, 1985, pp. 241-6.
18. Marcelo Godoy, *A Casa da Vovó*, p. 77.
19. Ibid., pp. 297-317.
20. Comissão Nacional da Verdade, *Relatório*, v. I, cap. 9, 2014.
21. Arquidiocese de São Paulo, 1985, pp. 34-42.
22. Mariana Joffily, *No centro da engrenagem*, p. 252.
23. A. J. Langguth, *A face oculta do terror*, pp. 124-5.
24. Comissão Nacional da Verdade, *Relatório*, v. I, cap. 10, 2014.
25. Elio Gaspari, *A ditadura envergonhada*, pp. 194-5.

26. Jacob Gorender, *Combate nas trevas*, p. 112.
27. RG 59, caixa 1909, pasta 5, Nara II.
28. Leonencio Nossa, *Mata!*, pp. 411-9.
29. Marcelo Ridenti, *O fantasma da revolução brasileira*, pp. 25-60.
30. Carlos Alberto Brilhante Ustra, *A verdade sufocada*, p. 511.
31. Jacob Gorender, *Combate nas trevas*, pp. 243-7.
32. Maria Celina d'Araújo, Gláucio Ary Dillon Soares e Celso Castro (Orgs.), *Os anos de chumbo*, p. 75.
33. Comissão Nacional da Verdade, *Relatório*, v. III, 2014.
34. Eduardo Reina, *Cativeiro sem fim*.
35. Gilney Viana, *Camponeses mortos e desaparecidos*.
36. Comissão Nacional da Verdade, *Relatório*, v. I, cap. 10, e v. II, texto 7, 2014.
37. Percival de Souza, *Autópsia do medo*.
38. Cláudio Guerra, *Memórias de uma guerra suja*, pp. 142-3.

8. A "luta" contra a corrupção: muitos discursos, poucas realizações [pp. 199-221]

1. Geraldo de Proença Sigaud, *Catecismo anticomunista*, p. 13; Michel Schooyans, *O comunismo e o futuro da Igreja no Brasil*, p. 61.
2. *Diário Carioca*, 23 nov. 1945, p. 1.
3. Ver <www.fgv.br/cpdoc/acervo/dicionarios/verbete-tematico/mar--de-lama>. Acesso em: 28 maio 2021.
4. Ver <www.senado.gov.br/noticias/especiais/brasilia50anos/not04.asp>. Acesso em: 28 maio 2021.
5. Ver charge de Hilde em *Tribuna da Imprensa*, 9 set. 1961, p. 4.
6. *Correio da Manhã*, 25 jan. 1964, p. 6.
7. Editoriais de *O Globo*, 18 abr. 1964, p. 1, e *O Estado de S. Paulo*, 21 abr. 1964, p. 3.
8. Ato Institucional n. 1, 9 abr. 1964.
9. RG 59, caixa 1942, pasta 6, Nara II.
10. RG 59, caixa 1931, pasta 6, Nara II.
11. Ver charge de Biganti em *O Estado de S. Paulo*, 17 abr. 1964, p. 4.
12. RG 59, caixa 1907, pasta 2, Nara II.
13. Ver caricatura de Biganti em *O Estado de S. Paulo*, 20 ago. 1964, p. 4.
14. RG 59, caixa 1941, pasta 1, Nara II.
15. RG 59, caixa 1929, pasta 6, Nara II.

16. Comissão Nacional da Verdade, *Relatório*, v. II, texto 8, 2014.
17. Decreto-lei n. 359, 17 dez. 1968.
18. Ato Complementar n. 42, 27 jan. 1969.
19. Diego Knack, *Um tribunal de exceção na ditadura*, pp. 85-6.
20. Ibid., pp. 265-6.
21. RG 59, caixa 1900, pasta 1, Nara II.
22. Pedro Henrique Pedreira Campos, *Estranhas catedrais*, pp. 400-10.
23. RG 59, caixa 1908, pasta 1, Nara II.
24. RG 59, caixa 1908, pasta 1, Nara II.
25. *O Estado de S. Paulo*, 9 ago. 1978, 10 ago. 1978 e 15 dez. 1978.
26. Disponível em: <www.fgv.br/cpdoc/acervo/dicionarios/verbete-biografico/mario-davi-andreazza>. Acesso em: 28 maio 2021.
27. Ver editorial de *O Globo*, 29 nov. 1978.
28. ACE 5958/81. Fundo documental do SNI. Arquivo Nacional.
29. *Veja*, n. 752, 2 fev. 1983.
30. RG 59, caixa 1908, pasta 1, Nara II.
31. *O Globo*, 5 out. 1978, e *O Estado de S. Paulo*, 3 out. 1978.
32. *O Estado de S. Paulo*, 13 out. 1978.

9. O "milagre" econômico e a sua problemática herança [pp. 222-45]

1. Luiz Aranha Correa do Lago, "A retomada do crescimento e as distorções do 'milagre', 1967-1974". In: Marcelo de Paiva Abreu (Org.), *A ordem do progresso*, p. 216.
2. Maria Victoria de Mesquita Benevides, *O governo Kubitschek*, pp. 210-24.
3. René Armand Dreifuss, *1964*, pp. 437-68.
4. Luiz Alberto Moniz Bandeira, *O governo João Goulart*, p. 117.
5. André Lara Resende, "Estabilização e reforma, 1964-1967". In: Marcelo de Paiva Abreu (Org.), *A ordem do progresso*, p. 200.
6. Ruth Leacock, *Requiem for Revolution*, p. 232.
7. A. J. Langguth, *A face oculta do terror*, p. 140.
8. Luiz Carlos Delorme Prado e Fábio Sá Earp, "O milagre brasileiro". In: Jorge Ferreira e Lucília de Almeida Neves Delgado (Orgs.), *O tempo da ditadura*, p. 214.
9. Ibid., p. 215.
10. Herbert Klein e Francisco Vidal Luna, *Brazil, 1964-1985*, p. 126.
11. Thomas Skidmore, *Brasil*, pp. 143-6.

12. Luiz Aranha Correa do Lago, "A retomada do crescimento e as distorções do 'milagre', 1967-1974". In: Marcelo de Paiva Abreu (Org.), *A ordem do progresso*, pp. 213-6.
13. Dados do IBGE.
14. Rodrigo Patto Sá Motta, *As universidades e o regime militar*.
15. Pedro Henrique Pedreira Campos, *Estranhas catedrais*, p. 342.
16. Herbert Klein e Francisco Vidal Luna, *Brazil, 1964-1985*, p. 85.
17. Eric Hobsbawm, *Era dos extremos*, pp. 393-400.
18. Thomas Skidmore, *Brasil*, pp. 352-3.
19. Dionísio Dias Carneiro Netto, "Crise e esperança, 1974-1980". In: Marcelo de Paiva Abreu (Org.), *A ordem do progresso*, pp. 249-53.
20. Ibid., p. 256.
21. Os números do PIB são do IBGE e os de inflação da FGV.
22. *O Estado de S. Paulo*, 6 fev. 1977.
23. Maria José de Rezende, *A ditadura militar no Brasil*, pp. 230-1.
24. Dados de inflação de acordo com a FGV.
25. Herbert Klein e Francisco Vidal Luna, *Brazil, 1964-1985*, p. 95.
26. Ibid., p. 97.
27. Eduardo Marco Modiano, "A ópera dos três cruzados, 1985-1990". In: Marcelo de Paiva Abreu (Org.), *A ordem do progresso*, p. 270.
28. Ibid., p. 275.
29. Os números do PIB são do IBGE e os de inflação da FGV.
30. Luiz Carlos Delorme Prado e Fábio Sá Earp, "O milagre brasileiro". In: Jorge Ferreira e Lucília de Almeida Neves Delgado (Orgs.), *O tempo da ditadura*, p. 231.
31. Ver <http://www.fgv.br/cpdoc/acervo/dicionarios/verbete-biografico/medici-emilio-garrastazzu>. Acesso em: 22 jul. 2021.
32. Brasil. III Plano Nacional de Desenvolvimento, 1980-5.
33. Luiz Aranha Correa do Lago, "A retomada do crescimento e as distorções do 'milagre', 1967-1974". In: Marcelo de Paiva Abreu (Org.), *A ordem do progresso*, pp. 224-5.

10. A distensão política e o projeto de estabilização da ditadura [pp. 246-73]

1. Carlos Chagas, "A vez e a hora da democratização". *O Estado de S. Paulo*, 12 maio 1972, p. 5; Lúcia Klein e Marcus Figueiredo, *Legitimidade e coação no Brasil pós-64*, pp. 63-4.

2. Sebastião C. Velasco E. Cruz e Carlos Estevam Martins, "De Castello a Figueiredo". In: Bernardo Sorj e Maria Hermínia Tavares de Almeida (Orgs.), *Sociedade e política no Brasil pós-64.*, p. 44.
3. *O Estado de S. Paulo*, 13 jul. 1972, p. 3, e 18 jul. 1972, p. 5; *O Globo*, 15 mar. 1974, p. 2 (coluna de Eugênio Gudin).
4. Rodrigo Patto Sá Motta, "Entre a liberdade e a ordem".
5. Ibid.
6. Marcos Napolitano, "O golpe de 1964 e o regime militar brasileiro", pp. 237-8.
7. Adriano Nervo Codato, "Uma história política da transição brasileira", p. 84.
8. Ver <history.state.gov/historicaldocuments/frus1969-76ve11p2/d99?platform=hootsuite>. Acesso em: 28 maio 2021.
9. Marcos Napolitano, "O golpe de 1964 e o regime militar brasileiro", p. 234.
10. *O Estado de S. Paulo*, 16 fev. 1974, p. 3.
11. *O Estado de S. Paulo*, 30 ago. 1974, p. 3.
12. Sebastião C. Velasco E. Cruz e Carlos Estevam Martins, "De Castello a Figueiredo". In: Bernardo Sorj e Maria Hermínia Tavares de Almeida (Orgs.), *Sociedade e política no Brasil pós-64.*
13. *O Globo*, 19 abr. 1975, p. 2, e 24 abr. 1975, p. 1.
14. Daniel Aarão Reis Filho, *Ditadura e democracia no Brasil*, p. 108; Marcos Napolitano, "O golpe de 1964 e o regime militar brasileiro", pp. 250-1.
15. Lei n. 6339, de 1 jul. 1976.
16. Editorial de *O Globo*, 24 set. 1976.
17. *O Estado de S. Paulo*, 2 fev. 1977, p. 3, e 13 mar. 1977, p. 3.
18. Sebastião C. Velasco E. Cruz e Carlos Estevam Martins, "De Castello a Figueiredo". In: Bernardo Sorj e Maria Hermínia Tavares de Almeida (Orgs.), *Sociedade e política no Brasil pós-64.*
19. *Jornal do Brasil*, 27 maio 1977.
20. Editorial de *O Globo*, 9 fev. 1977; *Jornal do Brasil*, 8 fev. 1977 (Coluna do Castello).
21. Editorial do *Jornal do Brasil*, 9 ago. 1977.
22. *O Estado de S. Paulo*, 13 maio 1977, p. 3; editorial do *Jornal do Brasil*, 17 ago. 1977.
23. Sylvio Frota, *Ideais traídos*, pp. 133-4.
24. Editorial do *Jornal do Brasil*, 13 out. 1977.
25. Editorial de *O Globo*, 2 dez. 1977.
26. Editorial do *Jornal do Brasil*, 31 jan. 1978.

Notas   325

27. Editorial do Jornal do Brasil, 15 set. 1977; editorial de O Globo, 20 set. 1977.
28. O Estado de S. Paulo, 16 set. 1979, p. 3.
29. Editorial de O Estado de S. Paulo, 28 maio 1978.
30. O Estado de S. Paulo, 27 maio 1978, p. 3, e editorial do Jornal do Brasil, 11 jul. 1978.
31. Maria D'Alva Gil Kinzo, Oposição e autoritarismo, pp. 74-7.

11. A abertura, o "fim" da ditadura e a precária democratização [pp. 274-303]

1. Editorial do Jornal do Brasil, 16 mar. 1979.
2. O Estado de S. Paulo, 13 abr. 1978, p. 3.
3. Em compensação, quem recebia mais de dez salários mínimos tinha reajustes abaixo da inflação. Ricardo Antunes, A rebeldia do trabalho, p. 64.
4. Editoriais de O Estado de S. Paulo, 30 jul. 1978 e 26 out. 1978.
5. Editoriais do Jornal do Brasil, 1º e 2 jul. 1978.
6. Pedro Ernesto Fagundes, Anistia.
7. Editorial do Jornal do Brasil, 24 dez. 1977 (no entanto, o texto sugeria excluir os "terroristas" da anistia).
8. Editorial de O Globo, 11 maio 1978.
9. Editoriais de O Estado de S. Paulo, 23 mar. 1979, e do Jornal do Brasil, 16 fev. 1978.
10. O Estado de S. Paulo, 18 fev. 1979, p. 3.
11. Editoriais de O Estado de S. Paulo, 8 nov. 1978, e do Jornal do Brasil, 8 dez. 1978.
12. Jornal do Brasil, 4 jul. 1977 (Coluna do Castello).
13. Editorial do Jornal do Brasil, 19 ago. 1977.
14. Lei n. 6683, 28 ago. 1979.
15. Editorial de O Estado de S. Paulo, 23 ago. 1979.
16. Carla Rodeghero et al., Anistia ampla, geral e irrestrita, pp. 252-3.
17. Editorial de O Globo, 26 nov. 1977.
18. Lei n. 6767, 20 dez. 1979.
19. Francisco Carlos Teixeira da Silva, "Crise da ditadura militar e o processo de abertura política no Brasil, 1974-1985". In: Jorge Ferreira e Lucília de Almeida Neves Delgado (Orgs.), O tempo da ditadura, p. 274.
20. Marcos Napolitano, "O golpe de 1964 e o regime militar brasileiro", p. 294.

21. Ibid., p. 285.
22. Maria Hermínia Tavares de Almeida, "O sindicalismo brasileiro entre a conservação e a mudança". In: Bernardo Sorj e Maria Hermínia Tavares de Almeida (Orgs.), *Sociedade e política no Brasil pós-64*.
23. Daniel Aarão Reis Filho, *Ditadura e democracia no Brasil*, p. 144.
24. *Folha de S.Paulo*, 26 abr. 1984, p. 8.
25. *Correio Braziliense*, 26 abr. 1984.
26. Francisco Carlos Teixeira da Silva, "Crise da ditadura militar e o processo de abertura política no Brasil, 1974-1985". In: Jorge Ferreira e Lucília de Almeida Neves Delgado (Orgs.), *O tempo da ditadura*, pp. 270-1, 275.
27. Editorial do *Jornal do Brasil*, 6 jul. 1977.
28. Francisco Carlos Teixeira da Silva, "Crise da ditadura militar e o processo de abertura política no Brasil, 1974-1985". In: Jorge Ferreira e Lucília de Almeida Neves Delgado (Orgs.), *O tempo da ditadura*, p. 279.
29. Daniel Aarão Reis Filho, *Ditadura e democracia no Brasil*, p. 152.
30. *Folha de S.Paulo*, 10 out. 2008. Quando este livro já estava sendo finalizado, a justiça condenou Carlos Alberto Augusto, ex-delegado do Deops-SP, conhecido por Carlinhos Metralha, a dois anos e 11 meses de prisão em regime semiaberto pelo desaparecimento de um militante de esquerda durante a ditadura. Veremos como reagirão as instâncias superiores do Judiciário: se irão anular a decisão do juiz de primeira instância, por fidelidade à interpretação do STF sobre a lei de anistia, ou se vão confirmá-la — o que poderia transformar o caso em marco inicial de uma nova era. Algum ceticismo é recomendável, porque é politicamente mais fácil condenar um policial do que um oficial das Forças Armadas. Ver <https://www.correiobraziliense.com.br/politica/2021/06/4932739-em-sentenca-inedita-juiz-condena-ex-agente-da-repressao-carlinhos-metralha.html>. Acesso em: 21 jul. 2021.
31. Lei n. 9140, 4 dez. 1995.
32. Lei n. 10 559, 13 nov. 2002.
33. Lei n. 12 528, 18 nov. 2011. Ver também Caroline Silveira Bauer, *Como será o passado?*.
34. Ver a propósito o depoimento do general Villas Bôas. Celso Castro (Org.), *General Villas Bôas*.

Referências bibliográficas

AARÃO REIS FILHO, Daniel. *Ditadura militar, esquerdas e sociedade*. Rio de Janeiro: Zahar, 2000.
_____. *Ditadura e democracia no Brasil*. Rio de Janeiro: Zahar, 2014.
AARÃO REIS FILHO, Daniel; RIDENTI, Marcelo; MOTTA, Rodrigo Patto Sá (Orgs.). *O golpe e a ditadura militar, 40 anos depois (1964-2004)*. Bauru: Edusc, 2004.
_____. *A ditadura que mudou o Brasil: 50 anos do golpe de 1964*. Rio de Janeiro: Zahar, 2014.
AARÃO REIS FILHO, Daniel; ROLLAND, Denis (Orgs.). *Modernidades alternativas*. Rio de Janeiro: Ed. FGV, 2008.
ABREU, Marcelo de Paiva (Org.). *A ordem do progresso: Dois séculos de política econômica no Brasil*. 2. ed. Rio de Janeiro: Elsevier, 2014.
AGEE, Philip. *Dentro da "companhia": Diário da CIA*. Rio de Janeiro: Civilização Brasileira, 1976.
ÁGUILA, Gabriela. *Dictadura, represión y sociedad en Rosario, 1976/1983: Un estudio sobre la represión y los comportamientos y actitudes sociales en dictadura*. Buenos Aires: Prometeo, 2008.
ALMEIDA, Adjovanes Thadeu Silva de. *O regime militar em festa: A comemoração do sesquicentenário da independência brasileira (1972)*. Belo Horizonte: UFMG, 2009. Tese (Doutorado em História).
ALMEIDA, Anderson da Silva. *Todo leme a bombordo: Marinheiros e ditadura civil-militar no Brasil, da rebelião de 1964 à anistia*. Rio de Janeiro: Arquivo Nacional, 2012.
ALVES, Maria Helena Moreira. *Estado e oposição no Brasil (1964-1984)*. 3. ed. Petrópolis: Vozes, 1985.
ANTUNES, Ricardo. *A rebeldia do trabalho*. Campinas: Ed. da Unicamp, 1988.
ARQUIDIOCESE DE SÃO PAULO. *Brasil: Nunca mais*. Petrópolis: Vozes, 1985.
BANDEIRA, Luiz Alberto Moniz. *Presença dos Estados Unidos no Brasil*. 2. ed. Rio de Janeiro: Civilização Brasileira, 1978.
_____. *O governo João Goulart. As lutas sociais no Brasil, 1961-1964*. 7. ed. Rio de Janeiro: Revan; Brasília: Ed. UnB, 2001.

BAUER, Caroline Silveira. *Como será o passado? História, historiadores e a Comissão Nacional da Verdade*. Jundiaí: Paco, 2017.

BENEVIDES, Maria Victoria de Mesquita. *O governo Kubitschek: Desenvolvimento econômico e estabilidade política*. 3. ed. Rio de Janeiro: Paz e Terra, 1979.

BERG, Creuza de Oliveira. *Mecanismos do silêncio: Expressões artísticas e censura no regime militar*. São Carlos: EdUFSCar, 2002.

BOBBIO, Norberto et al. *Dicionário de política*. Brasília: Ed. UnB, 1998.

BRASIL. Comissão Nacional da Verdade. *Relatório*. Brasília, 2014.

BRUNO, Regina. "O Estatuto da Terra: Entre a conciliação e o confronto". *Estudos Sociedade e Agricultura*, Rio de Janeiro, n. 5, pp. 5-31, 1995.

BURRIN, Philippe. *La France à l'heure allemande, 1940-1944*. Paris: Seuil, 1995.

CALMON, João. *Duas invasões*. Rio de Janeiro: O Cruzeiro, 1966. v. 1: *Invasão vermelha*.

CAMPOS, Pedro Henrique Pedreira. *Estranhas catedrais: As empreiteiras brasileiras e a ditadura civil-militar, 1964-1988*. Niterói: Eduff, 2015.

CARDOSO JR., Edi de Freitas. *"O Brasil que há de ser!" Darcy Ribeiro e cultura política trabalhista no governo João Goulart*. Belo Horizonte: UFMG, 2021. Tese (Doutorado em História).

CARNEIRO, Ana Marília Menezes. *Cinema e censura nas ditaduras militares brasileira e argentina*. Belo Horizonte: UFMG, 2019. Tese (Doutorado em História).

CARVALHO, José Murilo de. *Forças Armadas e política no Brasil*. Rio de Janeiro: Zahar, 2005.

CASTRO, Celso (Org.). *General Villas Bôas: Conversa com o comandante*. Rio de Janeiro: Ed. FGV, 2021.

CHIRIO, Maud. *A política nos quartéis: Revoltas e protestos de oficiais na ditadura militar brasileira*. Rio de Janeiro: Zahar, 2012.

CODATO, Adriano Nervo. "Uma história política da transição brasileira: Da ditadura militar à democracia". *Revista de Sociologia Política*, Curitiba, n. 25, pp. 83-106, 2005.

CORDEIRO, Janaína. *A ditadura em tempos de milagre: Comemorações, orgulho e consentimento*. Rio de Janeiro: Ed. FGV, 2015.

CORREA, Larissa. *Disseram que voltei americanizado: relações sindicais Brasil--Estados Unidos na ditadura militar*. Campinas: Ed. da Unicamp, 2017.

CORRÊA, Marcos Sá. *1964 visto e comentado pela Casa Branca*. Porto Alegre: L&PM, 1977.

D'ARAÚJO, Maria Celina; SOARES, Gláucio Ary Dillon; CASTRO, Celso (Orgs.). *Visões do golpe: A memória militar sobre 1964*. Rio de Janeiro: Relume-Dumará, 1994.

_____. *Os anos de chumbo: A memória militar sobre a repressão*. Rio de Janeiro: Relume-Dumará, 1994.

DELGADO, Lucília de Almeida Neves. "O governo João Goulart e o golpe de 1964: Memória, história e historiografia". *Tempo*, Niterói, v. 14, n. 28, pp. 123-43, 2010.

DREIFUSS, René Armand. *1964: A conquista do Estado*. 7. ed. Petrópolis: Vozes, 2008.

FAGUNDES, Pedro Ernesto. *Anistia: Das mobilizações das mulheres na ditadura militar às recentes disputas sobre o passado*. Vitória: Milfontes, 2019.

FERREIRA, Jorge. *João Goulart: Uma biografia*. Rio de Janeiro: Civilização Brasileira, 2011.

FERREIRA, Jorge (Org.). *O populismo e sua história*. Rio de Janeiro: Civilização Brasileira, 2001.

FERREIRA, Jorge; DELGADO, Lucília de Almeida Neves (Orgs.). *O tempo da ditadura: Regime militar e movimentos sociais em fins do século XX*. 2. ed. Rio de Janeiro: Civilização Brasileira, 2007.

FERREIRA, Marieta (Org.). *João Goulart: Entre a memória e a história*. Rio de Janeiro: Ed. FGV, 2006.

FICO, Carlos. *Reinventando o otimismo: Ditadura, propaganda e imaginário social no Brasil*. Rio de Janeiro: Ed. FGV, 1997.

_____. *Como eles agiam: Os subterrâneos da ditadura militar — espionagem e polícia política*. Rio de Janeiro: Record, 2001.

FIGUEIREDO, Argelina Cheibub. *Democracia ou reformas? Alternativas democráticas à crise política, 1961-1964*. São Paulo: Paz e Terra, 1993.

FIORIN, José Luiz. *O regime de 1964: Discurso e ideologia*. São Paulo: Atual, 1988.

FROTA, Sylvio. *Ideais traídos*. Rio de Janeiro: Zahar, 2006.

GASPARI, Elio. *A ditadura envergonhada*. São Paulo: Companhia das Letras, 2002.

_____. *A ditadura derrotada*. São Paulo: Companhia das Letras, 2003.

GODOY, Marcelo. *A Casa da Vovó: Uma biografia do DOI-Codi*. São Paulo: Alameda, 2014.

GOMES, Angela; FERREIRA, Jorge. *Jango: As múltiplas faces*. Rio de Janeiro: Ed. FGV, 2007.

GOMES, Angela; FERREIRA, Jorge. *1964: O golpe que derrubou um presidente, pôs fim ao regime democrático e instituiu a ditadura militar no Brasil*. Rio de Janeiro: Civilização Brasileira, 2014.

GORDON, Flávio. *A corrupção da inteligência: Intelectuais e poder no Brasil*. Rio de Janeiro: Record, 2017.

GORENDER, Jacob. *Combate nas trevas: A esquerda brasileira — das ilusões perdidas à luta armada*. São Paulo: Ática, 1987.

GREEN, James. *Apesar de vocês: Oposição à ditadura brasileira nos Estados Unidos, 1964-1985*. São Paulo: Companhia das Letras, 2009.

GRINBERG, Lúcia. *Partido político ou bode expiatório: Um estudo sobre a Aliança Renovadora Nacional (Arena), 1965-1979*. Rio de Janeiro: Mauad X, 2009.

GUERRA, Cláudio. *Memórias de uma guerra suja*. Rio de Janeiro: Topbooks, 2012.

HARMER, Tanya. *Allende's Chile and the Inter-American Cold War*. Chapel Hill: University of North Carolina Press, 2011.

HERMETO, Miriam. *Olha a gota que falta: Um evento no campo artístico- -intelectual brasileiro (1975-1980)*. Belo Horizonte: UFMG, 2010. Tese (Doutorado em História).

HILTON, Stanley. *Brazil and the Soviet Challenge, 1917-1947*. Austin: University of Texas Press, 1991.

HOBSBAWM, Eric. *Era dos extremos: O breve século XX (1914-1991)*. São Paulo: Companhia das Letras, 1995.

HUGGINS, Martha K. *Polícia e política: Relações Estados Unidos/América Latina*. São Paulo: Cortez, 1998.

IANNI, Octavio. *O colapso do populismo*. 3. ed. Rio de Janeiro: Civilização Brasileira, 1975.

INSTITUTO DE PESQUISA ECONÔMICA APLICADA. *Ipea, 46 anos: O Brasil em 4 décadas*. Ipea: Brasília, 2010.

JOFFILY, Mariana. *No centro da engrenagem: Os interrogatórios na OBAN e no DOI de São Paulo*. Rio de Janeiro: Arquivo Nacional; São Paulo: Edusp, 2013.

KINZO, Maria D'Alva Gil. *Oposição e autoritarismo: Gênese e trajetória do MDB*. São Paulo: Vértice, 1988.

KLEIN, Herbert; LUNA, Francisco Vidal. *Brazil, 1964-1985*. New Haven: Yale University Press, 2017.

KLEIN, Lúcia; FIGUEIREDO, Marcus. *Legitimidade e coação no Brasil pós-64*. Rio de Janeiro: Forense Universitária, 1978.

KNACK, Diego. *Um tribunal de exceção na ditadura: As investigações do sistema CGI e o combate à corrupção*. Rio de Janeiro: UFRJ, 2019. Tese (Doutorado em História).

KRAENSKI, Mauro; PETRILÁK, Vladimír. *1964: O elo perdido — o Brasil nos arquivos do serviço secreto comunista*. Campinas: VIDE Editorial, 2017.

KUSHNIR, Beatriz. *Cães de guarda: Jornalistas e censores, do AI-5 à Constituição de 1988*. São Paulo: Boitempo/ Fapesp, 2004.

LABORIE, Pierre. *L'Opinion française sous Vichy*. Paris: Seuil, 1989.

LANGGUTH, A. J. *A face oculta do terror*. Rio de Janeiro: Civilização Brasileira, 1979.

LAVAREDA, Antônio. *A democracia nas urnas*. Rio de Janeiro: Iuperj/ Rio Fundo, 1991.

LEACOCK, Ruth. *Requiem for Revolution: The United States and Brazil, 1961-1969*. Kent: Kent State University Press, 1990.

LIMA, Danielle. *O Comando de Caça aos Comunistas (CCC): Do estudante ao terrorista (1963-1980)*. São Paulo: PUC-SP, 2020. Dissertação (Mestrado em Educação).

LIMA, Gabriel Amato. *Aula prática de Brasil no Projeto Rondon*. São Paulo: Alameda, 2019.

LVOVICH, Daniel. "Los que apoyaron reflexiones y nuevas evidencias sobre el apoyo difuso a la dictadura militar en su primera etapa (1976-1978)". *Anuario IEHS*, Tandil, v. 2, n. 35, pp. 125-42, 2020.

MAIA, Tatyana de Amaral. *Os cardeais da cultura nacional: O Conselho Federal de Cultura na ditadura civil-militar (1967-1975)*. São Paulo: Itaú Cultural/Iluminuras, 2012.

MARONI, Amnéris. *A estratégia da recusa: Análise das greves de 1978*. São Paulo: Brasiliense, 1982.

MARTINS FILHO, João Roberto. *Movimento estudantil e ditadura militar, 1964-1968*. Campinas: Papirus, 1987.

_____. *O palácio e a caserna: A dinâmica militar das crises políticas na ditadura (1964-1969)*. 2. ed. São Paulo: Alameda, 2019.

MATTOS, Marcelo Badaró. "O governo João Goulart: Novos rumos da produção historiográfica". *Revista Brasileira de História*, São Paulo, v. 28, n. 55, pp. 245-63, 2008.

MAUÉS, Flamarion; ABRAMO, Zilah W. *Pela democracia, contra o arbítrio: A oposição democrática, do golpe de 1964 à campanha das Diretas Já*. São Paulo: Fundação Perseu Abramo, 2006.

MELLO, Jayme Portella de. *A revolução e o governo Costa e Silva*. Rio de Janeiro: Guavira, 1979.

MOTTA, Rodrigo Patto Sá. *Partido e sociedade: a trajetória do MDB*. Ouro Preto: Ed. Ufop, 1997.

_____. *Jango e o golpe de 1964 na caricatura*. Rio de Janeiro: Zahar, 2006.

_____. "Modernizando a repressão: A Usaid e a polícia brasileira". *Revista Brasileira de História*, São Paulo, v. 30, n. 59, 2010, pp. 237-66.

_____. "A ditadura nas representações verbais e visuais da grande imprensa (1964-1969)". *Topoi*, Rio de Janeiro, v. 14, 2013, pp. 62-85.

_____. *As universidades e o regime militar*. Rio de Janeiro: Zahar, 2014.

_____. "O golpe de 1964 e a ditadura nas pesquisas de opinião". *Tempo*, Niterói, v. 20, pp. 1-21, 2014.

_____. "Entre a liberdade e a ordem: O jornal *O Estado de S. Paulo* e a ditadura (1969-1973)". *Estudos Ibero-Americanos*, Porto Alegre, v. 43, n. 2, pp. 367-79, 2017.

_____. "Cultura política e ditadura: um debate teórico e historiográfico". *Tempo e Argumento*, Florianópolis, v. 10, 2018, pp. 109-37.

_____. "Sobre as origens e motivações do Ato Institucional 5". *Revista Brasileira de História*, v. 38, n. 79, pp. 195-216, 2018.

_____. *Em guarda contra o perigo vermelho*. 2. ed. Niterói: Eduff, 2020.

MOURA, Gerson. *Relações exteriores do Brasil, 1939-1950: Mudanças na natureza das relações Brasil-Estados Unidos durante e após a Segunda Guerra Mundial*. Brasília: Funag, 2012.

MÜLLER, Angélica. *O movimento estudantil na resistência à ditadura militar (1969-1979)*. Rio de Janeiro: Garamond, 2016.

NAPOLITANO, Marcos. "O golpe de 1964 e o regime militar brasileiro. Apontamentos para uma revisão historiográfica". *Contemporánea. Historia y problemas del siglo XX*, Montevidéu, v. 2, pp. 209-17, 2011.

_____. *1964. História do regime militar brasileiro*. São Paulo: Contexto, 2014.

NOSSA, Leonencio. *Mata! O major Curió e as guerrilhas do Araguaia*. São Paulo: Companhia das Letras, 2012.

NOVAES, Carlos Eduardo. *O quiabo comunista*. 5. ed. Rio de Janeiro: Nórdica, 1977.

OLIVEIRA, Eliézer Rizzo de. *As Forças Armadas: Política e ideologia no Brasil (1964-1969)*. 2. ed. Petrópolis: Vozes, 1978.

ORTIZ, Renato. *A moderna tradição brasileira: Cultura brasileira e indústria cultural*. São Paulo: Brasiliense, 1988.

PAXTON, Robert. *La France de Vichy, 1940-1944*. Paris: Seuil, 1974.

PINHEIRO, Milton (Org.). *Ditadura: O que resta da transição*. São Paulo: Boitempo, 2014.

PINTO, Bilac. *Guerra revolucionária*. Rio de Janeiro: Forense, 1964.

PUGLIA, Leonardo Seabra. "Gramsci e os intelectuais de direita no Brasil contemporâneo". *Teoria e Cultura*, UFJF, v. 13, n. 2, dez. 2018.

RABE, Stephen G. *The Most Dangerous Area in the World: John F. Kennedy Confronts Communist Revolution in Latin America*. Chapel Hill: University of North Carolina Press, 1999.

REINA, Eduardo. *Cativeiro sem fim: As histórias dos bebês, crianças e adolescentes sequestrados pela ditadura militar no Brasil*. São Paulo: Alameda, 2019.

REZENDE, Maria José de. *A ditadura militar no Brasil: Repressão e pretensão de legitimidade*. Londrina: Eduel, 2001.

RIDENTI, Marcelo. *O fantasma da revolução brasileira*. São Paulo: Ed. Unesp, 1993.

_____. *Em busca do povo brasileiro: Artistas da revolução, do CPC à era da TV*. Rio de Janeiro: Record, 2000.

_____. *Brasilidade revolucionária: Um século de cultura e política*. São Paulo: Ed. Unesp, 2010.

RODEGHERO, Carla et al. *Anistia ampla, geral e irrestrita: História de uma luta inconclusa*. Santa Cruz do Sul: Edunisc, 2011.

ROLLEMBERG, Denise. *O apoio de Cuba à luta armada no Brasil*. Rio de Janeiro: Mauad, 2001.

ROLLEMBERG, Denise; QUADRAT, Samantha (Orgs.). *A construção social dos regimes autoritários: Legitimidade, consenso e consentimento no século XX*. Rio de Janeiro: Civilização Brasileira, 2010.

ROVAI, Marta. *Osasco, 1968: A greve no feminino e no masculino*. São Paulo: USP, 2012. Tese (Doutorado em História).

SADER, Eder. *Quando novos personagens entraram em cena*. 4. ed. Rio de Janeiro: Paz e Terra, 2001.

SALES, Jean Rodrigues. *A luta armada contra a ditadura militar: A esquerda brasileira e a influência da Revolução Cubana*. São Paulo: Ed. Fundação Perseu Abramo, 2007.

SANFELICE, José Luís. *Movimento estudantil: A UNE na resistência ao golpe de 64*. São Paulo: Cortez, 1986.

SANTOS, Daniel Elian dos. *O massacre de Manguinhos: A ciência brasileira e o regime militar*. São Paulo: Hucitec, 2020.

SANTOS, Wanderley Guilherme dos. *Sessenta e quatro: Anatomia da crise*. São Paulo: Vértice, 1986.

SCARPELLI, Carolina Dellamore. *Forjando lideranças: Comportamentos políticos e militância operária no Sindicato dos Metalúrgicos de Belo Horizonte e Contagem na ditadura militar (1964-1984)*. Belo Horizonte: UFMG, 2019. Tese (Doutorado em História).

SCHNEIDER, Nina. *Brazilian Propaganda: Legitimizing an Authoritarian Regime*. 1. ed. Gainesville: University Press of Florida, 2014.

SCHNEIDER, Ronald. *The Political System of Brazil: Emergence of a "Modernizing" Authoritarian Regime, 1964-1970*. Nova York: Columbia University Press, 1971.

SCHOOYANS, Michel. *O comunismo e o futuro da Igreja no Brasil*. São Paulo: Herder, 1963.

SEGATTO, José Antonio. *Reforma e revolução: As vicissitudes políticas do PCB (1945-1964)*. Rio de Janeiro: Civilização Brasileira, 1995.

SEMELIN, Jacques. *Sans armes face à Hitler: La résistance civile en Europe, 1939-1943*. Paris: Éditions des Arènes, 2013.

SIGAUD, Geraldo de Proença. *Catecismo anticomunista*. São Paulo: Vera Cruz, 1962.

SILVA, Hélio. *1964: Golpe ou contragolpe?* Rio de Janeiro: Civilização Brasileira, 1975.

SILVA, João Teófilo. *Passar o passado a limpo: Memória, esquecimento, justiça e impunidade no Brasil pós-ditadura — da Anistia à Comissão Nacional da Verdade*. Belo Horizonte: UFMG, 2021. Tese (Doutorado em História).

SIMÕES, Solange de Deus. *Deus, pátria e família: As mulheres no golpe de 1964*. Petrópolis: Vozes, 1985.

SKIDMORE, Thomas. *Brasil: De Castelo a Tancredo*. Rio de Janeiro: Paz e Terra, 1988.

SOARES, Gláucio Ari Dillon et al. *21 anos de regime militar: Balanços e perspectivas*. Rio de Janeiro: Ed. FGV, 1994.

SORJ, Bernardo; ALMEIDA, Maria Hermínia Tavares de (Orgs.). *Sociedade e política no Brasil pós-64*. São Paulo: Brasiliense, 1983.

SOUZA, Percival de. *Autópsia do medo: Vida e morte do delegado Sérgio Paranhos Fleury*. São Paulo: Globo, 2000.

STEPAN, Alfred. *Os militares na política*. Rio de Janeiro: Artenova, 1975.

TOLEDO, Caio Navarro de. *O governo Goulart e o golpe de 1964*. São Paulo: Brasiliense, 1982.

UNE. *A UNE contra o SNI*. São Paulo: Alfa Omega, 1987.

USTRA, Carlos Alberto Brilhante. *A verdade sufocada: A história que a esquerda não quer que o Brasil conheça*. Brasília: Ser, 2006.

VALENTE, Rubens. *Os fuzis e as flechas: História de sangue e resistência indígena na ditadura*. São Paulo: Companhia das Letras, 2017.

VALIM, Alexandre Busko. *O triunfo da persuasão: Brasil, Estados Unidos e o cinema da política de boa vizinhança durante a II Guerra Mundial*. São Paulo: Alameda, 2017.

VALLE, Maria Ribeiro do. *1968: O diálogo é a violência — movimento estudantil e ditadura militar no Brasil*. 2. ed. Campinas: Ed. da Unicamp, 2008.

VIANA, Gilney. *Camponeses mortos e desaparecidos: Excluídos da justiça de transição*. Brasília: Secretaria de Direitos Humanos, 2013.

VIZENTINI, Paulo F. *A política externa do regime militar brasileiro*. Porto Alegre: EDUFRGS, 1998.

WEFFORT, Francisco. *O populismo na política brasileira*. 2. ed. Rio de Janeiro: Paz e Terra, 1980.

ZIMMERMANN, Ana Carolina. *O golpe vira uma festa: O 31 de março de 1964 e as práticas cívico-patrióticas (1970-1971)*. Blumenau: Universidade Regional de Blumenau, 2020. Trabalho de conclusão do curso de História.

ESTA OBRA FOI COMPOSTA POR MARI TABOADA EM DANTE PRO E
IMPRESSA EM OFSETE PELA LIS GRÁFICA SOBRE PAPEL PÓLEN SOFT
DA SUZANO S.A. PARA A EDITORA SCHWARCZ EM OUTUBRO DE 2021

A marca FSC® é a garantia de que a madeira utilizada na fabricação do papel deste livro provém de florestas que foram gerenciadas de maneira ambientalmente correta, socialmente justa e economicamente viável, além de outras fontes de origem controlada.